证券监管

数据、案例与规则

蒲虎 ◎ 著

SECURITIES REGULATION

DATA, CASES AND RULES

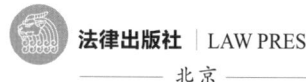

法律出版社 | LAW PRESS
北京

图书在版编目（CIP）数据

证券监管：数据、案例与规则 / 蒲虎著. -- 北京：法律出版社，2025. -- ISBN 978 - 7 - 5244 - 0391 - 3

I. D922.287.4

中国国家版本馆 CIP 数据核字第 2025UM3220 号

证券监管
——数据、案例与规则
ZHENGQUAN JIANGUAN
—— SHUJU、ANLI YU GUIZE

蒲 虎 著

责任编辑 刘　琳
装帧设计 鲍龙卉

出版发行 法律出版社	开本 710 毫米×1000 毫米 1/16
编辑统筹 法律教育出版分社	印张 16.5　　字数 286 千
责任校对 张翼羽	版本 2025 年 7 月第 1 版
责任印制 刘晓伟	印次 2025 年 7 月第 1 次印刷
经　　销 新华书店	印刷 三河市兴达印务有限公司

地址：北京市丰台区莲花池西里 7 号（100073）
网址：www.lawpress.com.cn　　　　　　销售电话：010 - 83938349
投稿邮箱：info@lawpress.com.cn　　　　客服电话：010 - 83938350
举报盗版邮箱：jbwq@lawpress.com.cn　　咨询电话：010 - 63939796
版权所有·侵权必究

书号：ISBN 978 - 7 - 5244 - 0391 - 3　　　　　　定价：58.00 元

凡购买本社图书，如有印装错误，我社负责退换。电话：010 - 83938349

序 一

证券市场监管是法学和经济学研究关注的问题。证券监管对资本市场意义重大,成熟、完善的资本市场离不开有效的监管是共识。在全面注册制改革深入推进、资本市场双向开放步伐加快的背景下,证券监管正面临前所未有的复杂性与挑战性。

首先,证券监管涉及的领域很广,包括上市公司发行、信息披露以及市场主体的内幕交易、操纵股价,还与金融机构、会计师事务所、律师事务所等中介机构勤勉尽责有关。其次,随着人工智能等科技发展,证券领域违法犯罪行为呈现许多新的特点。例如,内幕交易手段数字化、市场操纵跨市场化、财务造假链条化等。从监管方看,面临着庞大市场规模下监管力量不足、跨境取证困难等多方面挑战。需要将证券监管改革的方向集中在机制创新、惩戒升级、科技赋能等多方位改革,提升发现违法行为的及时性、提高财产性处罚的幅度。证券监管的核心应该是事后监管,体现在对证券领域违法犯罪行为的惩戒上。这既是对违法"惩戒"的有力手段,也具有市场"治理"的重要功能。可以参考美国"吹哨人制度"建立强激励的奖励机制和重处罚的威慑机制,充分利用人工智能等科技赋能监管,改变以往对上市公司欺诈作假行为发现晚、发现比例低、处罚轻,导致监管对上市公司实控人及中介机构缺乏威慑力的状况,提升证券监管的有效性。

蒲虎同学长期从事法律工作和法学研究,他这本著作将证券监管聚焦于证券行政处罚和刑事司法,抓住了关键,具有很好的理论前瞻性和实践指导意义。本书首次系统梳理了2001—2023年证监领域行政处罚决定书与刑事判决书的实证数据,通过建立"违法—犯罪"监管二元分析模型,揭示了行政处罚与刑事司法的关联。在方法论层面,创造地采用"定量分析与类型化分析"相结合的方式,将近2000个案例进行归类,再提炼焦点,释法答疑,有助于明确证券监管的法律观念、原则与规则。

本书为监管机构提供了决策参考,为市场主体厘清了合规边界,对推动完善"行政执法精准化、刑事打击规范化、行刑衔接标准化"的监管新格局有积极意义。相信本书能为金融从业者和法律从业者带来智识上的启迪。

朱武祥

(清华大学经济管理学院公司金融学教授、博士生导师)

序 二

在现代金融版图中,证券扮演着举足轻重的角色,广泛影响着社会经济的运行和个人财富的规划。企业通过发行证券筹集资金,用于扩大生产、研发创新从而促进自身发展;个人则通过购买证券,将闲置资金投入到有潜力的企业或项目中,实现资金的增值。这种资金的合理流动,为国家经济发展源源不断地注入活力和动力,从而推动着整个社会经济的持续增长。但与此同时,与证券有关的金融违法犯罪活动也应运而生、如影相随。对此,和其他发达国家一样,我国对证券行业的违法行为采取行政监管和刑事打击"双管齐下"的严厉防控措施,但却仍然防不胜防。欺诈发行股票、债权,泄露内幕信息与内幕交易、利用未公开信息交易、违规披露信息、操纵证券市场,保荐承销机构未尽勤勉职责,单位出借、借用证券账户,证券从业人员违法买卖股票,利用金融衍生品操纵市场,利用私募、信托产品实施场外配资等等,就是其体现。因此,如何防控、监管和处理证券行业的违法犯罪行为,成为引人注目的现实难题。蒲虎律师的这本著作《证券监管——数据、案例与规则》,聚焦于证券领域的行政处罚与刑事司法,以中国证券会网站公开的自2001年至2023年的共1769个案例的《行政处罚决定书》和在中国裁判文书网、威科先行、人民法院案例库上公布的186个典型刑事案例作为分析研究样本,对其中所涉及的争议焦点、法律依据、理论观点以及最终处理结果进行归纳总结,具有突出的现实针对性、实务操作性和理论前瞻性。

蒲虎律师在西南政法大学取得法学硕士学位,后在清华大学经济管理学院攻读高级工商管理硕士,具备深厚的法律理论功底,又兼具市场经济思维和商业意识;曾在检察机关、纪委监委从事司法实务工作,又坚持学术研究,笔耕不辍,先后在《检察日报》《犯罪研究》发表多篇研究成果,在公司商事、刑事业务以及争端解决方面具有深厚的理论造诣和丰富的实践经验。相信本书的出版能够为我国目前有关证券监管中涉及的行政处罚和刑事司法方面的问题,提供具体的、看得见的参考。

黎 宏

(清华大学法学院教授、博士生导师 中国刑法学研究会副会长)

目 录

导　论 / 1
　　案例数据与研究方法 / 3
　　证券领域法律渊源的历史沿革 / 5
　　我国证券违法犯罪的执法司法体制 / 7

上篇　证券违法行政处罚

第一章　违法信息披露 / 15
　第一节　欺诈发行 / 16
　　案例数据 / 16
　　以案释义 / 17

> **乐视网欺诈发行案 / 17**
> - 一行为触犯多个行政违法类型，以重违法吸收轻违法原则认定重违法类型，但与行政处罚时效冲突时，应遵守时效期限
> - 欺诈发行既包括公开发行也包括非公开发行
> - 财务造假的证据认定标准与逻辑
>
> **欣泰电气欺诈发行案 / 20**
> - 外聘专业机构出具专业意见书不是作出行政处罚的法定义务
> - 对同一行为分别以"实际控制人"和"直接负责的主管人员"进行重复处罚

　　规则解读 / 22

目录

第二节 上市公司及相关管理主体违规信息披露 / 24

案例数据 / 24

以案释义 / 25

> **康美药业违规信息披露 / 25**
> ● 上市公司董事、监事、高级管理人员违规信息披露的证明规则
>
> **宁波东力违规信息披露 / 26**
> ● 上市公司因刑事案件被骗导致信息披露违规仍被追究行政责任
>
> **宏盛科技违规信息披露 / 29**
> ● 行政与刑事衔接机制中的证据相互运用问题

规则解读 / 31

第三节 股份权益变动披露违规 / 37

案例数据 / 37

以案释义 / 38

> **微医集团权益披露违规与限制转让期内交易 / 38**
> ● 大额持股后继续买入行为是否触犯限制期转让规则
> ● 限制转让期内转让行为的处罚

规则解读 / 41

第二章 内幕交易 / 43

第一节 泄露内幕信息与内幕交易 / 44

案例数据 / 44

以案释义 / 45

> **张某芳等泄露内幕信息案 / 45**
> ● 只有泄露内幕信息但是没有交易行为是否可以处罚
>
> **汪某元、汪某琤二人内幕交易"健康元"案 / 48**
> ● 如何认定非法获取内幕信息的人
> ● 认定"联络接触"是否需要证明确实传递了内幕信息内容
> ● 对共同违法行为应坚持分别处罚为原则,共同处罚为例外
>
> **何某模内幕交易案 / 52**

- 内幕信息形成时点如何确定

潘某内幕交易隆平高科案 / 56
- 如何认定当事人的"合理解释"与"预设交易"豁免制度

夏某武内幕交易卓翼科技案 / 58
- 内幕交易违法所得如何计算

规则解读 / 60

第二节 利用未公开信息交易 / 62

案例数据 / 62

以案释义 / 63

刘某东等私募基金管理人利用未公开信息交易案 / 63
- 私募基金管理人及从业人员"老鼠仓"交易行政处罚的法律适用

规则解读 / 67

第三章 操纵市场 / 69

案例数据 / 70

以案释义 / 71

高某连续交易、对倒交易操纵市场案 / 71
- 连续交易、优势交易的认定标准
- 如何认定控制使用他人账户

易所试公司与中泰证券操纵市场案 / 75
- 操纵新三板市场股价如何适用法律
- 做市交易与操纵市场如何区分

苏某锋等三人操纵道尔智控股价案 / 79
- 对敲交易与对倒交易的认定

廖某强"抢帽子"操纵市场案 / 83
- "抢帽子"型操纵行为的认定

唐某博跨境操纵"小商品城"案 / 85
- 跨市场操纵行为的认定

朱某栋等人操纵"金一文化"案 / 87
- 对"市值管理"型操纵行为的认识

规则解读 / 92

第四章 证券服务机构未尽勤勉职责 / 94
第一节 保荐承销机构未尽勤勉职责 / 94
案例数据 / 94

以案释义 / 99

> 平安证券保荐万福生科上市未尽勤勉职责案 / 99
> ● 如何理解保荐机构的独立性、与其他证券服务机构的关系
>
> 金元证券履行持续督导职责违法案 / 102
> ● 发行人故意甚至恶意造假,保荐机构不知情且已履行法定职责是否能够规避责任
>
> 华龙证券保荐蓝山科技上市未尽勤勉职责案 / 103
> ● 如何理解保荐机构的"勤勉职责"

规则解读 / 106

第二节 证券中介服务机构未尽勤勉职责 / 107
案例数据 / 107

以案释义 / 116

> 广东正中珠江会计师事务所对康美药业审计未尽勤勉职责案 / 116
> ● 如何认定会计师事务所未勤勉尽责
>
> 北京市东易律师事务所在欣泰电气IPO项目未尽勤勉职责案 / 119
> ● 如何认定律师事务所未勤勉尽责

规则解读 / 121

第五章 其他典型违法行为 / 124
第一节 单位或个人出借、借用证券账户 / 124
案例数据 / 124

以案释义 / 125

> **阜兴集团利用他人账户进行股票交易案 / 125**
> - 我国实行证券账户实名制的特殊意义
>
> **周某借用他人账户、郑某出借账户案 / 126**
> - 自然人之间借用、出借证券账户行政处罚第一案

  规则解读 / 127

第二节　证券从业人员违法买卖股票 / 127

  案例数据 / 127

  以案释义 / 128

> **姜某、金某从业人员买卖股票及操纵市场案 / 128**
> - 证券从业人员违法买卖股票与操纵市场部分竞合时如何处理
>
> **保荐人突击入股、上市后卖出股票案 / 130**
> - 证券从业人员突击入股待公司上市后卖出，是否适用证券从业人员违法买卖证券
>
> **中国证监会股票发行审核委员会兼职委员违规买卖股票案 / 132**
> - 证券监管机构工作人员突击入股违规买卖股票的典型案例

  规则解读 / 133

第三节　短线交易 / 134

  案例数据 / 134

  以案释义 / 136

> **上市公司监事韩某短线交易 / 136**
> - 短线交易的认定与归入权制度

  规则解读 / 136

第四节　编造、传播虚假信息或者误导性信息 / 138

  案例数据 / 138

  以案释义 / 139

> **邓某波、邓某源发布虚假信息并操纵市场案 / 139**
> - 证券从业人员编造、传播虚假信息与操纵市场行为竞合的处理

> 陈某衡编造、林某全等多人传播虚假信息案 / 141
> - 编造虚假信息与传播虚假信息的处罚程度应有所区别

规则解读 / 142

第五节 非法经营证券业务 / 144

案例数据 / 144

以案释义 / 147

> 马某亚、王某洁非法经营证券投资咨询业务 / 147
> - 投资咨询机构非法经营

规则解读 / 148

下篇 | 证券犯罪刑事司法

第六章 欺诈发行证券罪 / 153

案例数据 / 153

以案释义 / 156

> - 中小企业发行私募债券属于欺诈发行证券罪的规制对象
> - 对"隐瞒重要事实与编造重大虚假内容"的理解
> - 欺诈发行罪与其他犯罪竞合的处理
> - 欺诈发行证券中外部人员的刑事责任认定

规则解读 / 159

第七章 违规披露、不披露重要信息罪 / 163

案例数据 / 163

以案释义 / 167

> - 对本罪构成单位犯罪及其处罚的准确理解与适用
> - 司法机关是否可以对未受行政处罚处理的行为人追究刑事责任
> - 本罪与背信损害上市公司利益罪的区分

规则解读 / 169

第八章 背信损害上市公司利益罪 / 173

案例数据 / 173

以案释义 / 176

- 对兜底性条款"采用其他方式损害上市公司利益"的适用
- 背信损害上市公司利益罪与其他犯罪的竞合处理

规则解读 / 178

第九章 擅自发行股票、公司、企业债券罪 / 181

案例数据 / 181

以案释义 / 185

- 对本罪罚金刑的准确适用
- 合法出售、转让股权与本罪的区分
- 本罪与非法吸收公众存款罪、集资诈骗罪的区分

规则解读 / 187

第十章 内幕交易、泄露内幕信息罪 / 190

案例数据 / 190

以案释义 / 193

- 内幕交易主体认定主要争议问题
- 如何认定客观的"非法获取"与"异常交易"行为
- 关于内幕信息的认定
- 关于违法所得计算争议
- 关于内幕交易法定犯罪阻却事由的理解

规则解读 / 203

第十一章 利用未公开信息交易罪 / 208

案例数据 / 208

以案释义 / 213

- 私募基金及其从业人员能否成为本罪主体
- "趋同交易"中的争议问题
- "情节特别严重"的认定
- 关于自首的认定

规则解读 / 222

第十二章 编造并传播证券虚假信息罪与诱骗投资者买卖证券罪 / 226

案例数据 / 226

以案释义 / 227

> 滕某雄、林某山编造并传播证券虚假信息罪 / 227
> 某证券公司与贾某诱骗投资者买卖证券罪 / 227
> ● 编造并传播证券虚假信息罪与信息型操纵证券市场罪的区分
> ● 诱骗投资者买卖证券罪与编造并传播证券虚假信息罪的区分

规则解读 / 229

第十三章 操纵证券市场罪 / 233

案例数据 / 233

以案释义 / 236

> ● 交易型操纵与信息型操纵的认定区别
> ● 虚假申报型操纵行为的认定
> ● "抢帽子"型操纵行为的认定
> ● 如何认定实际控制他人账户
> ● 操纵市场违法所得的计算
> ● 操纵新三板市场股票的刑法定性
> ● 伪"市值管理"型操纵证券市场犯罪的认定

规则解读 / 250

导　论

1929年的秋天,正当美国的投资氛围洋溢着一片乐观祥和之时,持续数年的牛市突然改变了方向。9月5日,道琼斯指数开始下跌。10月29日,道琼斯指数一泻千里,跌幅达22%,创下单日最大跌幅。华尔街持续下跌的势头直到11月才最终止住。到1932年,道琼斯指数较1929年的最高点下降了89%。美国全国市场证券总值从900亿美元降至160亿美元。股灾之后,美国进入了长达4年的经济衰退期。其间,美国工业产值下降了47%,失业率超过20%,全美接近一半的银行倒闭。这一次空前绝后的衰退诞生了"大萧条"这个专用名词。

股市大崩盘与经济大萧条,虽然令美国损失惨痛,但也给了美国经济和金融资本市场一次重塑自我的机会。1933年,罗斯福总统上任伊始,便大刀阔斧地开启了"新政"。他采纳凯恩斯的宏观经济理论,开始用政府之手干预经济。在金融资本市场则掀起了一场严加监管的大戏,并由此催生了美国《1933年证券法》和《1934年证券交易法》等重要法律。至此,美国资本市场在自我演进了超过一个世纪后,第一次出现了关于证券发行、交易和投资基金的法律,第一次建立了监管机构——美国证监会。这一系列制度建设形成了现代金融监管体系的基本框架,为随后近一个世纪美国金融市场的稳定发展奠定了基石,也为世界各国金融市场的发展提供了有益参考——完善法治、加强监管。

金融是血脉,是国家核心竞争力的重要组成部分。金融高质量发展,关系中国式现代化建设全局。[1] 资本市场不仅是金融市场的重要组成部分还是最容易诱发人类贪欲的行业,而股市则成为"羊群效应"集中体现的场所,或者"一夜暴富",或者倾家荡产。当前中国经济金融环境深刻变化、资本市场改革不断深化,然而欺诈发行、内幕交易、操纵股价等违法乱象依旧存在。尽管中国有自己的国情,但是在资本市场的建设和完善上,也可参考他国有益经验。这里最重要的思想就是:市场

---

[1]《以金融高质量发展助力强国建设、民族复兴伟业》,载《人民日报》2024年1月24日,第1版。

对资源配置起决定性作用,加上政府对市场的有为监管[1],让市场对资源配置起决定性作用离不开健全的法治,法治兴则市场兴。对证券市场的有为监管,则主要体现在监管机构应该把自己的全部精力和资源集中在对违法违规行为的监管上,这是维护资本市场秩序、有效发挥资本市场枢纽功能的重要保障。特别是在2023年以后,我国全面注册制实施,监管机构的作用主要不是事前监管,而更应该在不干预市场行为的前提下,集中自己最大的力量来制定规则、规范市场、打击违法违规行为,最大限度地防止出现欺诈发行、违规披露、内幕交易、操纵股价、大股东侵害中小投资者利益等现象的发生,从而大大增强市场的可预测性。这也是本书将"证券监管"限定为"行政处罚"与"刑事司法"的核心要义。法治的本质与精髓是通过规则有效限制约束公权力。因此,政府对证券市场违法违规行为的监管与打击本身也需要有明确的理念、原则与规则。否则,这种监管权力不受约束也会导致参与主体没有预期,进而扰乱资本市场秩序。这些都是对市场化、法治化原则的具体落实。

2021年7月6日,中国资本市场历史上首次以中共中央办公厅和国务院办公厅名义联合下发的专门文件《关于依法从严打击证券违法活动的意见》发布,要求坚持市场化、法治化方向,坚持建制度、不干预、零容忍,加强资本市场基础制度建设,健全依法从严打击证券违法活动体制机制,提高执法司法效能,并确立了未来依法从严打击证券违法的主要目标:到2025年,资本市场法律体系更加科学完备,中国特色证券执法司法体制更加健全,证券执法司法透明度、规范性和公信力显著提升,行政执法与刑事司法衔接高效顺畅,崇法守信、规范透明、开放包容的良好资本市场生态全面形成。2024年4月4日,国务院《关于加强监管防范风险推动资本市场高质量发展的若干意见》(新"国九条")出台,核心是"严监管",再次要求推动加强资本市场法治建设,大幅提升违法违规成本,加大对证券期货违法犯罪的联合打击力度。

严厉打击证券领域违法犯罪将是常态化的举措,健全证券执法、司法法治也将是重要的目标。但在从事证券领域行政处罚与刑事司法实践过程中,笔者发现与此紧迫的实践需求相比,证券违法犯罪法治研究领域的智识仍然相对匮乏,特别是在证券违法行为的行政处罚、犯罪行为的刑事司法实践领域,还存在许多模糊地带。许多经验需要总结,许多争议需要厘清,许多问题需要解决,证券乃至整个资本市场的监管法治有待进一步优化升级。

基于此,笔者试图探究证券行政处罚与刑事司法的理念、原则、规则各是什么,

---

[1] 参见高西庆:《注册制的底层逻辑与资本市场未来发展》,载《财经杂志》2023年10月31日。

证券行政处罚的法律依据、证明规则与其他行政处罚、与刑事司法有何不同,证券行政处罚与刑事司法是如何衔接的。笔者以证券行政执法、刑事司法领域的已公开案例作为数据分析的实证化研究基础,提炼归纳争议焦点,对相关法律规则的法理进行深度剖析。以期为法律界同人提供参考,为上市公司以及相关金融机构和从业人员增强合规意识、避免法律风险提供助力。

进行这一研究,笔者选择建立在三个基础上:一是将一段时期以来已有的案例形成数据库为本书提供充足的样本;二是对证券领域相关法律法规等法律渊源的历史沿革做好梳理;三是对当前我国证券违法犯罪的执法司法体制有准确认识。

■ 案例数据与研究方法

关于证券行政处罚案例,笔者选取了中国证监会网站公开的 2001 年至 2023 年的共 1769 个行政处罚决定书作为分析研究样本(不包括各省派出机构公布的案例)。[1] 在对每个案例进行深度研究的基础上,从逐年的数量变化、各个类型违法行为的数量、不同金融与服务机构主要违法行为类型等多个维度进行剖析并选取典型案例,提炼争议焦点。

□ 2001 年至 2023 年中国证监会(不含派出机构)公开案件数量

2001 年至 2023 年,中国证监会网站公开证券市场行政处罚案件共 1769 件,由于中国证监会各派出机构作出处罚的案例由各派出机构自行公布,所以实际上全国证券市场行政处罚案例数量远高于 1769 件。从时间线索来看,自 2013 年,特别是 2014 年开始,中国证监会的行政处罚案件数量大幅度上升。(见图 0-1)

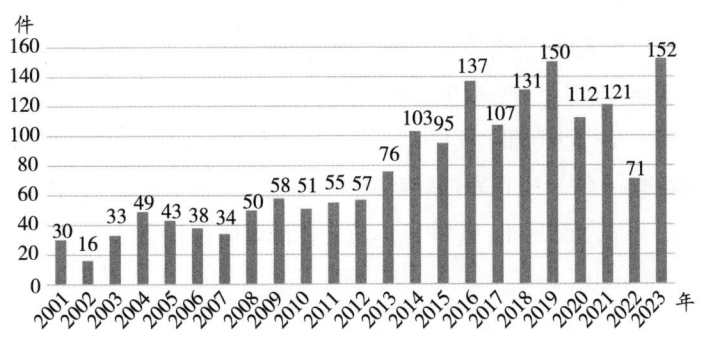

图 0-1 中国证监会证券市场行政处罚案件历年数量(2001—2023 年)

---

[1] 如无特别说明,本书所引用的行政处罚案例内容均来自中国证监会网站公开的行政处罚决定书。

□ 2001年至2023年行政处罚案件各类型及数量分布

通过对上述1769件行政处罚案件进行数据分析[1],按照数量由多到少依次为:(1)违规信息披露(含欺诈发行)646件;(2)内幕交易500件;(3)操纵证券市场191件;(4)证券服务机构未尽勤勉职责165件;(5)单位或个人出借、借用证券账户76件;(6)限制身份人员违规买卖股票65件;(7)短线交易54件;(8)编造、传播虚假信息或误导性信息52件;(9)非法经营证券业务30件;(10)其他违法21件。(见图0-2)

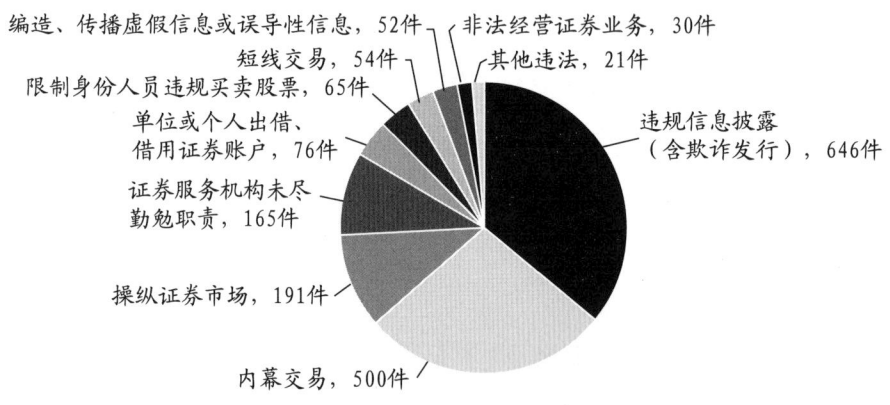

图0-2 2001年至2023年行政处罚案件各类型及数量分布

注:其他违法类型主要有证券公司诱骗投资者买卖证券、证券公司非法加持或减持证券、证券公司非法融资融券、证券公司挪用客户保证金或证券或将客户资金归入自有资金、证券公司混合操作经纪和自营业务等,这些违法类型多集中在2017年以前,近年来数量较少。在信息化时代,随着监管机构对证券公司的合规要求日益提高,此类违法行为未来也将不多见,故而本书不再对相关违法行为展开论述。

关于证券犯罪案例,笔者以中国裁判文书网、威科先行、人民法院案例库上公布的案例为基础,再结合司法机关公布的典型案例,共收集到约186件。其中涉及的罪名包括欺诈发行证券罪(10件)、违规披露不披露重要信息罪(8件)、背信损害上市公司利益罪(4件)、擅自发行股票债券罪(7件)、内幕交易泄露内幕信息罪(77件)、利用未公开信息交易罪(58件)、编造并传播虚假信息罪(2件)、操纵证券市场罪(20件)。(见图0-3)

---

[1] 由于有些案件行为人可能同时触犯多个行为,基于统计口径不同,以下数据可能会超出统计数。

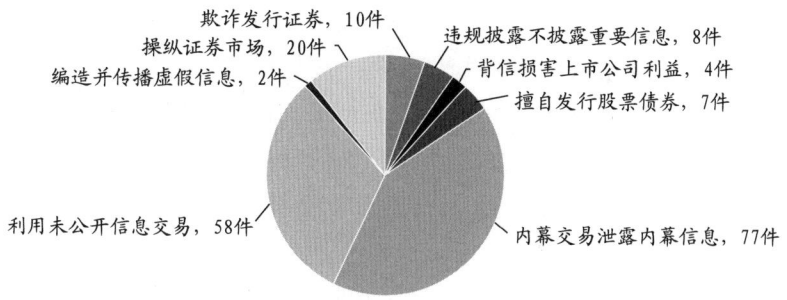

图 0-3　证券犯罪案件数量与类型分布

获取到这些案例数据后,进行定量分析与类型化分析是本书采取的主要研究方式。进行定量分析,旨在获取现行证券法律法规的规范性和相对准确性的解释,并且通过中国证监会的行政处罚口径、刑事司法判例依据,发现证券法律法规可能存在的漏洞以及尽快找到弥补漏洞的方法。借助这一基本的证券行政处罚、刑事司法案例的数据库,将某一类案件诸多行政处罚决定书和刑事司法判例中的焦点问题提炼出来,形成若干问题焦点后,分类梳理与分析不同判决的处罚或裁判观点,也就形成了类型化分析的基本模式。这有利于发现证券行政处罚、刑事司法的规律、经验或缺陷,再辅之以典型案例个案裁决书的经典说理的表述进行归纳总结,希望形成一个关于某类证券案件行政处罚、刑事司法较为客观的整体性经验描述。由于我国证券法领域特别是监管过程中,尚存有很多争议焦点需要厘清,案例研究需要特别关注监管机构与司法机关对不确定的法律规则的解释,如果不存在权威性指导案例,就需要通过借助数据化的类型化案例研究,从处罚决定或司法裁判中挖掘监管者或法官对法律规则的解释来关注法律条文在实践中的运用。面对如此多的行政处罚决定和刑事司法判例,能否发现其处罚决定和裁判焦点或者有价值的信息,除需要具备必要的研究方法之外,还要依靠基于专业素养和职业敏锐性而预先设定的问题意识。这离不开对证券法律规则、刑事司法规则的熟悉,也离不开对我国证券行政违法犯罪的执法司法体制有全面准确的认识。[1]

■ 证券领域法律渊源的历史沿革

1992年10月,国务院证券委员会、中国证监会成立,统一管理全国证券市场,

---

[1]　关于类型化研究方法的科学性详细论证,参见李建伟:《公司诉讼类型化专题24讲(一)——公司大数据实证分析与裁判规则评述》,法律出版社2021年版。

证券法律法规建设也同步加快推动。1993年4月,国务院颁布《股票发行与交易管理暂行条例》,这是中华人民共和国成立后第一部规范股票发行审核与交易行为的法律规范。随后,《公开发行股票公司信息披露实施细则(试行)》《证券交易所管理办法》《禁止证券欺诈行为暂行办法》《关于严禁操纵证券市场行为的通知》(现均已失效)等制度文件相继制定出台,对信息披露、交易所管理、禁止性交易行为等作了详细规定。

1994年7月,《公司法》正式施行,为公司制和资本市场发展奠定了法律基础。1997年3月,八届全国人大五次会议通过了新修订的《刑法》,证券犯罪被写入刑法,随后经历多次修改,逐渐完善。1999年7月,《证券法》正式施行,确立了证券资本市场在社会主义市场经济体系中的法律地位,为资本市场的规范发展奠定了坚实的法律基础。2004年6月,《证券投资基金法》施行,以法律形式确认了证券投资基金业在资本市场的地位和作用。2006年1月,修订后的《证券法》与《公司法》同时实施。2009年2月,《刑法修正案(七)》设立利用未公开信息交易罪,为打击"老鼠仓"[1]等违法犯罪行为提供了法律依据。2012年12月,修订后的《证券投资基金法》将私募证券投资基金纳入规范范围。围绕《证券法》《公司法》《证券投资基金法》等基础法律,监管部门全面修订了相关法律法规。

2020年3月,新修订的《证券法》正式实施,在全面推行证券发行注册、大幅度提高违法违规成本、加大对投资者权益保护力度等方面取得突破。2020年12月,《刑法修正案(十一)》大幅度提高了资本市场违法犯罪成本。2020年11月,中央全面深化改革委员会会议审议通过《关于依法从严打击证券违法活动的若干意见》,为新时期证券执法司法工作提供了遵循依据。2024年4月,国务院发布《关于加强监管防范风险推动资本市场高质量发展的若干意见》,要求推动出台背信损害上市公司利益罪的司法解释、内幕交易和操纵市场等民事赔偿的司法解释,以及打击挪用私募基金资金、背信运用受托财产等犯罪行为的司法文件。同月,中国证监会发布《中国证监会2023年法治政府建设情况》,明确指出继续推进《企业破产法》《金融稳定法》《上市公司监督管理条例》《证券公司监督管理条例》等法律法规和司法解释的制定、修订工作。2024年7月1日,经过修订的新《公司法》正式实施,对促进资本市场健康发展、推动经济高质量发展具有重要意义。

---

[1] "老鼠仓"是一个域外传入的证券行业术语,指的是庄家在用公有资金拉升股价之前,先用自己个人(机构负责人,操盘手及其亲属,关系户)的资金在低位建仓,待用公有资金拉升到高位后个人仓位率先卖出获益,此类行为与老鼠进粮仓极其相似,因此被形象地称为"老鼠仓"。

除国家正式的官方法律渊源外,我国的证券交易所、证券业协会、基金业协会等非官方机构还制定了大量的规则,这些规则是证券业和从事证券相关业务必须遵守的规则,性质上属于自律性、自治性规则,通常也被称为证券领域的"活法""民间法"。

总体来说,我国已经基本形成了以《公司法》《证券法》《证券投资基金法》等基础法律为核心,以行政法规、司法解释、部门规章、规范性文件为主体,以交易所、结算公司、行业协会等组织的自律规则为配套的资本市场法律法规体系。资本市场法律法规体系不断完善,依法治市、依法监管全面加强,为资本市场健康发展保驾护航。

■ 我国证券违法犯罪的执法司法体制

《证券法》第7条规定,我国证券市场的监管体制是"国务院证券监督管理机构依法对全国证券市场实行集中统一监督管理"。此处的国务院证券监督管理机构即中国证监会。这一证券监管体系的形成有一个逐步完善的过程。

1992年以前,我国证券市场主要由中国人民银行监管,其他有关部门也负有相应的管理职能,证券市场缺乏统一、专门的监管机构,呈多头、分散管理状态。1992年10月,国务院撤销了中国人民银行证券市场管理办公室,成立了国务院证券委员会和中国证监会。其中,后者是前者的监管执行机构,按事业单位管理,负责证券市场的日常管理活动。由此,我国证券监管开始由分散向集中过渡。1998年,国务院机构改革,实行集中统一的证券监管体制,将国务院证券委员会并入中国证监会,确定中国证监会系国务院的直属机构和证券市场主管部门,随后经过逐步完善,真正进入了集中统一监管时代。[1]

对证券违法行为的行政处罚,中国证监会于2002年确立了"查审分离"原则,并设立了行政处罚委员会。2004年,全面推行辖区监管责任制。2007年成立稽查总队,证券行政执法形成了稽查局协调指挥,稽查总队、派出机构、交易所各司其职、多位一体的工作机制,逐步确立了"统一指挥、分工协作、查审分离"的执法体制,并在此后不断推动形成行政执法、刑事司法和民事追偿相互衔接、相互支持的有机体系。

---

[1] 关于我国证券监管体制的详细论述和发展过程,详见朱锦清:《证券法学》(第5版),北京大学出版社2022年版,"第七章"。

中国证监会机构设置如图0-4所示:

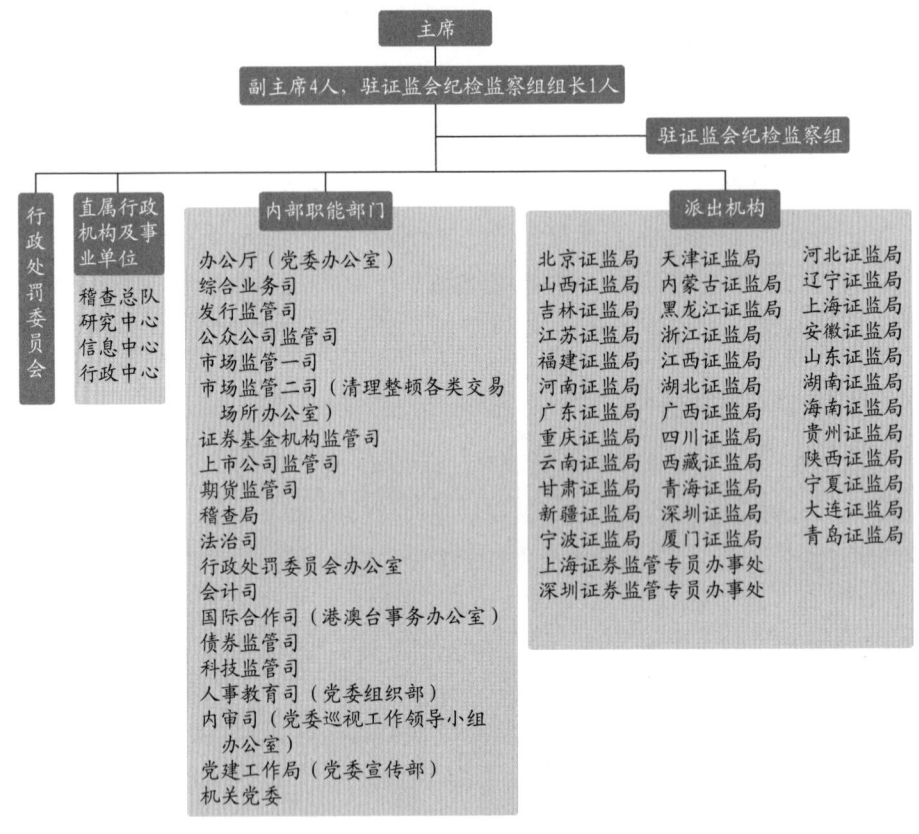

图0-4 中国证监会机构设置

资料来源:中国证监会官网。

中国证监会行政处罚案件的程序,大致包括如下内容:(1)违规违法线索的发现、处理;(2)正式立案;(3)案件调查;(4)案件审理;(5)正式处罚;(6)案件救济,包括行政复议或诉讼。具体办案流程如下:

线索发现、处理,由中国证监会日常监管部门发现或者接受外来举报等,经过初查后,认为有可能涉嫌违法行为的,予以正式立案。对已立案的证券期货案件,根据案情指定专人或组成调查组,对案件实施调查。在调查过程中,中国证监会及其派出机构可以采取冻结、查封、扣押、封存、先行登记保存、限制出境、限制交易、要求有关主体报送文件资料等措施。调查终结后,根据"查审分离"的原则,将案件移送审理部门,即行政处罚委员会。审理部门受案后,分配审理人员,通常案件由三人合议审理,特殊情况下也存在一人独任审理或者五人合议审理。对按照规定向其移交的案件提出审理意见、依法进行法制审核,报单位负责人批准后作出处理决定。如果认为有必要,可以要求调查人员补充证据。根据《证券期货违法行为行政处罚办法》的规定,行政处罚决定作出前,应当向当事人送达行政处罚事先告知书,载明下列内容:(1)拟作出行政处罚的事实、理由和依据;(2)拟作出的行政处罚决定;(3)当事人依法享有陈述和申辩的权利;(4)符合《中国证券监督管理委员会行政处罚听证规则》所规定条件的,当事人享有要求听证的权利。当事人收到行政处罚事先告知书后,可以申请查阅涉及本人行政处罚事项的证据,但涉及国家秘密、他人的商业秘密和个人隐私的内容除外。当事人要求陈述、申辩但未要求听证的,应当在行政处罚事先告知书送达后 5 日内提出,并在行政处罚事先告知书送达后 15 日内提出陈述、申辩意见。当事人书面申请延长陈述、申辩期限的,经同意后可以延期。对于作出行政处罚决定的,应当在 7 日内将行政处罚决定书送达当事人,并按照政府信息公开等规定予以公开。当事人认为中国证监会及其派出机构作出的行政处罚侵害其合法权益的,可以申请行政复议或提起行政诉讼。秉承查审分离体制,中国证监会法治司负责行政复议及行政诉讼。

中国证监会及其派出机构在行政处罚过程中发现违法行为涉嫌犯罪的,应当依法、及时将案件移送司法机关处理。目前实践中,关于行刑衔接存在以下三种情况:(1)对于发现的违法线索未做行政处罚,直接刑事移送;(2)先行政处罚后刑事移送;(3)行政处罚与刑事移送并行。2024 年 4 月 16 日,最高人民法院、最高人民检察院、公安部、中国证监会联合制定了《关于办理证券期货违法犯罪案件工作若干问题的意见》,对于证券行政执法、刑事司法的衔接机制、证据运用、协作配合机制等问题进行了完善,特别明确了"坚持应移尽移、当捕则捕、该诉则诉",确立了依法从严打击的基调,将成为未来一段时间内打击证券行政违法与犯罪行为的重要文件。同时,笔者也会在本书的论述中揭示,由于行政处罚与刑事司法的证据采信规则与证明标准并不完全一致,有些行政处罚案件并不必然会被追究刑事责任。

证券犯罪的刑事司法体制包括侦查、检察、审判程序,基本上与其他类型犯罪一样,按照《刑事诉讼法》的规定进行。但是证券犯罪也有其特殊性,这种特殊性主要体现在管辖上。

关于层级管辖。2011 年,最高人民法院、最高人民检察院、公安部、中国证监会《关于办理证券期货违法犯罪案件工作若干问题的意见》(现已失效)第 10 条规定:涉嫌证券期货犯罪的第一审案件,由中级人民法院管辖,同级人民检察院负责提起公诉,地(市)级以上公安机关负责立案侦查。由此确定了证券犯罪的提级管辖规则。

关于证券犯罪侦查体制。2003年以前,证券违法犯罪行为的办理程序通常为中国证监会立案后,先由其下设的稽查部门进行行政认定,确定涉嫌犯罪的,转交公安部经济犯罪侦查局重新备案调查。在这个过程中,因中国证监会没有公安部门专有的侦查权利,无法快速地固定证据,十分考验中国证监会与公安机关的配合度。又因证券犯罪形式较多、行为复杂,办案成本巨大,2003年,公安部成立了证券犯罪侦查局,最初分别在上海、深圳、北京、成都、大连、武汉6地设立6个直属分局,以便加快侦办证券犯罪效率。后经合并,设立第一分局、第二分局、第三分局,分别派驻北京、上海、深圳,按管辖区域承办需要公安部侦查的有关经济犯罪案件。2005年2月,最高人民法院、最高人民检察院和公安部联合发出《关于公安部证券犯罪侦查局直属分局办理证券期货领域刑事案件适用刑事诉讼程序若干问题的通知》(现已失效),该通知赋予了公安部证券犯罪侦查局直接立案侦查证券类犯罪的权力。2010年,最高人民法院、最高人民检察院、公安部《关于公安部证券犯罪侦查局直属分局办理经济犯罪案件适用刑事诉讼程序若干问题的通知》对证券犯罪侦查局的办案范围作出了重大调整,直属分局可以立案侦查公安部交办的证券领域以及其他领域重大经济犯罪案件。2016年5月,上海市公安局经侦总队证券犯罪侦查支队揭牌成立。2016年11月,公安部正式确定辽宁省公安厅经侦总队、上海市公安局经侦总队、重庆市公安局经侦总队以及山东省青岛市公安局经侦支队、广东省深圳市公安局经侦支队5个单位为证券犯罪办案基地。

关于证券犯罪检察体制。2019年以来,最高人民检察院在北京、上海、天津、重庆、辽宁、深圳、青岛7地设立检察机关证券期货犯罪办案基地。2021年9月18日,最高人民检察院驻中国证监会检察室(以下简称驻会检察室)揭牌成立。设立驻会检察室,是在证券领域进一步发挥检察机关法律监督功能的一项重要举措,补足了证券领域刑事司法工作的关键一环,是近年来证券司法专门化建设的突破性进展,构建起更加专业的证券犯罪检察机制和办案力量,为当前和今后一个时期依法从严打击证券违法犯罪活动提供了坚实的法治支持保障。

关于证券犯罪审判体制。2020年12月,最高人民法院在北京、天津、上海、重庆、深圳、大连、青岛、郑州等地设立8家"人民法院证券期货犯罪审判基地",集中管辖证券、期货犯罪案件。审判基地有利于总结审判经验,深入分析研判证券、期货犯罪特点、规律和发展趋势,不断探索完善金融犯罪审判机制,有效提高办案质效,有效锻造专业化审判队伍。最高人民法院加强与最高人民检察院、公安部、中国证监会的协同配合,加强证券期货犯罪办案、审判基地建设,建立健全依法从严打击证券期货违法犯罪活动的体制机制,实现行政执法与刑事司法衔接顺畅高效,不断提高执法司法效能和办案专业化水平。

上篇
证券违法行政处罚

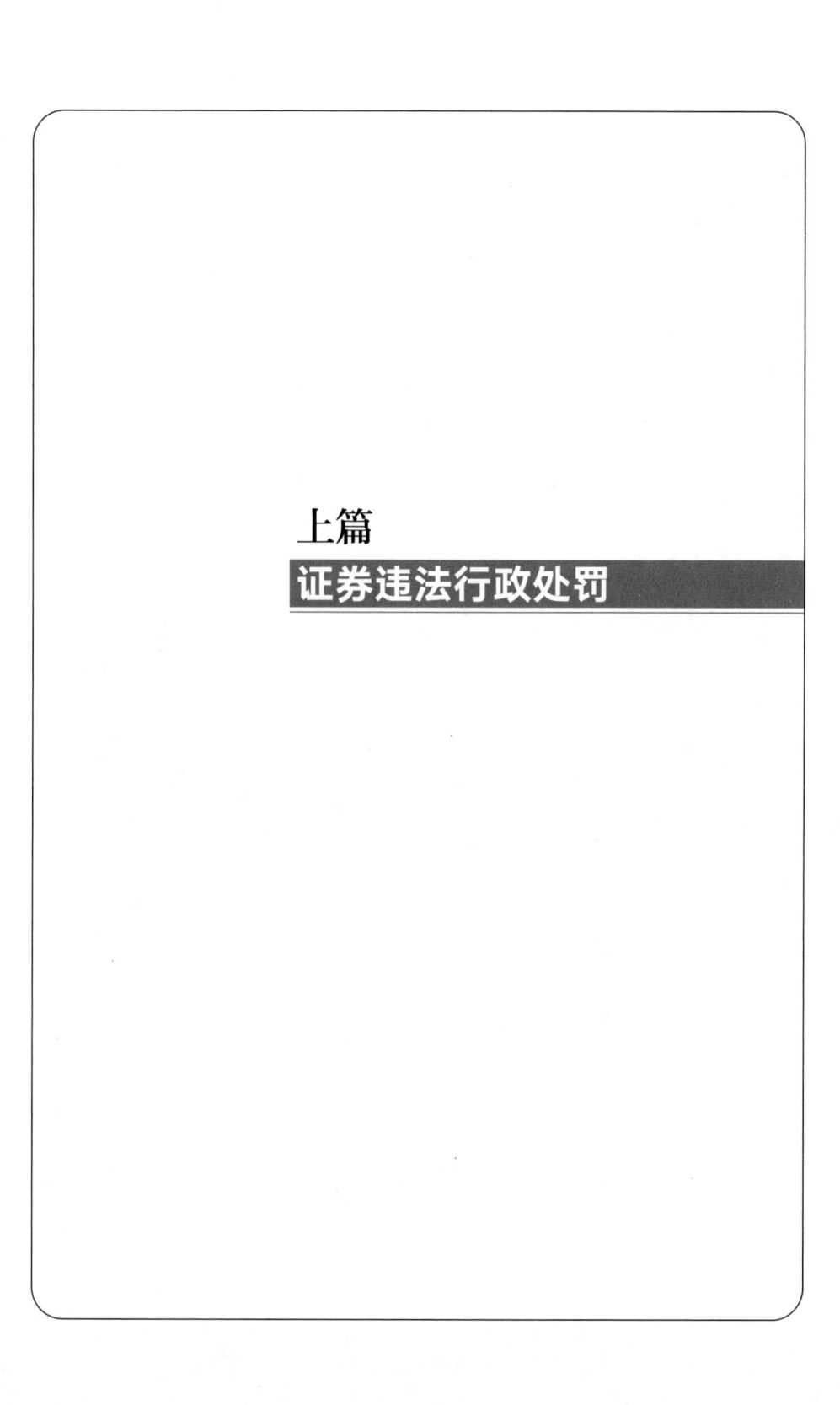

第一章　违法信息披露

信息披露制度是证券市场法律监管的核心。完善的信息披露制度是证券市场公开、公平、公正的要求,也是确保广大投资者知情权的基本制度,更是防范证券欺诈、内幕交易、操纵股价等恶劣违法行为的重要防火墙。强制性信息披露制度能够以较小资源损耗的代价,最大限度地提高证券市场的有效性,促进资本市场的发育和成熟,因此也是中国证券监管制度的发展方向。

1999年《证券法》颁布施行以前,我国资本市场的信息披露制度规定相对分散,信息披露形式和内容等缺乏统一性。随着《证券法》的颁布实施,我国首次以法律的形式明确了真实、准确、完整的信息披露质量要求。同年,《公司法》《会计法》修订,进一步完善了信息披露相关要求。随后,中国证监会陆续颁布了《关于完善公开发行证券公司信息披露规范的意见》《关于拟发行新股的上市公司中期报告有关问题的通知》(现已失效)等,上海、深圳证券交易所陆续修订股票上市规则。信息披露制度逐步规范,可操作性不断增强,形成了以基本法律为主,以相关行政法规、部门规章等为补充的信息披露制度体系。其间,以"银广夏事件"(证监罚字〔2002〕10号)等为典型的虚假披露事件,进一步凸显了健全上市公司信息披露制度的重要性。

2005年《证券法》修订,新增了预先披露、定期报告确认制度、相关信息披露义务人、民事责任的归责等多项规定,并进一步列举了应当及时披露的重大事项。2007年1月,《上市公司信息披露管理办法》实施,其是我国首部全面细化规范上市公司信息披露行为的部门规章,明确了信息披露义务人应真实、准确、完整、及时、公平地披露信息的原则性要求,并对及时性、义务人保密义务、内部管理制度、重大事件分阶段披露等作了详细规定。此后,中国证监会陆续颁布一系列信息披露准则,简化了披露内容,增加了非财务性信息披露和自愿信息披露要求,逐步建立差异化的信息披露制度。2019年《证券法》修订(现行《证券法》),进一步完善了信息披露法律体系,包括扩大信息披露义务人范围;完善信息披露的内容;规范信息披露义务人的自愿披露行为;明确上市公司收购人应当披露增持股份的资金来源;进一步强化信息披露义务人的法律责任等。

第一节 欺诈发行

■ 案例数据

欺诈发行是指发行人在其公告的发行文件中隐瞒重要事实或者编造重大虚假内容,以骗取发行的行为,是信息披露违法行为最主要的类型。欺诈发行突破诚信底线,无视法律权威,作为证券市场最为严重的证券欺诈行为之一,历来是各国监管机构监管执法的主要领域。

所谓的欺诈发行,既包括IPO、上市公司再融资、重组上市等各个环节中的股票发行行为,也包括公司、企业债券募集中的发行行为;既包括公开发行,也包括非公开发行。根据笔者统计,2001年至2023年,中国证监会公布的欺诈发行的行政处罚案件有67件,约占所有上市公司信息披露违规案件的13%。(见图1-1)其中仅2023年就有8件之多。特别是2021年以来,监管机构多次强调"申报即担责",明确对于涉嫌存在重大违法违规行为的发行人和中介机构,及时撤回发行上市申请,坚持一查到底,杜绝"带病申报""病从口入",从源头上提高上市公司质量。可见,欺诈发行将会越来越成为监管机构重点打击的领域。

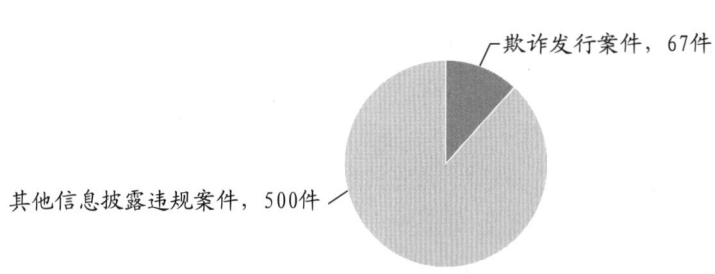

图1-1 欺诈发行行政处罚案件与其他信息披露违规处罚案件数量分布

从已有案例来看,欺诈发行的手段多种多样,主要表现为:(1)发行人报送或披露的信息存在虚假记载,包括虚构业务,虚增资产、收入和利润,变造甚至伪造产权证书和重要经营证照等。(2)发行人报送或披露的信息内容不准确、依据不充分或者选择性、夸大性披露,存在误导性陈述。(3)发行人报送或披露的信息存在重大遗漏,包括未披露关联关系及关联交易,未披露股权结构的重大变化,未披露独立性方面的重大问题,未披露重大债务、违约或对外担保等。(4)发行人未按规定报送或披露信息,包括未及时披露生产经营的重大变化,未及时披露重大诉讼或仲裁进展等。

■ **以案释义**

案例1　乐视网欺诈发行案
证监罚字〔2021〕16号

乐视网于2007年至2016年财务造假,其报送、披露的申请首次公开发行股票上市相关文件及2010年至2016年年报存在虚假记载。在首次发行阶段,乐视网通过实际控制人贾某亭实际控制的其他公司或第三方公司虚构业务,或者在与客户真实业务往来中,通过冒充回款,再通过自己控制的账户和自有资金构建虚假资金循环等方式虚增业绩,以满足上市发行条件,违法行为上市后持续发生。

2015年9月23日,乐视网非公开发行股票申请经中国证监会发行审核委员会审核,并获无条件通过。2016年8月8日,乐视网成功非公开发行股票。乐视网本次非公开发行新股10,664.30万股,募集资金47.99亿元,申报披露的三年一期财务数据期间为2012年至2014年及2015年1月至6月。后经查实,在此期间,乐视网通过虚构广告业务收入等方式虚增业绩进行财务造假,并不符合发行条件,被认定为以欺骗手段骗取发行核准。

监管机构同时认定在上述首次公开发行股票和后续非公开发行股票过程中,公司董事长贾某亭在推动乐视网上述发行事项及涉及的财务造假事项中发挥了组织、策划、领导、实施作用,在财务造假中,采取隐瞒、编造重要事实等特别恶劣的手段,造假金额巨大,未勤勉尽责,在报送、披露的发行申请文件上签字并保证所披露的信息真实、准确、完整,违法情节特别严重,是乐视网欺诈发行行为直接负责的主管人员。同时,贾某亭又被认定为乐视网实际控制人,指使相关人员从事上述财务造假事项,导致公司申请非公开发行股票申报披露的2012年至2014年及2015年1月至6月三年一期财务数据存在严重虚假记载。中国证监会最终认定:

1. 对乐视网2007年至2016年连续10年财务造假,致使2010年报送和披露的IPO申报材料、2010年至2016年年报存在虚假记载等行为,责令其改正,给予警告,并处以60万元罚款;贾某亭作为直接负责主管人员处以30万元罚款;贾某亭作为乐视网实际控制人,指使从事上述相关信息披露违法行为,对其给予警告,并处以60万元罚款,合计对贾某亭罚款90万元。

2. 对 2016 年乐视网非公开发行欺诈发行行为,根据 2014 年《证券法》第 189 条的规定,对乐视网处以募集资金 5% 即 2.4 亿元罚款;对贾某亭作为直接负责人处以 30 万元罚款;贾某亭作为乐视网实际控制人,指使从事上述违法行为,对其处以 2.4 亿元罚款,合计罚款 240,300,000 元。

| 争议焦点 |

• **一行为触犯多个行政违法类型,以重违法吸收轻违法原则认定重违法类型,但与行政处罚时效冲突时,应遵守时效期限**

行政处罚时效是指对违法行为人的违反行政管理秩序的行为追究行政处罚责任的有效期限。根据《行政处罚法》的规定,行政处罚的追溯时效期间通常为 2 年。违法行为在 2 年内未被发现的,不再给予行政处罚,但涉及公民生命健康安全、金融安全且有危害后果的,上述期限延长至 5 年。乐视网的财务造假行为自 2007 年开始直至 2016 年,其在 2010 年上市,时间跨度较长,其中既涉及欺诈发行,也涉及违规信息披露。而本案的处理又是在 2020 年,这就引发了关于行政处罚时效问题的争议。案件处理过程中,相关当事人就申辩提出,乐视网 IPO 相关申请文件及 2010 年至 2016 年年报虚假记载行为已过处罚追溯时效,依法不应予以处罚。

首先,IPO 阶段构成欺诈发行行为,同时披露的文件涉及虚假记载,因此又构成信息披露违法,按照一般法理,一个行为同时触犯了两个违法类型,根据重法吸收轻法的原则,应该选择对欺诈发行予以认定处罚,不再单独认定信息披露违法。但是本案的特殊性在于,乐视网 IPO 阶段的欺诈发行行为发生在 2010 年,显然已经过了诉讼时效。因此,监管机构对乐视网 IPO 阶段的欺诈发行并未认定和处罚。

其次,选择对乐视网自 2010 年至 2016 年的信息披露违法进行处罚没有超过诉讼时效。乐视网基于财务造假的概括故意,自 2007 年至 2016 年连续多年实施财务造假,导致 IPO 申请文件及上市后 2010 年至 2016 年年报披露存在虚假记载,该信息披露违法行为具有连续性。同时每次披露后,乐视网没有对财务造假数据予以纠正,其财务造假也没有被揭露,该信息披露违法行为仍处于持续侵害市场的状态,亦具有继续的特点,因此该信息披露违法行为并不因披露的动作结束而结束。中国证监会在 2017 年上半年通过日常监管的方式持续对乐视网相关问题进行了关注与核查,并从有利于当事人的原则出发,以中国证监会北京监管局 2017 年 12 月作出的《关于要求乐视网信息技术(北京)股份有限公司核查相关事项的通知》作为认定本案的发现时间,因此发现时间没有超过 2 年。也正是因为 2017 年被认定为违法事实的发现时间,对于 2016 年乐视网非公开发行的欺诈行为依据重违法吸收轻违法的原则作出了认定为欺诈发行的处罚结果。

- **欺诈发行既包括公开发行也包括非公开发行**

相关当事人曾提出《证券法》关于欺诈发行的规定只适用于公开发行，不适用于非公开发行。理由是2014年《证券法》中"公司""上市公司""发行人"均有其确定所指，尤其强调"发行人"仅适用于公开发行的情形。对此，从《证券法》相关义务条款、规范条款的需要看，由于适用的情形多样，在不同情形下适用不同词语是准确表达的需要，并非"发行人"仅适用于公开发行的情形，如现行《证券法》第18、19条中的"发行人"，根据第12条关于上市公司发行新股也应当经国务院证券监督管理机构核准的规定，此处的"发行人"显然既包括申请首次公开发行新股的发行人（拟上市公司），也包括申请非公开发行新股的发行人（上市公司），同样第19条规定的"发行人"也是如此。从现行《证券法》责任条款第181条看，该条规定的是发行人欺诈发行的行政责任，不管是公开发行，还是非公开发行，只要发行人的行为符合该条规定的构成要件，均应以该条处罚。该责任条款对应前述不同的义务和规范条款，其使用"发行人"的表述，恰恰是对前述公开发行新股之"公司"、非公开发行新股之"上市公司"的总体性和准确性表达，如此方才符合法律的文义和体系解释。欺诈发行不仅侵害了发行对象的利益，还欺骗发行审核部门，性质恶劣，严重扰乱证券市场秩序，是一种故意性质的证券欺诈违法行为。该行政违法性质和特点不因公开发行、非公开发行而有本质区别，从证券立法目的看，恰恰需要统一予以行政规制。虽然非公开发行相较公开发行在发行方式、投资者确定、投资者人数上与公开发行不同，但这些方面更多体现的是商事性或民事救济上的特点，不影响对其行政违法性质的判断。

- **财务造假的证据认定标准与逻辑**

通过虚增业绩以达到上市条件是欺诈发行最常见的方式。对于如何认定虚增业绩，监管机构在本案中作出了明确说明。对乐视网每一笔虚假金额的认定，均是结合乐视网记账凭证、与客户往来的核算资料、当事人陈述、相关证人证言、相关公司情况说明、资金流水、工商资料等证据综合分析认定的，达到了明显优势证明标准。在认定逻辑上，并没有将单纯的"资金循环"等同于虚假业务，也没有将其作为认定虚假业务的唯一证据，而是结合了多方面证据予以印证。同时监管机构认为虚假的"资金循环"本身就是对虚假业务的掩盖，且其本身就是对业务虚假性的反映。在虚假金额的认定上，记账凭证是编制财务报表和年报数据的依据和来源，在证明相关业务虚假的基础上，基于乐视网记账凭证反映的数据认定年报虚假记载的数据符合实际。

案例2 欣泰电气欺诈发行案
证监罚字〔2016〕84号

2011年11月,欣泰电气向中国证监会提交首次公开发行股票并在创业板上市申请,2012年7月3日通过创业板发行审核委员会审核。2014年1月3日,欣泰电气取得中国证监会《关于核准丹东欣泰电气股份有限公司首次公开发行股票并在创业板上市的批复》。

为实现发行上市目的,解决欣泰电气应收账款余额过大问题,欣泰电气总会计师刘某胜向公司董事长、实际控制人温某乙建议在会计期末以外部借款减少应收账款,并于下期初再还款冲回。二人商议后,温某乙同意并与刘某胜确定主要以银行汇票背书转让形式进行冲减。2011年12月至2013年6月,欣泰电气通过外部借款、使用自有资金或伪造银行单据的方式虚构应收账款的收回,在年末、半年末等会计期末冲减应收款项(大部分在下一会计期期初冲回),致使其在向中国证监会报送的IPO申请文件中相关财务数据存在虚假记载。其中,截至2011年12月31日,虚减应收账款10,156万元,少计提坏账准备659万元;虚增经营活动产生的现金流净额10,156万元。截至2012年12月31日,虚减应收账款12,062万元,虚减其他应收款3384万元,少计提坏账726万元;虚增经营活动产生的现金流净额5290万元。截至2013年6月30日,虚减应收账款15,840万元,虚减其他应收款5324万元,少计提坏账准备313万元;虚增应付账款2421万元;虚减预付账款500万元;虚增货币资金21,232万元,虚增经营活动产生的现金流净额8638万元。

监管机构最终认定,欣泰电气将包含虚假财务数据的IPO申请文件报送中国证监会并获得中国证监会核准的行为,违反了2005年《证券法》第13条关于公开发行新股应当符合的条件中"最近三年财务会计文件无虚假记载,无其他重大违法行为"和第20条第1款"发行人向国务院证券监督管理机构或者国务院授权的部门报送的证券发行申请文件,必须真实、准确、完整"的规定,构成2005年《证券法》第189条所述"发行人不符合发行条件,以欺骗手段骗取发行核准"的行为。对欣泰电气该项违法行为,直接负责的主管人员为温某乙、刘某胜,其他直接责任人员为于某洋、王某珩、孙某东、陈某超、胡某勇、王某华、蔡某、宋某萍、赵某年、蒋某福、范某喜、孙某贵、韩某、陈某翀。同时,温某乙作为欣泰电气实际控制人,商议并同意以外部借款等方式虚构收回应收款项,安排、筹措资金且承担相关资金成本,其行为已构成2005年《证券法》第189条第2款所述"发行人的控股股东、实际控制人指使从事前款违法行为"的行为。决定对欣泰电气处以非法所募资金的3%即772万元罚款。对温某乙处以802万元罚款,其中作为直接负责的主管人员处以30万元罚款,作为实际控制人处以欣泰电气非法所募资金的3%即772万元罚款。

| 争议焦点 |

- **外聘专业机构出具专业意见书不是作出行政处罚的法定义务**

欣泰电气被作出行政处罚决定后,先后提出行政复议、行政诉讼,最终均以失败告终。在提起行政诉讼过程中,欣泰电气一方提出中国证监会未对财务会计文件等专业性问题委托专业鉴定或审计机构出具意见从而导致认定事实错误。对此,最高人民法院在相关裁决中作出了权威性说明。

关于被诉处罚决定事实认定是否需要专业机构审计或鉴定问题,涉及行政机关在行政执法中对专业性问题的认定和处理权限问题。现行《证券法》第7条第1款规定,国务院证券监督管理机构依法对全国证券市场实行集中统一监督管理。现行《证券法》第十二章又专门对国务院证券监督管理机构依法对证券市场实行监督管理履行的职责和有权采取的措施作了具体的列举。这些规定,虽然没有细化到证券监管中财务会计文件真实性等专业性事项的认定权限问题,但在现行法律没有特别规定行政机关必须对执法中的专业性问题委托专业机构进行认定和处理的情况下,中国证监会作为国家设置的专司证券市场监管的专业性机构,对涉嫌证券违法行为的事实(包括对涉及财务会计文件是否存在虚假记载等涉及专业性方面的事实)进行调查、认定并在调查基础上作出相应的处理,理当是上述法律规定的中国证监会职责权限范围的题中应有之义。当然,在法律没有明确规定的情况下,对于行政执法中专业性较强的事实的认定问题,并不排除中国证监会通过外聘专业机构进行鉴定或设计并将鉴定或审计意见作为认定事实的基础,但这无疑属于执法裁量的范畴。也就是说,在涉及专业性事实的认定中,外聘专业机构就专业问题出具意见并不属于中国证监会在开展执法活动中必须履行的法定义务。

- **对同一行为分别以"实际控制人"和"直接负责的主管人员"进行重复处罚**

在众多因欺诈发行或者其他违规信息披露案件中经常出现一类情况,即公司董事长又是实际控制人,具有双重身份,作为董事长在披露的公开文件中签字,同时经过调查发现,公司的财务造假等行为又是因为其作为实际控制人的决策、组织、指使他人具体实施。由此,监管部门通常会对此行为依据两个法律条文规定对其进行双重处罚,并合并执行。对此,是否符合法理值得讨论。以本案为例,当事人温某乙也曾就此提出申辩意见。

中国证监会认为,作为欣泰电气董事长在相关 IPO 申请文件和定期报告上签字,承诺保证相关文件真实、准确、完整,其应对欣泰电气违反证券法律法规行为承担直接负责的主管人员的法律责任。同时,温某乙作为欣泰电气实际控制人,最终决定以外部借款等方式虚构收回应收款项,并安排、筹措资金且承担相关资金成本,其行为已构成"指使"从事相关违法行为。中国证监会根据当时的《证券法》相关规定对温某乙两项行为同时作出处罚。此类情况在乐视网实控人贾某亭、紫晶存储实控人郑某等典型案件中也都涉及。

作为董事长即公司显名的管理人员,其对公开文件的签字具有严格的公示效力,其签名公示行为意味着其作为公司管理人员对相关披露信息的真实性、准确性和完整性负责,这是《公司法》《证券法》在"组织法"层面对形式法治的要求。作为实际控制人的决策甚至指使造假行为实质侵害了广大投资者的知情权和决策选择权。作为不同身份的不同行为,具有不同的法益侧重,因此应对此种情况进行双重处罚。

■ 规则解读[1]

《证券法》第五条

证券的发行、交易活动,必须遵守法律、行政法规;禁止欺诈、内幕交易和操纵证券市场的行为。

解读:本条规定了证券发行的两项基本原则:守法原则与反欺诈原则。证券发行、交易活动涉及证券市场参与主体各方权益,关系证券市场的稳健运行和系统性风险的防范,相关活动必须遵守法律以及行政法规的要求,这是证券发行、交易活动的基本准则,是促进证券市场持续健康发展、推进全面依法治市的必然要求。

《证券法》第二十四条

国务院证券监督管理机构或者国务院授权的部门对已作出的证券发行注册的规定,发现不符合法定条件或者法定程序,尚未发行证券的,应当予以撤销,停止发行。已经发行尚未上市的,撤销发行注册决定,发行人应当按照发行价并加算银行同期存款利息返还证券持有人;发行人的控股股东、实际控制人以及保荐人,应当

---

[1] 如无特别说明,规则解读部分引用的法规皆为现行版本。

与发行人承担连带责任,但是能够证明自己没有过错的除外。

股票的发行人在招股说明书等证券发行文件中隐瞒重要事实或者编造重大虚假内容,已经发行并上市的,国务院证券监管管理机构可以责令发行人回购证券,或者责令负有责任的控股股东、实际控制人买回证券。

解读:本条是关于对欺诈发行如何处理的规定。对于欺诈发行导致国务院证券监督管理机构或者国务院授权的部门已经作出发行注册决定不符合法定条件或程序的,需要区分不同情况作出不同处理:如果该证券尚未发行,应当撤销决定并停止发行;如果该证券已经发行但尚未上市,应当撤销发行注册决定,发行人需要按照发行价格并加算同期银行存款利息返还证券持有人。同时,为了更好地保护投资者利益,还规定了发行人的控股股东、实际控制人以及保荐人,在不能证明自己没有过错的情况下,与发行人承担连带责任;如果该证券不仅发行了而且上市了,国务院证券监管管理机构可以责令发行人回购证券,或者责令负有责任的控股股东、实际控制人买回证券。

本条是从2014年《证券法》第26条修改而来的。与原法条相比,现行《证券法》将"核准"改为"注册"。同时将发行人的控股股东、实际控制人的连带责任的过错形式调整为过错推定责任,即发行人的控股股东、实际控制人要想免责,必须自己举证证明自己没有过错。本条第2款是新增内容,即责令回购证券制度。

《证券法》第一百八十一条

发行人在其公告的证券发行文件中隐瞒重要事实或者编造重大虚假内容,尚未发行证券的,处以二百万元以上二千万元以下的罚款;已经发行证券的,处以非法所募资金金额百分之十以上一倍以下的罚款。对直接负责的主管人员和其他直接责任人员,处以一百万元以上一千万元以下的罚款。

发行人的控股股东、实际控制人组织、指使从事前款违法行为的,没收违法所得,并处以违法所得百分之十以上一倍以下的罚款;没有违法所得或者违法所得不足二千万元的,处以二百万元以上二千万元以下的罚款。对直接负责的主管人员和其他直接责任人员,处以一百万元以上一千万元以下的罚款。

解读:发行人欺诈发行不仅严重违反了信息披露制度的要求,也严重破坏了市场诚信基础。提高发行人欺诈发行的违法成本,保护投资者权益是证券法的重要宗旨。本条规定是自2014年《证券法》第189条修改而来的。一是将"以欺骗手段骗取发行核准"修改为发行人"在其公告的证券发行文件中隐瞒重要事实或者编造重大虚假内容",使欺诈发行的含义更加精准。二是提高了罚款幅度,完善了处罚体系。

第二节 上市公司及相关管理主体违规信息披露

■ 案例数据

上市公司是资本市场可持续发展的基石。随着资本市场的建立和逐步发展,我国上市公司和挂牌公司群体不断发展壮大,数量稳步增长,逐步成为我国经济中最活跃、最富创造力和竞争力的市场主体。2020年10月5日,国务院颁布《关于进一步提高上市公司质量的意见》,从加快完善市场经济体制、建设现代化经济体系、实现高质量发展的高度,明确了提高上市公司质量的总体要求,其中特别提出要提高上市公司及相关主体违法违规成本,加重证券违法违规行为的行政、刑事法律责任,完善证券民事诉讼和赔偿制度。

在2001年至2023年年底,中国证监会公开的所有行政处罚案例中,与上市公司相关的案件数量为497件。从历年数量分布来看,2017年后呈增多趋势(见图1-2)。其中因信息披露违规被处罚440余件,接近90%(见图1-3)。可见,真实、准确、完整的信息披露是提升上市公司质量的重要基础。

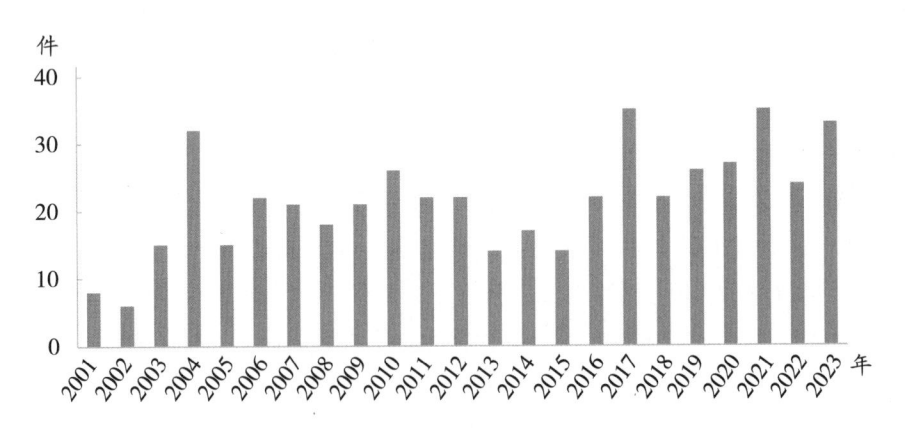

图1-2 上市公司及相关人员被行政处罚案件历年数量

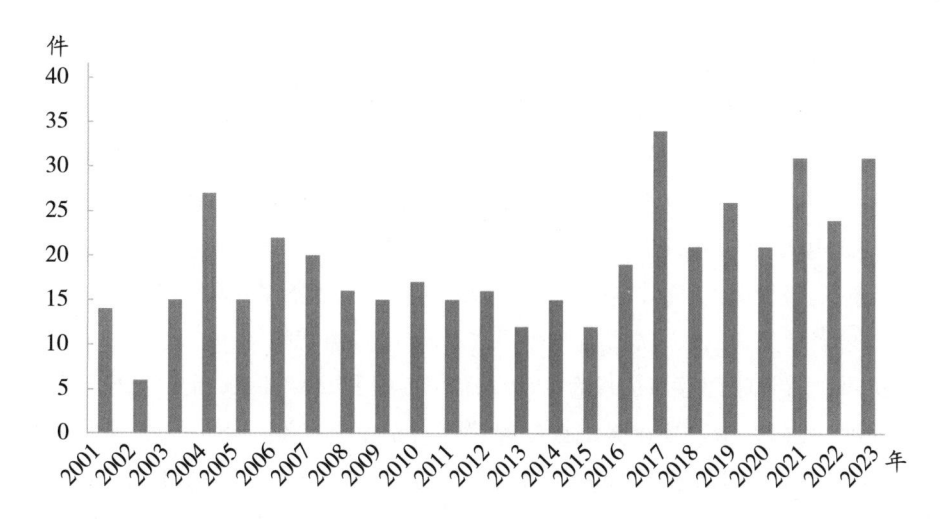

图1-3　上市公司信息披露违规案件历年数量

以案释义

案例1　康美药业违规信息披露
证监罚字〔2020〕24号

康美药业虚增营业收入、利息收入、营业利润,虚增货币资金、固定资产、在建工程、投资性房地产,所披露的《2016年年度报告》《2017年年度报告》《2018年半年度报告》《2018年年度报告》存在虚假记载,康美药业未按规定披露控股股东及其关联方非经营性占用资金的关联交易情况,所披露的《2016年年度报告》《2017年年度报告》《2018年年度报告》存在重大遗漏,上述行为违反了2005年《证券法》第63条有关"发行人、上市公司依法披露的信息,必须真实、准确、完整,不得有虚假记载、误导性陈述或者重大遗漏"及第65条、第66条有关半年度报告、年度报告的规定。

康美药业董事、监事、高级管理人员违反2005年《证券法》第68条第3款关于"上市公司董事、监事、高级管理人员应当保证上市公司所披露的信息真实、准确、完整"的规定,构成2005年《证券法》第193条第1款所述"直接负责的主管人员和其他直接责任人员"。康美药业被作出责令整改,给予警告,并处60万元罚款的处罚。董事长、总经理、董事会秘书、财务总监以及其他董事、监事等高级管理人员21人分别被处以10万元至90万元不等的罚款。

│ 争议焦点 │

● **上市公司董事、监事、高级管理人员违规信息披露的证明规则**

本案在处理过程中,董事会秘书提出辩解:其本人虽为董事会秘书,但未参与实质性工作;而且其无财务管理专业知识,不具备组织参与财务造假的能力和条件。与之类似的辩解还有"不知情、未参与、难以发现"等,该类理由在上市公司董事、监事、高级管理人员因信息披露违规被处罚案件中是经常出现的。

证券行政处罚的认定规则与刑事司法不同,证券监管机构在行政执法中,虽未能调取到直接证明证券违法行为的证据,但其他证据高度关联、相互印证,形成证据链条的,可以根据明显优势证据标准综合认定违法事实。公安机关、人民检察院、人民法院办理证券犯罪案件,应当做到犯罪事实清楚、证据确实、充分。没有犯罪嫌疑人、被告人供述,证据确实、充分的,可以认定案件事实。[1] 可见,刑事司法在认定犯罪构成时,必须遵循刑事诉讼"证据确实、充分,排除合理怀疑"的原则,而证券行政处罚并不是采用这一标准,而是采取"优势证据综合认定"的原则。以信息披露违法的处罚为例,对于董事、监事、高级管理人员是否应对此负责,并不需要证明相关个人实质参与了违规造假等行为,只要在相关文件中有签字或者在表决时投赞成票,就首先推定该管理人员对披露的信息负有未尽勤勉职责的法律责任。相关管理人员只有在能够举证证明自己尽到了勤勉责任时,才可以免责,这是一种举证责任的倒置。举证责任通常遵循"谁主张,谁举证"的原则,但在某些特定的法律领域,也可能存在一定的举证责任转移。在证券领域的行政处罚中,一旦监管机构提出指控,被指控方就需要提供反证来证明自己已尽勤勉职责。

案例2 宁波东力违规信息披露
证监罚字〔2021〕2号

2015年12月17日,宁波东力开始停牌筹划重大资产重组,初定重组标的为深圳市年富实业发展有限公司(以下简称年富实业)。因年富实业存在关联方资金占用、子公司牵涉诉讼等问题,经交易各方商定,将年富实业相关业务整合至深圳市年富供应链有限公司(以下简称年富供应链),并通过引入投资方补足资金占用,将年富实业供应链管理服务业务的资产、负债、收入、利润完整纳入年富供应链合并报表,重组标的更换为年富供应链。2016年12月12日,宁波东力董事会审议通过

---

[1] 参见2024年4月16日最高人民法院、最高人民检察院、公安部、中国证监会联合制定的《关于办理证券期货违法犯罪案件工作若干问题的意见》。

重组方案。12月13日，宁波东力披露《宁波东力股份有限公司发行股份及支付现金购买资产并募集配套资金暨关联交易报告书（草案）》（以下简称《交易报告书（草案）》），拟以发行股份及支付现金的方式购买富裕仓储（深圳）有限公司（后更名为深圳富裕控股有限公司，以下简称富裕公司）等12名交易方合计持有的年富供应链100%股权。

宁波东力2015年度经审计的合并财务报表期末资产净额为107,921.90万元，本次交易拟购买年富供应链100%股权的交易价格为216,000万元。本次交易拟购买的资产净额占宁波东力最近一个会计年度经审计的合并财务会计报告期末净资产额的比例达到50%以上，根据《上市公司重大资产重组管理办法》的相关规定，本次交易构成重大资产重组。

2017年7月15日，宁波东力披露《宁波东力股份有限公司发行股份及支付现金购买资产并募集配套资金暨关联交易报告书（修订稿）》（以下简称《交易报告书（修订稿）》），同时披露重组方案获得中国证监会核准。7月17日，交易双方完成了年富供应链100%股权过户及工商变更登记手续，资产重组完成。宁波东力于2017年8月将年富供应链纳入合并财务报表。

后经查证：2014年7月至2018年3月，年富供应链存在虚增营业收入、利润、虚增应收款项、隐瞒关联关系及关联交易等行为。年富供应链向宁波东力提供了含有上述虚假信息的财务报表，导致宁波东力于2016年12月13日披露的年富供应链审计报告及财务报表（2014年1月1日至2016年9月30日）（以下简称审计报告及财务报表）和《交易报告书（草案）》、2017年7月15日披露的《交易报告书（修订稿）》、2018年4月26日披露的2017年年度报告和2018年第一季度报告存在虚假记载，2017年年度报告存在重大遗漏。中国证监会作出决定：针对重大资产重组阶段年富供应链的信息披露违法行为，对年富供应链给予警告，并处以60万元罚款；对该公司相关责任人员给予10万元到30万元不等罚款。针对重大资产重组完成后宁波东力的信息披露违法行为，对宁波东力公司给予警告，并处以30万元罚款；对宁波东力相关责任人员给予3万元罚款。对年富供应链相关责任人员给予20万元到30万元不等罚款。

| 争议焦点 |

- **上市公司因刑事案件被骗导致信息披露违规仍被追究行政责任**

年富供应链早在2015年年初就已经因经营不善造成巨额垫付资金无法收回，形成巨额亏空，面临着资金链断裂的风险。公司实控人李某某以其名下财产和由其实际控制的富裕公司为年富实业向银行贷款提供担保已达30多亿元。为了避免公司资金链断裂及承担银行贷款的担保责任,公司管理层考虑通过直接上市融资或被并购间接上市的方式解决资金和担保问题。之后,通过安排与关联公司虚假贸易,将上述巨额亏空转成年富实业对其关联公司的虚假应收账款,又通过制造对相关客户虚假应收账款等方式虚增公司业绩,以制造公司实力雄厚、利润丰厚的假象。在与宁波东力洽谈收购事项过程中,年富供应链相关部门向第三方中介机构提供事先伪造的虚假的对关联公司的巨额应收账款等财务数据,并继续制造公司与相关客户的虚假业绩。最终骗得宁波东力以21.6亿元价格收购年富供应链100%股份,李某某等人承诺并购完成后继续经营管理年富供应链,并在3年内创造利润合计9.4亿元。2017年8月,双方完成本次交易。此后,李某某等人又以虚假事实骗得宁波东力增资2亿元。涉案的年富供应链以及该公司相关责任人员被司法机关以构成合同诈骗罪追究刑事责任,其中年富供应链被处罚金3000万元,李某某被判处无期徒刑(参见刑事判决书〔2019〕浙02刑初138号、刑事裁定书〔2020〕浙刑终70号)。

重大资产重组阶段,年富供应链作为重组标的,系《上市公司重大资产重组管理办法》第4条规定的"有关各方",2014年《证券法》第193条第1款规定的"其他信息披露义务人"。年富供应链向宁波东力提供了含有上述虚假信息的财务报表,导致宁波东力2016年12月13日披露的审计报告及财务报表和《交易报告书(草案)》、2017年7月15日披露的《交易报告(修订稿)》存在虚假记载。年富供应链的上述行为违反了2016年《上市公司重大资产重组管理办法》第4条的规定,构成2016年《上市公司重大资产重组管理办法》第55条第1款、2005年《证券法》第193条第1款所述情形。年富供应链各期财务报表虚增利润均达到当期披露营业利润的70%以上,涉案数额巨大,手段恶劣,情节特别严重。在信息披露违规案件的行政处罚中,年富供应链被作为处罚对象没有争议。

本案的宁波东力作为信息披露义务人,同时也是刑事案件的被害人,而且其对年富供应链的诈骗行为事先毫不知情,针对信息披露出现虚假记载的情形,其是否应该承担行政责任成为本次处罚的争议焦点。对此,监管机构以重组阶段是否完成作为区分依据,对宁波东力与年富供应链的责任进行了区分。

对于重组阶段的信息披露违法,尽管相关文件通过宁波东力披露,但监管机构充分考虑宁波东力的主客观情况,没有认定其违法责任,而是将年富供应链作为其他信息披露义务人,进而追究其责任,达到了有效惩处违法行为的作用。重组完成后,年富供应链成为宁波东力全资子公司,不再有信息披露义务,宁波东力作为信息披露义务人,对年富供应链财务进行并表管理和披露,虽然相关财务数据由年富供应链提供,但宁波东力负有监督管理职责,通过其对外披露的财务数据,会对资本市场参与者的投资决策产生重要影响。该阶段信息披露违法不能因"其他违法行为引起"而免除自身应当承担的责任。同时年富供应链作为宁波东力全资子公司,其经营和财务情况已经是宁波东力的一部分,真实、准确、完整地披露信息是上市公司的法定义务。宁波东力缺乏对年富供应链的有效管控和监督,披露的信息存在虚假记载、重大遗漏,应当承担相应的法律责任。不知情、无违法违规故意、信赖中介机构等不是法定免责事由。最终,对宁波东力及相关高级管理人员作出了前述处罚。

由此案可见,上市公司的信息披露义务,在行政法领域是一种严格责任。只要存在客观的违法结果,就首先认定其行政法律责任,不问主观心态,故意或过失,是否知情。同类型案例还有南京康尼机电收购龙昕科技案(证监罚字〔2021〕54号)。

案例3　宏盛科技违规信息披露
证监罚字〔2012〕7号

宏盛科技2005年、2006年年度报告存在虚假记载。经公安机关侦查并经法院审理查实,2005年至2006年,宏盛科技通过407份虚假提单骗取信用证承兑,金额合计485,126,547美元。上海市第一中级人民法院在认定宏盛科技及龙某生等犯逃汇罪的(2009)沪一中刑初字第100号刑事判决书中指出:涉案407份提单均系虚假提单,即没有与提单相对应的货物从中国香港被运至中国上海,辩方(宏盛科技及龙某生等)虽然就所谓有真实贸易基础向法庭提交了众多证据材料,但这些证据材料或与本案无关联性,或无法证实辩方所称的货物从中国香港被运至美国的事实,故均不能作为证据予以采纳。进言之,被告单位宏盛科技公司作为整个转口贸易的主导者,如果确实有与涉案407份虚假提单相对应的货物直接从中国香港直运至美国,那么完全可以直接向法庭提交相关从中国香港至美国的单证以辨真相,而事实上辩方自始至终未向法庭提交此类直接证据材料,故可以印证涉案407份虚假提单没有真实贸易基础的事实。上海市高级人民法院(2010)沪高刑终字第23号刑事判决书维持了(2009)沪一中刑初字第100号刑事判决书的上述认定。407份虚假提单对应的贸易金额485,126,547美元,占其2005年和2006年披露的主营业务收入比重较大。宏盛科技于2005年和2006年披露的主营业务收入分别为人民币5,103,692,016.29元和人民币6,042,155,455.7元。宏盛科技2005年和

2006年年度报告披露的主营业务收入存在虚假记载。

中国证监会决定对宏盛科技给予处罚,但宏盛科技因资不抵债,已被债权人申请并经相关人民法院裁定破产重整。因此,不再对宏盛科技给予处罚。对董事长、总经理等相关高级管理人员给予10万元到30万元的罚款。

| 争议焦点 |

● 行政与刑事衔接机制中的证据相互运用问题

本案是先由刑事案件引发,再移送行政处罚的典型案例。侦查机关与司法机关对于涉案公司与高级管理人员的骗汇行为作出刑事处理后,将案件移送证券监管机构。监管机构以信息披露违规为由再对其进行行政处罚。值得关注的是,监管机构认定处罚的依据特别是证据,直接引用了刑事判决书的证据和说理,并据此综合认定作出行政处罚。

类似本案由刑事引发后被行政处罚的案例并不是个例,例如2011年云南绿大地生物科技欺诈发行案,先有刑事判决,后由监管机关以违规信息披露、欺诈发行作出行政处罚(参见证监会罚字〔2013〕23号)。随着证券领域行刑衔接机制的不断完善,诸如由行政移送刑事、由刑事移送行政的情况将会越来越多。两种机制中各自搜集的证据能否相互运用成为争议焦点。根据2024年4月16日最高人民法院、最高人民检察院、公安部、中国证监会联合制定的《关于办理证券期货违法犯罪案件工作若干问题的意见》第17条的规定,行政机关在行政执法和查办案件过程中收集的物证、书证、视听资料、电子数据等客观性证据材料,经法定程序查证属实且收集程序符合有关法律、行政法规规定的,在刑事诉讼程序中可以作为定案的根据。按照一般的法理,刑事司法的证据标准要高于行政处罚的证据标准,既然行政机关在行政执法和查办案件过程中收集的证据,经法定程序查证属实且收集程序符合有关法律、行政法规规定的,在刑事诉讼程序中可以作为定案的根据,那么在刑事诉讼程序中收集的证据直接用于行政处罚程序,也就没有什么障碍了。

在2016年周某和内幕交易案中,中国证监会曾将周某和移送公安机关侦查,后经公安机关侦查明确以证据不足为由终止侦查结案,并移送中国证监会处理。中国证监会依据公安机关刑事侦查卷宗作出处罚决定。后周某和对中国证监会的处罚决定不服,提起行政诉讼,并提出中国证监会在行政处罚中运用刑事侦查的证据不符合法律。对此,一审、二审法院均明确认为:公安机关制作的刑事侦查卷宗,不影响该证据作为刑侦处罚案件证据的合法性,相关证据可以证明中国证监会的证明目的,可以作为行政处罚依据。[1]

■ **规则解读**

《证券法》第七十八条

发行人及法律、行政法规和国务院证券监督管理机构规定的其他信息披露义务人,应当及时依法履行信息披露义务。

信息披露义务人披露的信息,应当真实、准确、完整,简明清晰,通俗易懂,不得有虚假记载、误导性陈述或者重大遗漏。

证券同时在境内境外公开发行、交易的,其信息披露义务人在境外披露的信息,应当在境内同时披露。

解读: 信息披露,是为了保护投资者合法权益,法律要求证券市场的相关主体在证券发行、上市、交易等各个环节,依据法律法规等,将对证券价格有重要影响的信息依法及时向社会公告。

从法律体系来看,负有信息披露义务的主体大致分为发行人与其他义务人两类。对于披露的内容,法律要求应当具有真实性、准确性、完整性和可理解性,而且明确作出禁止性规定,即不得有虚假记载、误导性陈述或重大遗漏。

我国允许境内上市企业到境外上市,也允许境外上市企业在境内上市,由于境内外对于上市企业的信息披露要求可能不一致,为了防止上市企业在境外披露的信息多于在境内披露的信息,从而导致境内投资者在投资决策时比境外投资者处于不利地位,法律规定了发行人在境外披露的信息,也必须在境内披露。

本条规定自2014年《证券法》第63条修改而来。一是扩展了信息披露义务人,即发行人及法律、行政法规和国务院证券监管管理机构规定的其他信息披露义务人,而不再仅限于发行人、上市公司。二是在信息披露的基本原则方面,增加了简明性原则,要求信息披露应当"简明清晰,通俗易懂"。三是增加了境内外两地同时上市的上市公司的"同时披露原则"。

《证券法》第七十九条

上市公司、公司债券上市交易的公司、股票在国务院批准的其他全国性证券交

---

[1] 参见中国证监会行政处罚委员会编:《证券期货行政处罚案例解析》(第2辑),法律出版社2019年版,"周继和内幕交易案"。

易场所交易的公司,应当按照国务院证券监督管理机构和证券交易场所规定的内容和格式编制定期报告,并按照以下规定报送和公告:

(一)在每一会计年度结束之日起四个月内,报送并公告年度报告,其中的年度财务会计报告应当经符合本法规定的会计师事务所审计;

(二)在每一会计年度的上半年结束之日起二个月内,报送并公告中期报告。

解读:本条规定了发行人的"定期报告"制度。其是将2014年《证券法》第65条、第66条合并、修改而来的。一是将披露定期报告的主体扩展至上市公司、公司债券上市交易的公司、股票在国务院批准的其他全国性证券交易场所交易的公司三类,新增了"股票在国务院批准的其他全国性证券交易场所交易的公司"。二是明确规定了年度财务会计报告应当经符合本法规定的会计师事务所审计,而不强制要求中期财务报告中的财务会计报告必须经符合本法规定的会计师事务所审计。三是删除了年度报告、中期报告的必备内容。

《证券法》第八十条

发生可能对上市公司、股票在国务院批准的其他全国性证券交易场所交易的公司的股票交易价格产生较大影响的重大事件,投资者尚未得知时,公司应当立即将有关该重大事件的情况向国务院证券监督管理机构和证券交易场所报送临时报告,并予公告,说明事件的起因、目前的状态和可能产生的法律后果。

前款所称重大事件包括:

(一)公司的经营方针和经营范围的重大变化;

(二)公司的重大投资行为,公司在一年内购买、出售重大资产超过公司资产总额百分之三十,或者公司营业用主要资产的抵押、质押、出售或者报废一次超过该资产的百分之三十;

(三)公司订立重要合同、提供重大担保或者从事关联交易,可能对公司的资产、负债、权益和经营成果产生重要影响;

(四)公司发生重大债务和未能清偿到期重大债务的违约情况;

(五)公司发生重大亏损或者重大损失;

(六)公司生产经营的外部条件发生的重大变化;

(七)公司的董事、三分之一以上监事或者经理发生变动,董事长或者经理无法履行职责;

(八)持有公司百分之五以上股份的股东或者实际控制人持有股份或者控制公

司的情况发生较大变化,公司的实际控制人及其控制的其他企业从事与公司相同或者相似业务的情况发生较大变化;

(九)公司分配股利、增资的计划,公司股权结构的重要变化,公司减资、合并、分立、解散及申请破产的决定,或者依法进入破产程序、被责令关闭;

(十)涉及公司的重大诉讼、仲裁,股东大会、董事会决议被依法撤销或者宣告无效;

(十一)公司涉嫌犯罪被依法立案调查,公司的控股股东、实际控制人、董事、监事、高级管理人员涉嫌犯罪被依法采取强制措施;

(十二)国务院证券监督管理机构规定的其他事项。

公司的控股股东或者实际控制人对重大事件的发生、进展产生较大影响的,应当及时将其知悉的有关情况书面告知公司,并配合公司履行信息披露义务。

解读:本条规定的是临时信息披露制度。其是从2014年《证券法》第67条修改而来的。一是与新增信息披露义务人相一致,在第1款中增加了"股票在国务院批准的其他全国性证券交易所交易的公司"。二是在重大事件方面作出了新的规定:(1)将"重大的购置财产的决定"修改为"公司在一年内购买、出售重大资产超过公司资产总额百分之三十,或者公司营业用主要资产的抵押、质押、出售或者报废一次超过该资产的百分之三十"。(2)增加规定公司"提供重大担保或者从事关联交易",可能对公司的资产、负债、权益和经营成果产生重要影响的为重大事件。(3)增加规定"董事长或者经理无法履行职责"为重大事件。(4)增加规定"公司的实际控制人及其控制的其他企业从事与公司相同或者相似的业务的情况发生较大变化"为重大事件。(5)增加规定"公司分配股利、增资的计划,公司股权结构的重要变化"为重大事件。(6)增加规定了公司依法进入破产程序、被责令关闭为重大事件。(7)增加规定公司的控股股东、实际控制人涉嫌犯罪被依法采取强制措施为重大事件。

《证券法》第八十一条

发生可能对上市交易公司债券的交易价格产生较大影响的重大事件,投资者尚未得知时,公司应当立即将有关该重大事件的情况向国务院证券监督管理机构和证券交易场所报送临时报告,并予公告,说明事件的起因、目前的状态和可能产生的法律后果。

前款所称重大事件包括：

（一）公司股权结构或者生产经营状况发生重大变化；

（二）公司债券信用评级发生变化；

（三）公司重大资产抵押、质押、出售、转让、报废；

（四）公司发生未能清偿到期债务的情况；

（五）公司新增借款或者对外提供担保超过上年末净资产的百分之二十；

（六）公司放弃债权或者财产超过上年末净资产的百分之十；

（七）公司发生超过上年末净资产百分之十的重大损失；

（八）公司分配股利，作出减资、合并、分立、解散及申请破产的决定，或者依法进入破产程序、被责令关闭；

（九）涉及公司的重大诉讼、仲裁；

（十）公司涉嫌犯罪被依法立案调查，公司的控股股东、实际控制人、董事、监事、高级管理人员涉嫌犯罪被依法采取强制措施；

（十一）国务院证券监督管理机构规定的其他事项。

解读：本条为现行《证券法》增加条款，规定了对上市交易公司债券的交易价格产生较大影响的重大事件。当发生对该公司上市债券交易价格产生较大影响的重大事件且投资者尚未得知时，公司应当将该重大事件的有关情况向国务院证券监督管理机构和证券交易所报送，并予以公告。

《证券法》第八十二条

发行人的董事、高级管理人员应当对证券发行文件和定期报告签署书面确认意见。

发行人的监事会应当对董事会编制的证券发行文件和定期报告进行审核并提出书面审核意见。监事应当签署书面确认意见。

发行人的董事、监事和高级管理人员应当保证发行人及时、公平地披露信息，所披露的信息真实、准确、完整。

董事、监事和高级管理人员无法保证证券发行文件和定期报告内容的真实性、准确性、完整性或者有异议的，应当在书面确认意见中发表意见并陈述理由，发行人应当披露。发行人不予披露的，董事、监事和高级管理人员可以直接申请披露。

解读：本条规定的是上市公司董事、监事、高级管理人员对信息披露的责任。在发行人编制证券发行文件和定期报告的过程中，发行人的董事、监事、高级管理人员作为公司的经营管理者、监督者发挥着关键作用。为了保证发行人信息披露的真实性、准确性、完整性，保证投资者及时、公平地获得发行人应当披露的信息，本条规定了董事、监事、高级管理人员的"签署确认"责任和保证披露"真实、准确、完整"义务。实践中也明晰了"签字即担责"的认定模式。同时，该条在无法保证证券发行文件和定期报告内容的真实性、准确性、完整性或者有异议时，为董事、监事、高级管理人员设定了"责任豁免"制度，即应当在书面确认意见中发表意见并陈述理由，发行人应当披露。发行人不予披露的，董事、监事和高级管理人员可以直接申请披露。

本条规定是自2014年《证券法》第68条修改而来的，与原条文相比：一是将"上市公司"改为"发行人"，扩大了责任主体范围，包括股票发行人和公司债券发行人，既包括已上市公司，也包括申报后的拟上市主体。二是董事、监事、高级管理人员签署书面意见的对象不仅限于定期报告，还增加了"证券发行文件"。三是明确了监事应当对证券发行文件和定期报告签署书面确认意见。四是新增了发行人的董事、监事和高级管理人员应当保证"发行人及时、公平地披露信息"。五是新增了异议股东的责任豁免制度。

《证券法》第八十三条

信息披露义务人披露的信息应当同时向所有投资者披露，不得提前向任何单位和个人泄露。但是，法律、行政法规另有规定的除外。

任何单位和个人不得非法要求信息披露义务人提供依法需要披露但尚未披露的信息。任何单位和个人提前获知的前述信息，在依法披露前应当保密。

解读：本条规定体现了信息披露的公平性原则。其也是现行《证券法》的新增条款。所谓"信息披露义务人"，既包括发行人，又包括法律、行政法规和国务院证券监督管理机构规定的其他信息披露义务人。披露的"信息"应该是关于上市公司的，与投资者作出的价值判断和投资决策有关的信息。对于这些信息，信息披露义务人应当同时向所有投资者披露，不能提前向任何单位和个人泄露；如果泄露，就可能构成《证券法》第53条规定的内幕交易。

按照公平披露原则，任何单位和个人，无论是大股东、实际控制人，还是机构投资者，只要不是依法应当知道该信息的主体，在信息公开披露前，都不得非法要求信息披露义务人提前提供该信息。即使是合法的提前知道，在信息披露义务人公开披露前，也负有保密义务。

《证券法》第八十四条

除依法需要披露的信息之外,信息披露义务人可以自愿披露与投资者作出价值判断和投资决策有关的信息,但不得与依法披露的信息相冲突,不得误导投资者。

发行人及其控股股东、实际控制人、董事、监事、高级管理人员等作出公开承诺的,应当披露。不履行承诺给投资者造成损失的,应当依法承担赔偿责任。

解读: 本条为现行《证券法》新增条款,规定了自愿披露原则和公开承诺规则。自愿信息披露是指信息披露义务人除依法强制披露的信息之外,对于其他可能影响投资者决策的信息,可以自愿选择主动披露,以有助于投资者更加充分地了解、判断公司的经营情况。自愿披露的内容不能与依法强制披露的信息相冲突,更不能误导投资者。如果披露的信息有误导性,可能涉嫌《证券法》规定的编造、传播虚假信息或误导性信息。关于公开承诺,属于法定的信息披露内容。同时,作出了公开承诺,又不实际履行的,就可能会导致市场波动,由此造成投资者损失的,承诺主体负有赔偿责任。

《证券法》第一百九十七条

信息披露义务人未按照本法规定报送有关报告或者履行信息披露义务的,责令改正,给予警告,并处以五十万元以上五百万元以下的罚款;对直接负责的主管人员和其他直接责任人员给予警告,并处以二十万元以上二百万元以下的罚款。发行人的控股股东、实际控制人组织、指使从事上述违法行为,或者隐瞒相关事项导致发生上述情形的,处以五十万元以上五百万元以下的罚款;对直接负责的主管人员和其他直接责任人员,处以二十万元以上二百万元以下的罚款。

信息披露义务人报送的报告或者披露的信息有虚假记载、误导性陈述或者重大遗漏的,责令改正,给予警告,并处以一百万元以上一千万元以下的罚款;对直接负责的主管人员和其他直接责任人员给予警告,并处以五十万元以上五百万元以下的罚款。发行人的控股股东、实际控制人组织、指使从事上述违法行为,或者隐瞒相关事项导致发生上述情形的,处以一百万元以上一千万元以下的罚款;对直接负责的主管人员和其他直接责任人员,处以五十万元以上五百万元以下的罚款。

解读: 本条规定了违规信息披露的行政法律责任,是从2014年《证券法》第193条修改而来的。与旧法条相比,新法条将信息披露违法分为两种:一是未按照规定披露信息的违法行为,即信息披露义务人未按照法律规定报送有关报告或者履行信息披露义务的情形。二是信息披露义务人虽然披露了信息,但是有虚假记载、误导性陈述或者重大遗漏。新法对违规披露提高了惩罚幅度。按照新的法条,如果上市公司、挂牌公司披露的信息违法,董事(包括独立董事)、监事和高级管理人员都将被首先推定为"其他直接责任人",除非其能提供证据证明其履行了勤勉尽责义务,否则都可能被处罚。

第三节　股份权益变动披露违规

■ 案例数据

股份权益变动披露又称权益披露、大额持股信息披露,是《证券法》规定的与上市公司收购相关的基础制度,也是信息披露制度的重要内容。所谓权益披露,是指根据法律规定,投资者收购某一上市公司的股份达到一定比例时必须履行信息披露义务,以便利益相关者能够对此种持股情况有所了解。[1] 根据我国《证券法》第63条的规定,通过证券交易所的证券交易,投资者持有或者通过协议、其他安排与他人共同持有一个上市公司已发行的有表决权股份达到5%时,即被称为大额持股,就需要履行披露义务,而且接下来再买入股份要逐级而上,每级为5%,每上一个阶梯就要停下来,履行信息披露义务。因此,有学者将此称为"阶梯收购"。[2]《证券法》之所以将大额持股者规制为信息披露义务人,是因为一般来说,持有上市公司5%的股份就已经能够一定程度上影响上市公司的决策,甚至对上市公司有较强的控制力,与广大中小投资者相比,他们在资金、信息方面也处于优势地位,如果不加以适当的规制,极易诱发利用优势的内幕交易、操纵股价等违法行为。通过信息披露义务的设定,在保障收购可能性与中小投资者利益方面实现一定的平衡。

根据2021年修订的《上市公司信息披露管理办法》的规定,信息披露义务人是指"上市公司及其董事、监事、高级管理人员、股东、实际控制人、收购人,重大资产重组、再融资、重大交易有关各方等自然人、单位及其相关人员,破产管理人及其成员,以及法律、行政法规和中国证监会规定的其他承担信息披露义务的主体"。其

---

[1] 参见邢会强主编:《证券法案例教程》,中国人民大学出版社2023年版,第218页。
[2] 参见张兴、刘胜江:《证券法原理》,中国政法大学出版社2023年版,第324页。

显然包括了大额持股者、阶梯收购者。

经过笔者对大数据的梳理，2001年至2023年，在中国证监会公布的行政处罚案例中，因为违反《证券法》第63条即股份权益变动披露违规行为遭受行政处罚的案件数量为88件，是所有除上市公司及其管理人员违规信息披露外，其他信息披露义务人违规信息披露最多的类型。（见图1-4）

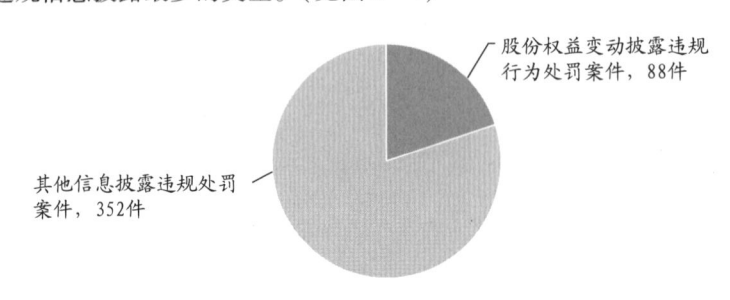

图1-4 股份权益变动披露违规行为处罚案件与其他信息披露违规处罚案件数量分布

■ 以案释义

案例｜微医集团权益披露违规与限制转让期内交易

证监罚字〔2022〕31号

2018年10月9日至2019年3月28日，微医集团利用微医投资（杭州）有限公司、冯某等10个证券账户（账户组）交易易联众信息技术股份有限公司（股票代码为300096）股份，资金来源于微医集团关联企业挂号网（杭州）科技有限公司。账户组交易易联众由微医集团决策，其中，公司账户由微医集团员工徐某凯等下单交易，个人账户由沈某等下单交易。2018年11月19日，账户组持有易联众21,510,300股，达到上市公司已发行股份的5%；2019年1月18日，账户组持有易联众43,000,000股，达到上市公司已发行股份的10%；微医集团均未及时履行报告及公告义务。微医集团在2019年1月10日、1月17日、1月21日、1月22日、1月23日相关公告中披露的持股数量和持股比例，均与账户组实际持股情况不一致。

2018年11月19日至2019年3月28日，微医集团利用账户组累计买入66,191,400股，累计买入金额580,038,585.2元；累计卖出44,435,500股，累计卖出金额404,707,908.2元。

微医集团持有易联众股份达到5%、10%时，未及时履行报告及信息披露义务，所披露的持股变动情况有误导性陈述，在限制转让期内交易易联众股票的行为，违反了 2005 年《证券法》第 86 条、第 38 条的规定,构成 2005 年《证券法》第 193 条第 1 款、第 204 条所述的违法行为。对微医集团未履行信息披露义务处以 30 万元罚款,对其限制转让期限内交易行为处以 3000 万元罚款,合并执行。

| 争议焦点 |

- **大额持股后继续买入行为是否触犯限制期转让规则**

对大额持股达到法定的比例后未按照法律规定进行信息披露的行为,以未履行信息披露义务进行行政处罚基本上不存在争议。法律规定在大额持股达到已发行的有表决权股份达到 5% 时,持股人就负有在 3 日内进行信息披露的义务,同时该 3 日内是不得再进行股票买卖的。禁止买卖的期限也被称为"静默期"。另外,对大股东而言,在持股比例已经达到 5% 后,其所持该上市公司已发行的有表决权股份比例每增加或者减少 5%,应当依照前款规定进行报告和公告,在该事实发生之日起至公告后 3 日内,不得再行买卖该上市公司的股票,静默期是 N+3。两个静默期的规定,让大宗持股的投资者必须"买买停停,停停再买",而不能一步到位,这就是前文提到的"阶梯收购",又被称为"慢走规则"。[1] 一旦在上述期限内卖出股票,就又涉及《证券法》关于限制期内不得转让股票的规则。因此,大额持股信息披露问题往往同时关联限制期内转让股票行为,从案例数据来看,此类案件基本上都面临双重处罚。对限制期内转让股票行为的处罚依据是现行《证券法》第 186 条(2005 年、2014 年《证券法》第 204 条)。在笔者看来,现行《证券法》第 186 条对旧法第 204 条的修改给此类问题带来争议。

与旧法相比,现行《证券法》第 186 条将该条项下的行政处罚判断标准由"在限制转让期限内买卖证券"改为"在限制转让期内转让证券",由此引发争议。从文义解释来看,"买卖"既包括买入又包括卖出,涵盖了违规买入/增持与违规卖出/减持两种交易形态;而"转让"的潜在含义为已持有股份并向其他主体让渡该股份,根据字面意思并不包含买入行为,仅涵盖违规卖出/减持一种交易形态。由此,依据现行《证券法》第 186 条只能处罚违规卖出/减持行为,而不能处罚违规买入/增持行为,故而在大额持股后又继续买入的行为是否应该适用限制转让期限规定给予处罚呢?

从体系解释来看,现行《证券法》第 63 条并未放松对"慢走规则"的限制,其规定仍为"不得再行买卖该上市公司的股票",即在限制交易期内买入/增持行为与卖

---

[1] 参见何海锋:《证券法通识》,中国法制出版社 2022 年版,第 164 页。

出/减持行为均被禁止。如按文义解释将"慢走规则"的罚则解释为仅针对违规卖出/减持行为，将导致法律的规制内容与行政罚则无法一一对应。但亦有学者、专家认为，现行《证券法》第63条已对违规买入/增持的股份限制了长达36个月的表决权行权，因此，"慢走规则"罚则仅处罚卖出/减持行为并无不妥。

本案中，当事人提出申辩理由：现行《证券法》第186条"限制转让期内转让"的罚则对应的是第36条"不得违规减持"，而不是第63条"慢走规则"，且现行《证券法》对"慢走规则"已经通过"限制股东权利"的方式予以惩戒，因此应当仅处罚减持行为，不处罚增持行为。中国证监会在本案中针对上述陈述申辩正面回复，明确现行《证券法》对限制期交易不仅处罚买入行为，也处罚卖出行为。

对于中国证监会的回应，笔者持有异议。现行《证券法》第36条的确用词仅限于"转让""卖出"，没有任何可以解释为包含"买入""增持"的意思，第186条也明确是对"转让"行为的规制，尽管也有"买卖"字眼，但是显然是对前述"转让"行为的词义表达。从整个法律体系来看，针对增持比例问题，《证券法》也规定了表决权限制、强制要约收购等制度予以规制，以防范"埋伏式收购""野蛮收购"等行为。任何对法律条文超出文义范围的扩张解释都应该审慎，否则就太过随机，使法律缺乏稳定性和权威性。如果监管认为应该对买入/增持行为也予以规制，就应该重新修订法律条文，而不是强行超越文字含义进行扩张解释，这不符合优化升级资本市场法治化的内在要求。

- **限制转让期内转让行为的处罚**

大额持股信息披露违规案件基本还都伴随限制期内转让行为。限制期内转让股票，又称"对特定人员减持的限制"。股票市场的自由流通是保障资本市场合理配置资源功能的基础条件，《证券法》原则上应该要鼓励、保障股市的自由流通。但是，作为"内部人"大股东、实际控制人、董事、监事、高级管理人员等特殊身份人员，由于在信息上的天然优势，极易滥用权利损害中小股民的利益。因此，法律对此作出了特殊限制。

根据现行《证券法》第36条的规定，依法发行的证券，《公司法》和其他法律对其转让期限有限制性规定的，在限定的期限内不得转让。上市公司持有5%以上股份的股东、实际控制人、董事、监事、高级管理人员，以及其他持有发行人首次公开发行前发行的股份或者上市公司向特定对象发行的股份的股东，转让其持有的本公司股份的，不得违反法律、行政法规和国务院证券监督管理机构关于持有期限、卖出时间、卖出数量、卖出方式、信息披露等规定，并应当遵守证券交易所的业务规则。根据 2023 年《公司法》第 160 条规定限制减持的情形包括：(1) 公司公开发行股份前已发行的股份，自公司股票在证券交易所上市交易之日起一年内不得转让。(2) 董事、监事、高级管理人员应向公司申报所持有的本公司股份及其变动情况，在任职期间内每年转让的股份不得超过其所持有本公司股份总数的 25%，所持本公司股份自公司股票上市交易之日起一年内不得转让。上述人员离职后半年内，不得转让其所持有的本公司股份。(3) 股份在法律、行政法规规定的限制转让期限内出质的，质权人不得在限制转让期限内行使质权。(4) 公司章程可以对董事、监事、高级管理人员转让其所持有的本公司股份作出其他限制性规定。

大额持股信息披露违规触犯的是信息披露的法律规则要求，在大额持股权益披露的静默期内又有转让行为的，又触犯了对于特殊人群限制减持的规则要求，因此属于多个违法行为，应给予双重处罚。

■ 规则解读

《证券法》第六十三条

通过证券交易所的证券交易，投资者持有或者通过协议、其他安排与他人共同持有一个上市公司已发行的有表决权股份达到百分之五时，应当在该事实发生之日起三日内，向国务院证券监督管理机构、证券交易所作出书面报告，通知该上市公司，并予公告，在上述期限内不得再行买卖该上市公司的股票，但国务院证券监督管理机构规定的情形除外。

投资者持有或者通过协议、其他安排与他人共同持有一个上市公司已发行的有表决权股份达到百分之五后，其所持该上市公司已发行的有表决权股份比例每增加或者减少百分之五，应当依照前款规定进行报告和公告，在该事实发生之日起至公告后三日内，不得再行买卖该上市公司的股票，但国务院证券监督管理机构规定的情形除外。

投资者持有或者通过协议、其他安排与他人共同持有一个上市公司已发行的有表决权股份达到百分之五后，其所持该上市公司已发行的有表决权股份比例每增加或者减少百分之一，应当在该事实发生的次日通知该上市公司，并予公告。

违反第一款、第二款规定买入上市公司有表决权的股份的，在买入后的三十六个月内，对该超过规定比例部分的股份不得行使表决权。

解读：本条是权益披露规则与"慢走规则"的规定，是从 2014 年《证券法》第 86

条修改而来的。与旧条文相比,一是将"股份"修改为"有表决权的股份",因为上市公司收购过程中对"举牌"行为的规制,主要是针对有表决权的股份。收购无表决权股份对于上市公司控制权没有影响,没有必要进行规制。二是为报告、通知、公告期内禁止收购人继续买卖股票预留豁免空间,比如对于公募基金等并不以取得控制权为目的的交易行为,就不需要权益披露。三是将持有一个上市公司已发行的有表决权股份达到5%,其所持该上市公司已发行的有表决权股份比例每增加或减少5%,收购人不能继续买卖该上市公司股票的"静默期"从"在报告期限内和作出报告、公告后二日内"修改为"在该事实发生之日起至公告后三日内"。四是增加了第3款内容,即投资者持有或者通过协议、其他安排与他人共同持有一个上市公司已发行的有表决权股份达到5%后,其所持该上市公司已发行的有表决权股份比例每增加或者减少1%,应当在该事实发生的次日通知该上市公司,并予公告。五是增加了第4款关于违规增持股份部分表决权限制的规则。

第二章　内幕交易

内幕交易是证券内幕信息的知情人和非法获取内幕信息的人利用内幕信息进行的证券交易。证券交易的风险和收益，与信息的获取、分析、判断、预测能力密切相关。有效、公平的信息传递与竞争环境是保障证券市场交易行为公开、公平、公正的基础。内幕交易行为人为达到获利或避损的目的，利用其特殊地位或机会获取内幕信息进行证券交易，违反了证券市场公开、公平、公正的原则，侵犯了投资公众的平等知情权和财产权益。

对内幕交易规制的立法起源于美国。20世纪30年代，美国证券立法的起点就是对信息披露公开与反对市场欺诈，其中市场欺诈的重要内容就是内幕交易。美国《1934年证券交易法》规定了内幕交易管制的三项基本原则：持股和转让股份报告制度、禁止短线交易制度和禁止内幕人员卖空制度，并规定了对内幕交易的具体制裁。1984年美国制定了《内幕交易制裁法》，1988年美国又颁布了《内幕交易与证券欺诈施行法》，加大了对内幕交易的打击力度。1989年《欧洲内幕交易指令》标志着反内幕交易交易立法的高潮，为欧共体成员提供了反内幕交易的法律责任及具体制裁措施的最低标准。[1]

我国关于内幕交易的立法规制最早见于1993年国务院发布的《股票发行与交易管理暂行条例》和《禁止证券欺诈行为暂行办法》。1997年《刑法》第180条对内幕交易罪进行了规定。1999年，《证券法》正式生效实施，对内幕交易的各构成要件作了更为具体的规定。2007年，中国证监会专门出台《证券市场内幕交易行为认定指引（试行）》（该规定已于2020年被废止，但仍有参考价值）。2009年《刑法修正案（七）》增加了"利用未公开信息交易罪"，完善了对打击"老鼠仓"犯罪的刑法规定。2011年、2012年司法机关先后发布的《关于审理证券行政处罚案件证据若干问题的座谈会纪要》《关于办理内幕交易、泄露内幕信息刑事案件具体应用法律若干

---

[1] 参见周友苏主编：《证券法新论》，法律出版社2020年版，第250-251页。

问题的解释》,细化了内幕交易的具体认定标准。

广义的内幕交易,主要包括内幕交易以及利用未公开信息交易。从行政处罚的层面来看,这两类行为的本质或许都是基于不公平的信息优势进行交易。因此,本书选择在本章采取广义的内幕交易视角,对两类行为分节进行阐释。

自2001年至2023年,在中国证监会公开的行政处罚案例中,内幕交易共约440件,2008年以后开始增多。2022年、2023年虽然有所下降,但笔者分析并不是案件本身数量减少,而是因为中国证监会将权力下沉至各省派出机构,由各省证监局负责查办案件,对于这些案件由各省证监局公开,不再由中国证监会公开,所以不在本书的统计范围内。(见图2-1)

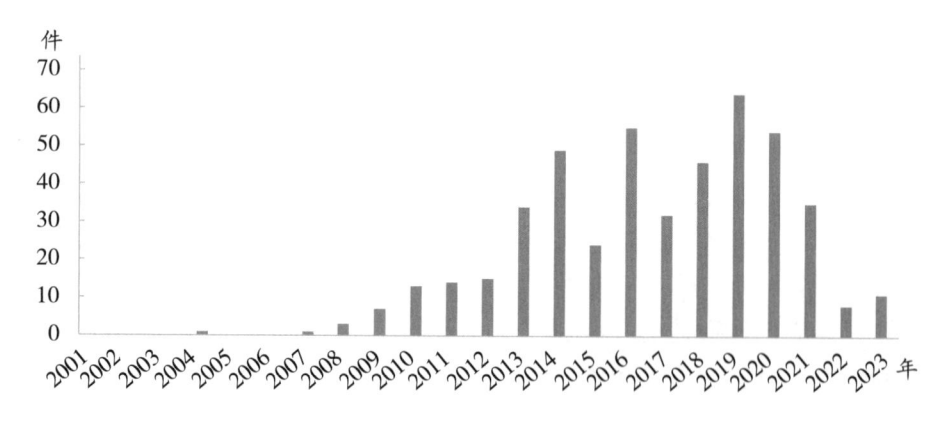

图2-1 内幕交易行政处罚案件历年数量

第一节 泄露内幕信息与内幕交易

■ 案例数据

本节所述内幕交易是狭义的内幕交易行为,具体是指内幕人员或其他非法获取内幕信息的人员,以获取额外利益或减少损失为目的,利用或建议他人利用该内幕信息进行证券交易,或泄露内幕信息使他人从事证券交易的行为。内幕交易历来是各国证券法律规定的对象,但是宽严程度各异。我国对内幕交易采取较为严格的态度。因为,内幕人员在不告知交易相对人的情况下,利用内幕信息进行交易从而获取利益或减少损失,剥夺了广大投资者公平获得信息的权利,损害了投资者利益,也破坏了证券市场公平秩序。

在 2001 年至 2023 年中国证监会公开的行政处罚案例中,狭义的内幕交易数量约 420 件,与利用未公开信息交易相比,占据绝大多数。(见图 2-2)在所有 1769 件案件中,狭义的内幕交易数量也占据了接近 1/4。根据 2024 年 5 月 15 日中国证监会发布的《中国证监会 2023 年执法情况综述》的数据,2023 年查获的内幕交易案件共计 194 件,在数量上仅次于信息披露违法案件。因此,无论从法理还是从现实看,内幕交易仍将是我国证券资本市场重点规制的对象。

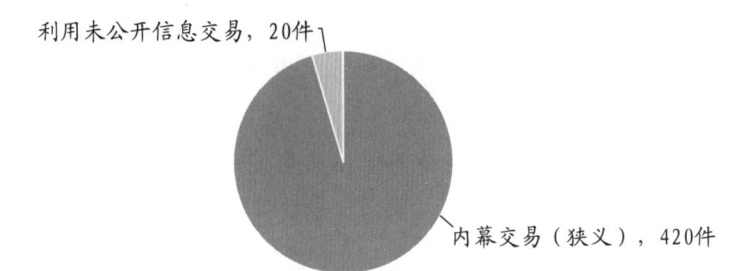

图 2-2 内幕交易与利用未公开信息交易行政处罚案件数量分布

■ 以案释义

案例 1　张某芳等泄露内幕信息案
证监罚字〔2015〕23 号

1. 内幕信息形成和公开过程

2014 年 3 月初,丽珠医药集团股份有限公司(以下简称丽珠集团)成立以时任董事会秘书李某才为主的股权激励项目组,负责推进股权激励事项。5 月 8 日,丽珠集团股权激励项目组向丽珠集团董事长朱某国报送了关于集团股权激励方案要点的请示。5 月 28 日,朱某国确定丽珠集团股权激励方案要点:一是激励工具及数量为期权+限制性股票;二是确定限制性股票折扣为五折;三是 2014 年至 2016 年业绩增长比率分别为 15%、20%、30%;四是以 2013 年扣除非经常性损益后的净利润为净利润增长基数。5 月 30 日,经请示朱某国,丽珠集团董事会秘书处确定 6 月 10 日召开董事会审议股权激励事项。6 月 3 日,丽珠集团董事会秘书处完成股权激励的董事会决议文件准备工作。由李某才安排证券事务代表王某光将议案草案以电子邮件发送至各董事,并通知于 6 月 10 日以通信表决方式审议股权期权及限制性股权激励方案等相关议案,议案内容与 5 月 28 日朱某国确定的丽珠集团股权激励方案要点相同。6月5日,王某光将6月10日董事会的有关表决表和董事会决议(稿)发送至各董事,要求各董事在6月10日前签署并反馈董事会秘书处。6月9日,因媒体有关张某芳泄露丽珠集团股权激励内幕信息的报道,丽珠集团向交易所申请临时停牌并公告称正在筹划股权激励事项。6月12日,丽珠集团复牌并决定延后推出股权激励计划。

2. 张某芳泄露内幕信息

张某芳时任中信证券医药行业首席分析师;李某才任丽珠集团董事会秘书。2012年10月之前张某芳和李某才二人已经认识,但很少联系。2013年第一季度后至2014年6月6日前,张某芳与李某才及丽珠集团的其他人员未有过任何接触。2014年6月3日,张某芳到成都参加中信证券投资策略会。在其6月5日主持的医药专场交流会上,有基金经理和研究员询问丽珠集团股权激励事项,并建议张某芳对丽珠集团研究覆盖。

2014年6月6日上午10时41分17秒,张某芳主动联系李某才,通话时长2分钟。张某芳在电话中提到大智慧5月两次连续报道的内容"丽珠集团股权激励将于今年上半年完成,囊括股票、期权等多种形式;丽珠集团股权激励草案初定业绩目标为利润增长15%—25%",并向李某才询问股权激励的时间、形式和行权条件等进展情况。李某才将丽珠集团正在准备股权激励计划,近期会有公告的情况告知了张某芳。

2014年6月6日上午,在与李某才通话后,张某芳口述指示其助手王某立即编辑一条关于丽珠集团拟实施股权激励的信息。其后,王某将编辑完成的张某芳口述短信,交由张某芳审阅定稿。该信息的定稿内容为:"【中信医药张某芳,丽珠集团重大跟踪】丽珠集团将于下周二公布管理层限制性股票+期权方案:以2013年扣非净利润为基数,2014—2016年净利润同比增速分别不低于15%、20%、30%。我们看好公司研发、销售能力及产品线,随着公司激励机制的完善,未来三年业绩增速逐年加速确定,维持'增持'评级。"该信息所涉股权激励方案与丽珠集团拟实施的股权激励方案条件及拟公告的时间完全一致。当日上午11时15分至17分,王某按张某芳要求将上述信息发布到"中信医药张某芳400""中信医药张某芳A&A"等15个微信群。同时,张某芳将该信息转发到了自己的微信朋友圈。

2015年7月28日,中国证监会下发行政处罚决定书,认定丽珠集团股权激励方案在公布前属于2014年《证券法》第75条第2款第8项规定的内幕信息。在内幕信息公开前,李某才将信息泄露给张某芳的行为,以及张某芳通过李某才获知内幕信息后通过微信泄露给多个机构和个人的行为,均违反了2014年《证券法》第76条关于禁止泄露内幕信息的规定,构成2014年《证券法》第202条所述的泄露内幕信息,分别处以10万元、20万元罚款。

| 争议焦点 |

- **只有泄露内幕信息但是没有交易行为是否可以处罚**

内幕交易行为往往以有人泄露内幕信息为前提。因此,绝大多数案件都会对内幕交易行为和泄露内幕信息的知情人进行全面处罚。本案是中国证监会作出的首例只有泄露内幕信息,没有交易行为的案件。本案的争议焦点在于,张某芳通过微信发出的信息结论是维持原有的谨慎的"增持"的投资建议,没有给予"现价买入"的建议,不符合《证券法》规定的"建议他人买卖"要件,本案中也没有人因为张某芳泄露行为进行内幕交易,所以对张某芳是否构成泄露内幕信息存有争议。持否定的观点认为,法律禁止泄露内幕信息的行为,立法目的是防止内幕交易,认定构成泄露内幕信息行为必须以对方从事了内幕交易为要件,如果仅仅是单一泄露内幕信息行为,而接受信息一方并没有利用该内幕信息从事内幕交易,不应该认定泄露内幕信息。

实际上,在以往的案件中,由于单纯只是存在泄露行为的直接证据很难调查取证,没有案件单独认定泄露内幕信息。但是在本案中,张某芳通过微信及朋友圈的方式传播信息,证据比较直接客观。同时,2014年《证券法》第76条第1款规定,"证券交易内幕信息知情人和非法获取内幕信息的人,在内幕信息公开前,不得买卖该公司的证券,或者泄露该信息,或者建议他人买卖该证券",不难发现,泄露信息和建议他人买卖是并列条文,是否建议他人买卖并非构成泄露内幕信息的要件。证券市场是对信息高度依赖的市场,证券内幕交易破坏了证券市场公开、公平、公正的原则,损伤了投资者对证券市场的信心,扰乱了证券市场秩序。法律之所以规定,在内幕信息公开前,任何知情人不得泄露该内幕信息,就是要防止内幕交易的发生,维护市场主体的平等知情权。纯泄露型行为虽然没有造成直接危害后果,但违背了立法保护的法益,导致市场信息不对称,且容易引发二次信息传递及内幕交易,加大违法风险。在我国《刑法》中,除规定内幕交易罪外,还规定了泄露内幕信息罪,只不过实践中两者往往是相伴发生的,但并不能因此误以为单纯地泄露内幕信息就没有法律追责性。

案例 2　汪某元、汪某琤二人内幕交易"健康元"案
证监罚字〔2020〕10 号

1. 涉案内幕信息的形成和公开过程

2014 年年底,健康元的实际控制人朱某国准备减持鸿信行有限公司(系健康元第二大股东,以下简称鸿信行)持有的健康元股份。2015 年 2 月中上旬,欧某平向朱某国表示愿意帮他减持健康元股票。考虑到腾讯公司的影响力,朱某国于 2015 年 2 月、3 月向马某腾提出希望腾讯公司入股健康元,马某腾同意以其在香港的投资公司帮忙受让部分健康元股票。其间,欧某平亦和马某腾沟通过帮朱某国减持一事。

2015 年 3 月 14 日下午,朱某国和欧某平在香港见面时沟通了鸿信行减持健康元股票事宜,会谈过程中朱某国发微信向董事会秘书邱某丰咨询鸿信行减持后资金汇往香港的问题。3 月 24 日晚,朱某国、欧某平、马某腾在香港聚会时,就欧某平、马某腾参与鸿信行减持健康元股份一事达成一致,马某腾委托欧某平具体操作。此后直到 4 月 1 日,欧某平与朱某国商定了整个鸿信行减持的框架方案,包括转让价格、转让数量、转让方式等。4 月 1 日下午 3 时,朱某国微信通知邱某丰,鸿信行确定减持健康元股票。经申请,健康元股票自 4 月 2 日起停牌。

2015 年 4 月 4 日,健康元发布《关于本公司第二大股东拟转让本公司股份等事宜意向的公告》,披露了鸿信行转让所持有的健康元股份及鸿信行股东转让其所持有的鸿信行全部已发行权益的意向,具体为:鸿信行以 13 元/股的价格向石某君、高某、唐某分别转让健康元 2.59%、4.40%、4.66% 的股份;鸿信行的股东将持有的鸿信行全部股份转让给妙枫有限公司(欧某平实际控制)、Advance Data Services Limited(马某腾实际控制),转让完成后,欧某平、马某腾通过鸿信行间接持有健康元 7439.184 万股股份,占健康元总股本的 4.81%。

中国证监会认定,本案内幕信息即鸿信行减持及股权转让信息形成的时间不晚于 2015 年 3 月 14 日,公开于 4 月 4 日。朱某国、欧某平、马某腾等作为相关当事人,参与了减持事项的动议、策划,为内幕信息知情人。

2. 汪某元、汪某琤内幕交易"健康元"

汪某元、汪某琤系父女关系。二人使用"汪某元""汪某琤""沈某蓉"等自然人账户以及四川信托－宏赢五号等机构账户,共 21 个账户,从 2015 年 3 月 16 日开始大量买入"健康元",截至 2015 年 4 月 1 日共计买入 88,631,885 股,买入金额 1,008,537,292.86 元,卖出 13,813,053 股,卖出金额 184,508,346.43 元,其间净买

入 74,818,832 股,净买入金额 824,028,946.43 元。经计算,涉案账户在本案内幕信息敏感期内买入"健康元"的盈利为 906,362,681.39 元。除"汪某琤""谢某康"账户外,其他涉案账户均系在内幕信息敏感期内首次买入"健康元",且买入金额巨大,同时普遍存在卖出其他股票集中交易"健康元"的情形,买入意愿十分强烈,并随着内幕信息确定性的增强进一步放大交易量。

3. 与内幕信息知情人联络、接触情况

内幕信息敏感期内,汪某元与欧某平通话 5 次,具体日期为 2015 年 3 月 14 日、15 日、17 日、21 日、25 日。2015 年 3 月 14 日下午,朱某国与欧某平在香港商议鸿信行减持事宜时,汪某元也在香港并与欧某平有通话。3 月 24 日晚,朱某国、欧某平和马某腾在香港参加众安保险融资成功酒会,并就鸿信行减持事宜达成一致时,汪某元也应邀参加酒会,并见了朱某国、欧某平和马某腾等人。

中国证监会认定,汪某元、汪某琤二人构成内幕交易,决定没收汪某元、汪某琤违法所得 9 亿余元,并处以 27 亿余元罚款。

| 争议焦点 |

- **如何认定非法获取内幕信息的人**

1998 年《证券法》对于内幕交易的主体仅仅规定为"证券交易内幕信息的知情人员",此后为了将市场上一些通过非法途径获取内幕信息的人,以及法人和其他组织从事内幕交易的情况纳入法律规制范围,2005 年《证券法》第 73 条将内幕交易的主体规定为"证券交易内幕信息的知情人和非法获取内幕信息的人",一直沿用至今。这一规定将内幕交易的主体从"身份中心主义"向"信息中心主义"转变,即将"形式上的特殊主体"(特殊身份和非法手段)向"实质上的一般主体"(任何实际知悉内幕信息的主体)修订,使"内幕交易主体规制理念日臻完善"。[1]

依据现行《证券法》第 50 条规定,禁止从事内幕交易行为的主体分为两类:一类是内幕信息知情人;另一类是非法获取内幕信息的人。针对第一类,现行《证券法》第 51 条以列举方式明确了 9 类内幕信息知情人,因此这一类又被称为法定内幕信息知情人。关于第二类非法获取内幕信息的人的具体范围,《证券法》没有规定,参照最高人民法院、最高人民检察院《关于办理内幕交易、泄露内幕信息刑事案件具体应用法律若干问题的解释》第 2 条的规定,非法获取内幕信息的人可以分为三

---

[1] 参见夏中宝:《从"身份中心主义"到"信息中心主义"——内幕交易主体法律规制之变迁》,载郭锋主编:《金融服务法评论》(第 6 卷),法律出版社 2014 年版。

类：一是利用窃取、骗取、套取、窃听、利诱、刺探或者私下交易等手段获取内幕信息的人；二是内幕信息知情人员的近亲属或者其他与内幕信息知情人员关系密切的人员，在内幕信息敏感期内，从事或明示、暗示他人从事，或者泄露内幕信息导致他人从事与该内幕信息有关的证券、期货交易，相关交易行为明显异常，且无正当理由或者正当信息来源；三是在内幕信息敏感期内，与内幕信息知情人员联络、接触，从事或明示、暗示他人从事，或者泄露内幕信息导致他人从事与该内幕信息有关的证券、期货交易，相关交易行为明显异常，且无正当理由或者正当信息来源。

本案中，汪某元显然不是法定的内幕信息知情人，那么对他的处罚只能认定其为非法获取内幕信息的人。但是从全案事实来看，并没有证据证明汪某元有利用窃取、骗取、套取、窃听、利诱、刺探或者私下交易等手段获取内幕信息的非法手段，他本人也不是内幕信息知情人的近亲属或关系密切的人。因此，对汪某元的认定只能是上述非法获取内幕信息的人中的第三类，即在内幕信息敏感期内，与内幕信息知情人员联络接触，从事或明示、暗示他人从事，或者泄露内幕信息导致他人从事与该内幕信息有关的证券、期货交易，相关交易行为明显异常，且无正当理由或者正当信息来源。从案件查明的事实来看，汪某元在内幕信息敏感期内与内幕信息知情人之一欧某平通话5次，内幕信息知情人朱某国与欧某平在香港商议鸿信行减持事宜时，汪某元也在香港并与欧某平有通话。3月24日晚，内幕信息知情人朱某国、欧某平和马某腾在香港参加众安保险融资成功酒会，并就鸿信行减持事宜达成一致时，汪某元也应邀参加酒会，并见了朱某国、欧某平和马某腾等人。这些事实可以认定汪某元在内幕信息敏感期内，与内幕信息知情人员联络接触。此后，其本人与女儿又有集中资金大量从事相关股票的交易行为，与内幕信息敏感期高度吻合。对于上述明显异常的行为，汪某元与汪某玎又不能提供其从事相关证券交易的正当理由或信息来源。由此，中国证监会认定二人非法获取内幕信息。

- **认定"联络接触"是否需要证明确实传递了内幕信息内容**

根据行政处罚法的基本要求，证券监督管理机构作出行政处罚，必须对违法行为承担直接证明责任。但是相较其他行政处罚案件，内幕交易行为存在一定的特殊性。在此类案件中，内幕信息的传递通常发生在有亲属关系、同事同学等亲密关系的主体之间，具有极大的隐蔽性，通常无法为外人所知。在当事人之间建立了攻守同盟关系，对内幕信息传递坚决否认的情况下，监管机构很难证明传递了内幕信息的内容。基于此特殊情况，2011年最高人民法院《关于审理证券行政处罚案件证据若干问题的座谈会纪要》第 5 条规定,"监管机构提供的证据能够证明以下情形之一,且被处罚人不能作出合理说明或者提供证据排除其存在利用内幕信息从事相关证券交易活动的,人民法院可以确认被诉处罚决定认定的内幕交易行为成立:(一)证券法第七十四条规定的证券交易内幕信息知情人,进行了与该内幕信息有关的证券交易活动;(二)证券法第七十四条规定的内幕信息知情人的配偶、父母、子女以及其他有密切关系的人,其证券交易活动与该内幕信息基本吻合;(三)因履行工作职责知悉上述内幕信息并进行了与该信息有关的证券交易活动;(四)非法获取内幕信息,并进行了与该内幕信息有关的证券交易活动;(五)内幕信息公开前与内幕信息知情人或知晓该内幕信息的人联络、接触,其证券交易活动与内幕信息高度吻合"。

这一规定向当事人转移了部分事实的证明责任,由当事人自己证明其交易的合理性或提供证据排除其存在利用内幕信息从事交易活动。实践中,对这种类似"有罪推定"的前提假设,当事人是很难证明自己"无罪"的。因此,在存在"联络、接触"的情况下,监管机构可以根据这一规定,对内幕信息的传递作出高度推定,进而让当事人自己证明没有传递内幕信息内容。总结来说,监管机构不需要明确证明的确传递了内幕信息的内容,只需要推定即可。

- **对共同违法行为应坚持分别处罚为原则,共同处罚为例外**

本案中,汪某元、汪某琤系共同违法的主体,汪某元作为非法获取内幕信息的人,在获取内幕信息后,又与女儿汪某琤或者让汪某琤从事相关股票交易,作为共同违法的二名以上当事人,是共同共罚还是分别处罚,《行政处罚法》没有作出明确规定,因而存在争议。

一种观点认为,对二名以上共同违法行为人,根据各自违法行为的性质、情节,在法定处罚幅度内分别处以罚款。因为,行政处罚是具有法律制裁性质的不利处分,违法责任不能互相替代,行政机关不能因执法便利而减轻自己的证明责任。

另一种观点认为,根据我国《民法典》第 1168 条关于侵权责任的规定,二人以上共同实施侵权行为,造成他人损害的,应当承担连带责任。借鉴此项规定,在内幕交易案件中,对于具有特定身份关系或者共同利益关系的共同违法行为人,给予共同处罚,各违法行为人承担连带责任。因为,内幕交易行为本质上是一种侵犯其他投资者公平交易权的侵权行为,借鉴民法侵权责任的相关理念较为合理。在共同行为的当事人存在夫妻、母子等特定身份关系或共同出资等共同利益关系,且难以区分当事人之间具体违法责任的情况下,将不具有身份专属性的罚款合并执行,有利于提高执法效率。

对此,笔者认为,对于二人以上共同违法的案件,在能分清行为人各自行为性质、情节的前提下,尽量对各行为人分别处罚。如果实践中很难分清各行为人的性质和情节,行为人之间又存在特定身份关系或者共同利益关系,也可以适用共同处罚。简言之,以分别处罚为原则,共同处罚为例外。本案中,汪某元与汪某玥系父女关系,不仅身份亲密,而且共同利益关系非常明显,二人各自的责任很难区分,故而适用共同处罚方式也是合理的。

案例3 何某模内幕交易案
证监罚字〔2020〕58号

1. 内幕信息的形成与公开过程

2013年下半年开始,苏州海陆重工股份有限公司(以下简称海陆重工)因业绩压力,开始寻找项目支撑公司业绩。董事长徐某生看好环保产业,授权顾问潘某华寻找清洁能源等符合国家发展方向的项目。2016年5月,潘某华找到上海朝希投资管理有限公司(以下简称朝希投资)总经理惠某玉让其介绍合适的项目重组。同一时期,宁夏江南集成科技有限公司(以下简称江南集成)法定代表人、控股股东吴某文告诉惠某玉其有重组的想法,惠某玉遂将海陆重工徐某生的名片给了吴某文让其自己联系。海陆重工于2016年7月8日因筹划重大事项停牌,公告拟收购江南集成100%股权,8月16日复牌公告终止重组,并承诺6个月内不再筹划重大资产重组事项。据相关当事人称,本次重组失败的原因在于双方在支付方式和比例上未能达成一致。海陆重工终止上述重组后,又找了多家项目,但都不是很满意。

2016年10月,海陆重工成立子公司与江南集成进行项目合作。通过此次项目合作,潘某华加深了对江南集成的整体了解,认为如果找不到更好的标的,还是可以并购江南集成,并在2016年11月下旬将其了解的情况反馈给徐某生。徐某生也认为江南集成是个不错的公司。项目合作期间,海陆重工负责谈判并购事项的顾问潘某华和江南集成的法定代表人吴某文一直保持联系。

2016年12月中旬,潘某华联系朝希投资的惠某玉,目的还是想找合适的项目注入海陆重工。2016年12月22日,海陆重工和朝希投资签订了《战略合作协议》,委托朝希投资为其提供兼并收购等财务顾问及投资咨询服务。自2016年5月起至调查时止,朝希投资只给海陆重工介绍了江南集成这一家标的公司。同日,惠某玉将江南集成的利润表、资产负债表以及通过国浩律师(南京)事务所(以下简称国浩律所)取得的法律尽职调查报告发送给申万宏源证券承销保荐有限责任公司(以下简称申万宏源)。

2016年12月25日,申万宏源保荐代表人蔡某电话联系惠某玉沟通江南集成尽职调查的时间,惠某玉遂致电吴某文告知其将派券商和律所去江南集成做尽职调查。

2017年1月4日,为准备券商进场尽职调查,江南集成吴某文在公司的工作例会上要求各项目负责人"所有文件夹在券商进场前做好相应的目录"。

2017年1月11日,申万宏源到江南集成进行尽职调查。同日,国浩律所到江南集成做合规梳理。

2017年1月25日,申万宏源蔡某等人与朝希投资惠某玉一起讨论《尽职调查报告》内容。惠某玉要求申万宏源项目组加快工作节奏,尽早将涉及标的公司的报告部分准备好。

2017年1月,惠某玉、潘某华、吴某文之间有多次通信联系。

2017年2月7日,江南集成董秘袁某安将券商发送的股东调查表等资料发给江南集成股东。

2017年2月13日,朝希投资制作了江南项目初步交易方案,内容涉及交易时间安排、交易方式和支付比例等问题。申万宏源制作了江南集成重大资产重组项目整体进度及时间安排。

2017年2月16日,海陆重工重组静默期到期。

2017年2月21日,惠某玉居间协调股权收购事宜。

2017年3月1日,海陆重工潘某华提出收购江南集成的条件为徐某生与吴某文持有海陆重工的持股比例差距保持在5%以上。惠某玉征求吴某文的意见,吴某文表示问题不大。

2017年3月3日(周五),海陆重工召开董事会决定重启与江南集成重组事宜,会后董秘申请停牌。

2017年3月6日(周一),海陆重工停牌。3月18日公告称,本次购买资产事项可能会以发行股份形式购买标的资产,该交易标的资产估值为15亿—25亿元,预计本次交易可能达到需要提交股东大会审议的标准,标的资产属于光伏行业,按照中国证监会公布的原《上市公司行业分类指引》属于"M74专业技术服务业"。经公司确认,本次筹划的重大事项构成了重大资产重组。

海陆重工重启发行股份及支付现金购买江南集成股权系2014年《证券法》第67条第2款第2项及第75条第2款第1项、第3项规定的内幕信息,内幕信息形成日为 2016 年 12 月 25 日,公开日为 2017 年 3 月 18 日。江南集成法定代表人、控股股东吴某文为法定内幕信息知情人。

2. 何某模交易"海陆重工"以及获取内幕信息情况

截至 2018 年 7 月 2 日,何某模任易事特法定代表人、董事长,系易事特实际控制人。何某模与吴某文存在密切的商业关系。经查,何某模与吴某文在涉案期间有过 8 次通话联系,其中 2016 年 12 月 26 日,即内幕信息形成次日,吴某文与何某模有长达 2 分多钟的通话。在内幕信息敏感期内,何某模利用与妻子张某共同控制的"张某"等 5 个账户交易"海陆重工",经计算亏损 1,768,440.55 元。

听证与申辩过程中,何某模提出内幕信息形成日认定不当。2016 年 12 月,相关中介机构开始对江南集成作摸底尽职调查,并未明确江南集成是自己 IPO 还是做并购。根据相关当事人,包括收购方、被收购方以及中介机构等的笔录,对重启收购的时间说法全部一致,即 2017 年 2 月 21 日,而非事先告知书中认定的 2016 年 12 月 25 日。中国证监会最终没有采纳何某模的申辩,认定何某模构成内幕交易,处以罚款 60 万元。

| 争议焦点 |

- 内幕信息形成时点如何确定

根据现行《证券法》第 52 条对内幕信息的定义,证券交易活动中,涉及发行人的经营、财务或者对该发行人证券的市场价格有重大影响的尚未公开的信息,为内幕信息。因此,内幕信息的构成要件有两个,一是"未公开",二是"重大影响"。所谓未公开,是指信息披露义务人尚未依照法律规定将信息在指定的媒体向公众投资者公开,不为公众投资者知悉,内幕交易行为人可以在内幕信息公开之前利用信息优势进行内幕交易。未公开性具有两方面的意义:一是揭示了内幕信息在依法公开前的秘密属性,投资者不能通过合法途径获悉的重要属性,从而阐明了禁止内幕交易的正当性;二是划定了禁止知悉内幕信息者从事内幕交易行为的时间范围,即当信息公开后知悉内幕信息者进行的交易不能被认定为内幕交易。所谓的"重大影响"是指内幕信息的公开会对相关证券的市场价格产生重大影响。在证券法上,并非所有与发行人有关的未公开信息都能构成内幕信息,必须符合重大影响标准的信息才能是内幕信息。实践中,认定是否有重大影响,往往从两大方面考虑:一是信息公开之后相关证券的价格波动情况,包括发行人相关证券价格自身的涨跌情况和发行人相关证券价格与大盘和板块指数的偏离情况;二是信息所涉金额相对于发行人主要财务指标的占比情况,包括发行人最近一期的总资产、净资产和最近一个会计年度的净利润、营业收入等。[1]

无论是未公开还是重大影响，与内幕信息形成时点都息息相关。根据最高人民法院、最高人民检察院《关于办理内幕交易、泄露内幕信息刑事案件具体应用法律若干问题的解释》第5条规定，影响内幕信息形成的动议、筹划、决策或者执行人员，其动议、筹划、决策或者执行初始时间，应当认定为内幕信息形成之时。但是实践中，由于社会生活的多样性和复杂性，不同案件的不同信息的形成时点，需要综合判断。上市公司的并购重组一直是内幕交易的重灾区。并购重组型内幕信息的形成时点认定也常常成为认定案件的争议焦点。

有观点认为，从内幕信息涉及的民事行为主体不同的角度分类，内幕信息可以分为多方（两方以上）民事行为和单方民事行为。并购重组是典型的多方民事行为，涉及上市公司决策层发起、保荐中介机构推荐、收购对象筛选、初步接触、磋商、初步意向达成、具体条件谈判等环节，涉及各方达成合意的程度，倾向于采用相关重大事项已经进入实质筹划阶段时间，即可认定为内幕信息已经形成。[2] 对此观点，笔者并不完全赞同。任何内幕信息的形成都有一个过程，对于选取这个过程上的哪一个时间点作为内幕信息的形成之时，关键还是要看有关信息是否达到了"重要性"的程度。而认定重要性，标准就是该信息是否足以影响证券交易价格与投资者判断。美国有关判例在解释如何理解美国证监会2000年制定的"规则10b-5"意义上的"重大性"时认为，"并非该公司在销售证券时该信息是否被允许披露，而是对理性投资人的判断是否产生影响。在这个问题上，法院认为被告购买证券时机和买入量是高度相关证据，且是查明重大性的唯一客观证据"[3]。因此，如果某一并购重组计划仅仅是在"动议"阶段，但是其已经足以影响投资人的投资决策，进而影响相关证券价格波动，就可以认定为内幕信息形成，而不需要等到进入实质筹划阶段。在郑某銮等与中国证监会二审行政判决书[（2021）京行终265号]中，北京市高级人民法院认为，内幕信息形成时点的认定，并不必然要求该信息已达至完全确定的程度，影响内幕信息形成的动议、筹划本身即可能对该公司证券的市场价格产生重大影响。在方某良与中国证监会二审行政判决书[（2021）京行终1885号]中，北京市高级人民法院认为影响内幕信息形成的动议、筹划、决策或者执行人

---

[1] 参见邢会强主编：《证券法案例教程》，中国人民大学出版社2023年版，第141页。
[2] 参见中国证监会行政处罚委员会编：《证券期货行政处罚案例解析》（第1辑），法律出版社2017年版，第99页。
[3] [美]托马斯·李·哈森：《美国证券法》（第12版），崔焕鹏、张剑文、肖岩译，法律出版社2024年版，第159页。

员的动议、筹划、决策或者执行初始时间,应当认定为内幕信息形成之时。当某事实的发生能够表明相关重大事项已经进入实质操作阶段并具有很大的实现可能性时,该事实的发生时点亦为内幕信息的形成时点。动议、筹划的初始时间之所以可以认定为内幕信息的形成之时,主要是考虑此时该信息已经具备了一定程度的确定性,进而可能影响证券交易价格。

案例 4 潘某内幕交易隆平高科案
证监罚字〔2021〕103 号

2017年6月16日,隆平高科董事、执行总裁张某宽在决策委员会微信群中发送北京联创种业股份有限公司(以下简称联创种业)介绍材料,提出联创种业有意愿转让控股权。决策委员会成员之一尹某文随即安排工作人员了解联创种业相关情况。后经调研等工作,2017年11月6日,尹某文将联创种业合作备忘录1.0发至决策委员会微信群,根据决策委员会反馈意见,先后形成联创种业合作备忘录2.0、联创种业合作备忘录3.0,核心内容为购买联创种业80%—100%股权。后经尽调、谈判等工作,2018年2月26日,隆平高科披露筹划重大资产重组停牌公告,称本次重大资产重组的标的资产为联创种业90%的股权,"隆平高科"停牌。2018年3月12日,隆平高科披露发行股份购买资产预案,称本次交易资产总额、资产净额、营业收入占隆平高科相应比例均未达到50%,但本次交易与本次交易前12个月内需要累积计算的资产总额及资产净额占隆平高科资产总额及资产净额的比例达到50%以上,且资产净额超过5000万元人民币,构成重大资产重组。2018年3月19日,隆平高科披露关于公司股票复牌的提示性公告,"隆平高科"复牌。

潘某时任隆平高科子公司隆平耕地董事、总经理,属于2014年《证券法》第74条第3项规定的内幕信息知情人。内幕信息敏感期内,潘某与内幕信息知情人伍某时、尹某文等人有频繁的联络、接触。潘某与伍某时通话57次,与尹某文通话20次。2017年12月26日隆平高科年会时,潘某与伍某时等人接触。潘某与刘某旭的微信聊天记录显示潘某多次向伍某时询问隆平高科情况。内幕信息敏感期内,潘某控制使用"潘某"普通、信用账户和"君维实业"普通账户,自2017年12月22日起共计买入"隆平高科"6,308,257股,买入金额159,945,979.5元,至2021年4月8日全部卖出,卖出金额130,561,600.5元,合计亏损29,244,251.94元。

中国证监会处理过程中,潘某提出申辩其交易"隆平高科"系履行隆平耕地公司《股权转让协议》约定,响应隆平高科鼓励高级管理人员持有公司股票政策,为收购公司股份而依法进行的正当交易行为。中国证监会认为潘某交易"隆平高科"的行为与《股权转让协议》相关安排不相符。潘某系使用第一笔股权转让款交易"隆平高科",《股权转让协议》对该笔款项的用途未作要求,交易行为不属于履行协议,反而在一定程度上体现其在买入时点上的急迫性。最终认定潘某作为法定内幕信息知情人,在内幕信息公开前与内幕信息知情人伍某时、尹某文存在联络、接触,交易"隆平高科"行为明显异常,与内幕信息高度吻合,且不能作出合理说明或者提供证据排除其利用内幕信息从事涉案交易,构成内幕交易,处以60万元罚款。

争议焦点

- 如何认定当事人的"合理解释"与"预设交易"豁免制度

为了维护当事人的抗辩权,对于内幕交易案件,法律通常需要规定"合理解释"条款,将能作出合理解释的被处罚人排除在内幕交易之外。我国最高人民法院《关于审理证券行政处罚案件证据若干问题的座谈会纪要》规定,"监管机构提供的证据能够证明以下情形之一,且被处罚人不能作出合理说明或者提供证据排除其存在利用内幕信息从事相关证券交易活动的,人民法院可以确认被诉处罚决定认定的内幕交易行为成立"。那么,什么样的理由算"合理解释"就值得研究。

从国外资本市场相关法律规定来看,美国、欧盟、日本等均有关于此项条款的规定,通常被称为"预设交易"。"安全港"规则规定,如果交易实质上是按照在占有未公开信息之前就已经制定的善意交易计划进行的,则不承担责任。[1] 美国证监会在2000年制定的"规则10b5-1"第c条进一步明确规定,以下情形不构成内幕交易,即内幕人在知悉内幕信息前:(1)已经签订证券交易合同;(2)已经指示他人为自己买卖证券;(3)已经制定证券交易的书面计划。"合同、指示或计划"应当确定证券交易的数量、价格和日期或者用以确定证券交易数量、价格和日期的书面公式、算法或计算机程序,并不得对证券交易的方式、实践或是否买卖施加任何后续影响。欧盟第2003/6/EC号市场滥用行为指令第2(3)条规定:本条款(本指令第2条第1、2款关于利用内幕信息的禁止)不适用于因履行取得或者转让金融工具的约定义务而进行的交易,在此情况下,该义务需产生于相关人取得内幕信息之前缔结的协议。日本《金融商品交易法》第166条第6款规定,在知道重要事实之前就已经签订合同,因履行合同而进行的证券买卖,不属于内幕交易。[2] 除此之外,英

---

[1] 参见[美]托马斯·李·哈森:《美国证券法》(第12版),崔焕鹏、张剑文、肖岩译,法律出版社2024年版,第165—166页。

[2] 参见中国证监会行政处罚委员会编:《证券期货行政处罚案例解析》(第2辑),法律出版社2019年版,第68页。

国、澳大利亚、新西兰的证券规则也都有类似设置。[1]

我国的预设交易制度见于最高人民法院、最高人民检察院《关于办理内幕交易、泄露内幕信息刑事案件具体应用法律若干问题的解释》第4条,其中规定了4种阻却内幕交易行为的抗辩事由:(1)持有或者通过协议、其他安排与他人共同持有上市公司5%以上股份的自然人、法人或者其他组织收购该上市公司股份的;(2)按照事先订立的书面合同、指令、计划从事相关证券、期货交易的;(3)依据已被他人披露的信息而交易的;(4)交易具有其他正当理由或者正当信息来源的。

可以看出,无论是国外还是我国规定的"豁免交易",对于合同、指令或计划在确定性和明确性上都要求很高。

案例5 夏某武内幕交易卓翼科技案
证监罚字〔2021〕83号

2018年5月14日,卓翼科技发布公告,称正在筹划以发行股份和(或)支付现金的方式购买资产,标的资产为深圳市腾鑫精密胶粘制品有限公司(2020年1月14日更名为深圳市腾鑫精密电子芯材科技有限公司,以下统称腾鑫精密)93%股权。2018年9月13日,卓翼科技发布公告称,标的资产作价63,000万元,占卓翼科技2017年经审计总资产的15.47%,占卓翼科技2017年经审计净资产的29.68%,且发行股份方式需经中国证监会并购重组审核委员会审核。2018年11月下旬,根据审计机构的审计情况,腾鑫精密2018年上半年审计净利润约700余万元,比腾鑫精密账面净利润低400余万元。财务顾问中天国富证券有限公司(以下简称中天国富)预计腾鑫精密2018年全年净利润2000余万元。该财务数据与腾鑫精密自己预估的2018年净利润5000余万元及2018年业绩承诺5200万元有较大差距,交易双方就收购价格产生较大分歧且未能达成一致。2019年1月,腾鑫精密董事长王某杰向卓翼科技提出终止此次收购项目。卓翼科技董事长昌某、董事陈某民及董事会秘书魏某英等人就此召开内部会议,并向中天国富咨询终止项目需要履行的审批程序,请中天国富提供终止收购所需协议、公告等相关文件。2019年1月29日,中天国富项目组成员杨某杰通过微信向卓翼科技证券事务代表张某涵发送了终止收购所需相关文件。2019年3月8日,卓翼科技披露《关于继续推进发行股份购买资产事项的议案》,称因相关审计、评估工作尚未完成,预计无法按要求在2019

---

[1] 参见中国证监会行政处罚委员会编:《证券期货行政处罚案例解析》(第1辑),法律出版社2017年版,第34页。

年3月14日前发出召开审议相关事项的股东大会通知,并决定将继续推进本次发行股份购买资产事项。2019年4月底,卓翼科技在准备2018年年报审议时,准备了"关于终止发行股份购买资产事项的议案"草案,但最终未提交董事会审议,也未披露。2019年5月24日,卓翼科技发布《关于终止发行股份购买资产事项的公告》。

夏某武作为卓翼科技第一大股东、实际控制人,持有卓翼科技19.58%的股份,是2014年《证券法》第74条规定的内幕信息知情人。同时,卓翼科技董事会秘书魏某英直接参与上述发行股份购买资产并负责相关披露事项,曾多次向夏某武汇报并按夏某武决策开展工作。2019年1月至3月13日,夏某武与魏某英存在联络、接触;2019年3月13日,夏某武使用其本人中信建投证券账户,通过大宗交易卖出其持有的卓翼科技无限售流通股11,552,730股,卖出资金111,945,953.70元,占卓翼科技总股本的1.9919%。经计算,夏某武避损金额为21,308,432.85元。

案件处理过程中,夏某武提出申辩理由之一:"避损"金额计算错误。夏某武2019年3月13日减持,当时卓翼科技股价为10.75元/股,此后一段时间稳定在10元/股左右。2019年4月23日,卓翼科技公告2018年年度报告显示业绩亏损,当日股价即跌停,此后直至5月6日,股价持续下跌。而涉案信息公开后,股价不跌反涨。可见,减持后出现的股价下跌及夏某武因此"避免的损失",显然不是涉案内幕信息所致,而很可能是因为卓翼科技公告了2018年年报。因此,本案中不能以内幕信息公开后第一个交易日的收盘价为基准来计算"避损金额"并认定为"违法所得"。

中国证监会认为由于涉案卖出行为客观上使当事人得以避免后续可能发生的损失,根据任何人不能因违法行为获利的基本法理,因此计算本案违法所得的方法并无不当。最终,中国证监会认定没收夏某武违法所得21,308,432.85元,并处以21,308,432.85元罚款。

| 争议焦点 |

- **内幕交易违法所得如何计算**

关于内幕交易的获利数额或避免损失数额的计算标准,法律规则并没有明确,总结实践中的案例主要有以下两种:一是以行为人实际获利为计算标准。例如,甲获知利好/利空内幕信息后进行股票交易,甲违法所得的数额即为扣除"成本费",包括交易费(如向国家交纳的税费、向证券公司交付的交易佣金、登记过户费、交易中其他合理的手续费等)和其他合理支出费用后的实际所得。二是以内幕交易人买入股票的价格与内幕信息公布后(一般指内幕消息公开当日)股票价格的差额作为违法所得计算标准。

但在实际交易中还常常存在除内幕信息公开当日或股票复盘当日就全部抛出外的其他情形,如内幕信息公开当日或股票复盘当日仅抛出部分和经过一段长时间持有后再抛出的情形。那么,鉴于股票自身具有较大的"波动性"和此时已经掺入了很多其他因素,因内幕消息而获得的利益就很难与之区分和计算。因此,后两种情形下以内幕消息公开当日/股票复盘当日作为认定违法所得的基准日是比较合理的。除此之外,违法所得还需要考虑扣除交易费用。

■ 规则解读

《证券法》第五十条

禁止证券交易内幕信息的知情人和非法获取内幕信息的人利用内幕信息从事证券交易活动。

解读:本条是关于禁止内幕交易的原则性规定。禁止内幕交易的主体包括两类:一是"内幕信息知情人",即合法获取内幕信息的人,此类人员法定。二是"非法获取内幕信息的人",即本身不具备获取内幕信息的合法性,但是通过非法途径获得的人。

《证券法》第五十一条

证券交易内幕信息的知情人包括:

(一)发行人及其董事、监事、高级管理人员;

(二)持有公司百分之五以上股份的股东及其董事、监事、高级管理人员,公司的实际控制人及其董事、监事、高级管理人员;

(三)发行人控股或者实际控制的公司及其董事、监事、高级管理人员;

(四)由于所任公司职务或者因与公司业务往来可以获取公司有关内幕信息的人员;

(五)上市公司收购人或者重大资产交易方及其控股股东、实际控制人、董事、监事和高级管理人员;

(六)因职务、工作可以获取内幕信息的证券交易场所、证券公司、证券登记结算机构、证券服务机构的有关人员;

(七)因职责、工作可以获取内幕信息的证券监督管理机构工作人员;

（八）因法定职责对证券的发行、交易或者对上市公司及其收购、重大资产交易进行管理可以获取内幕信息的有关主管部门、监管机构的工作人员；

（九）国务院证券监督管理机构规定的可以获取内幕信息的其他人员。

解读：本条是关于"内幕信息知情人"的范围规定。法律采取列举的方式对其范围予以法定。一般以是否知悉内幕信息为标准，不限于公司内部人员，公司外部由于工作性质、所任职务、业务往来、监管职责等而知悉内幕信息的人也属于此列。与2014年《证券法》相比，新法将"发行人"本身也纳入知情人范围，同时新法将"发行人控股的公司"修改为"发行人控股或者实际控制的公司"，更为周全；增加了"因与公司业务往来可以获取公司相关内幕信息的人员"；增加了上市公司收购人或者重大资产交易方及其控股股东、实际控制人、董事、监事、高级管理人员；将旧法条第5项"证券监督管理机构工作人员以及由于法定职责对证券的发行、交易进行管理的其他人员"修改为"因职责、工作可以获取内幕消息的证券监督管理机构工作人员"；将旧法第6项中"保荐人、承销的证券公司、证券交易所、证券登记结算机构、证券服务机构的有关人员"修改为"因职务、工作可以获取内幕信息的证券交易场所、证券公司、证券登记结算机构、证券服务机构的有关人员"；新增因法定职责对证券的发行、交易或者对上市公司及其收购、重大资产交易进行管理可以获取内幕信息的有关主管部门、监管机构的工作人员。

《证券法》第五十二条

证券交易活动中，涉及发行人的经营、财务或者对该发行人证券的市场价格有重大影响的尚未公开的信息，为内幕信息。

本法第八十条第二款、第八十一条第二款所列重大事件属于内幕信息。

解读：内幕信息是证券交易活动中，涉及发行人的经营、财务或者对该发行人证券的市场价格有重大影响的尚未公开的信息。2014年《证券法》列举了八种内幕信息。现行《证券法》则采取转引的方式，明确将第80条第2款、第81条第2款所列重大事件规定为内幕信息。

《证券法》第一百九十一条第一款

证券交易内幕信息的知情人或者非法获取内幕信息的人违反本法第五十三条的规定从事内幕交易的，责令依法处理非法持有的证券，没收违法所得，并处以违法所得一倍以上十倍以下的罚款；没有违法所得或者违法所得不足五十万元的，处以五十万元以上五百万元以下的罚款。单位从事内幕交易的,还应当对直接负责的主管人员和其他直接责任人员给予警告,并处以二十万元以上二百万元以下的罚款。国务院证券监督管理机构工作人员从事内幕交易的,从重处罚。

解读: 本条规定修改了 2014 年《证券法》第 202 条,主要是提高了处罚的幅度。在有违法所得的情况下,由原来的 1 倍以上 5 倍以下罚款,提高到 1 倍以上 10 倍以下罚款;在违法所得较少或者没有的情况下,由原来的处以 3 万元以上 60 万元以下罚款,提高到 50 万元以上 500 万元以下罚款;对于单位违法行为的直接责任人员,由原来的 3 万元以上 30 万元以下罚款,提高到 20 万元以上 200 万元以下罚款。

第二节　利用未公开信息交易

■ 案例数据

利用未公开信息交易,是指利用内幕信息之外的其他未公开信息,违反规定进行的相关交易。利用未公开信息交易俗称"老鼠仓"交易,尤其以基金经理利用未公开信息交易为典型。基金经理的"老鼠仓"交易实质为背信行为。利用未公开信息交易本质是内幕交易,但是与狭义的内幕交易又有区别,故而现行《证券法》第 54 条单独作出了规定。在证券投资基金活动中,投资者出于对基金管理人的信任,将资金委托给基金管理人进行证券投资;基金管理人受人之托,为基金份额持有人的利益管理、运用基金财产。基金管理人与基金份额持有人之间是一种信托关系,基金管理人及其基金从业人员对基金和基金份额持有人负有忠实义务,必须恪尽职守,履行诚实信用、谨慎勤勉的义务,不得从事利益冲突的行为,不得将自身利益置于基金财产和基金份额持有人的利益之上,更不得在执行职务或办理业务过程中利用所处地位或优势牟取私利。忠实勤勉、诚实守信、避免利益冲突,不仅是基金从业人员基本的执业准则,更是基金行业的立业之本。

2001 年至 2023 年,中国证监会公开的案例中,利用未公开信息交易被处罚的案例共 20 件。该类案例最早见于 2008 年,均是对公募基金及从业人员的处罚,2018 年开始出现对私募基金管理人及从业人员处罚的案例,共 6 件。(见图 2-3)

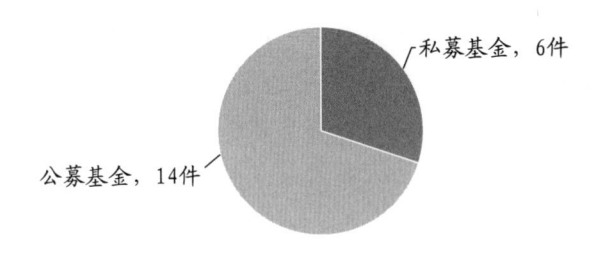

图 2-3　利用未公开信息交易行政处罚案件中
私募基金与公募基金数量分布

(私募基金，6件；公募基金，14件)

■ 以案释义

案例　刘某东等私募基金管理人利用未公开信息交易案
证监罚字〔2018〕43号

凡得基金于2015年1月7日在中国证券投资基金业协会登记。刘某东系凡得基金员工，2014年8月至2016年2月任该公司法定代表人、执行董事、总经理，自凡得基金成立至调查期间一直是公司控股股东、实际控制人。杨某系凡得基金投资经理，李某柏系凡得基金交易员。凡得基金控制的账户有凡得幸福轮动基金、凡得幸福轮动二期基金、凡得幸福金矿基金、垒鼎天道聚富基金、幸福轮动88基金、凡得幸福轮动4号基金、凡得幸福明星基金、凡得幸福建国基金、凡得幸福战略并购基金、凡得幸福CPA趋势追踪基金、凡得幸福龙道基金、凡得幸福MOM基金等户（以下简称凡得基金组）。除在凡得幸福轮动、凡得幸福金矿、垒鼎天道聚富等3只基金中担任投资顾问外，凡得基金均作为基金管理人，按照相关协议管理基金财产。凡得幸福轮动二期户2015年5月至7月由凡得基金管理，2015年8月至10月由凡得基金、深圳博兴投资管理有限公司分别管理部分资金，2015年11月至2016年则全部交由深圳博兴投资管理有限公司管理。凡得幸福轮动和凡得幸福金矿的管理人为深圳市华银精治资产管理有限公司，但两户的投资决策和交易操作实际上一直由凡得基金负责。垒鼎天道聚富的管理人为浙江鼎阳资本管理有限公司，委托凡得基金代为决策和交易操作。

凡得基金控制的上述账户开户后，总体上由凡得基金投资顾问刘某成制定投资策略规则，并进行主要决策选股，其中2015年年初至2015年年末主要由刘某成进行决策选股，2015年年末至2016年5月则主要由投资经理杨某及其助理戴某良执行投资策略规则并进行部分选股。具体交易股票流程为，刘某成进行主要选股后，通过微信群（"时间动作记录凡得群"）将包含板块、股票品种、仓位等信息的交易指令发送给杨某等人,杨某根据具体情况决定买入、卖出的时间,或根据投资策略选股后,将指令分配给李某柏等交易员。刘某东、杨某、李某柏均在该微信群中,且自2014年年底至2016年10月,杨某每天都会通过微信向刘某东汇报股票交易情况,因此刘某东、杨某、李某柏三人知悉凡得基金组账户交易标的股票的未公开信息。

2015年5月1日至2016年5月31日,杨某安排李某柏操作,或亲自操作"刘某东"账户稍早于、同步于或稍晚于(一般同一天内)凡得基金控制的凡得基金组账户交易,以相同方向交易相同股票,刘某东偶尔也操作自己的账户,跟随凡得基金组账户交易。根据沪深交易所提供的计算数据(不含凡得幸福轮动二期户2015年8月1日之后的趋同交易数据),"刘某东"账户与凡得基金组账户存在趋同交易情况如下:"刘某东"华林证券信用户共交易了73只股票,成交金额16,474.29万元,趋同交易64只股票,趋同交易股数占比为87.67%,趋同交易成交金额15,277.37万元,趋同交易金额占92.73%;"刘某东"国信证券户共参与了253只股票的交易,成交金额73,649.5万元,趋同交易163只股票,趋同交易股数占比为64.82%,趋同交易成交金额45,494.93万元,趋同交易金额占比为61.77%。在此期间,"刘某东"账户与凡得基金控制的凡得基金组账户股票交易的趋同度较高,合计趋同交易金额6.07亿元,占比为67.43%,趋同交易股数占比为69.63%,合计亏损203.7万元。

中国证监会经调查认为,刘某东、杨某、李某柏三人作为基金从业人员,利用职务便利,知悉凡得基金组交易的标的股票的未公开信息,共同操作"刘某东"账户,稍早于、同步于或稍晚于凡得基金组账户交易相关股票,其行为涉嫌违反《证券投资基金法》第123条第1款,《私募投资基金监督管理暂行办法》(以下简称《私募管理办法》)第23条第5项的相关规定,构成利用未公开信息交易股票违法行为。根据刘某东、杨某、李某柏三人在违法行为中的地位、作用不同,刘某东应负主要责任,杨某、李某柏应负次要责任。

当事人及其代理人在听证会和陈述申辩材料中提出以下申辩意见:第一,《证券投资基金法》第123条第1款所处罚的对象应该是公募基金的投资行为,而非私募基金。第二,根据特殊法优于一般法、新法优于旧法的基本原则,本案应优先适用《私募管理办法》第38条的规定进行处罚,而非《证券投资基金法》第123条第1款规定。第三,根据过罚相当的原则,涉案行为适用《私募管理办法》第38条处罚更为合适。

中国证监会认为:第一,根据相关法律规定,应当适用《证券投资基金法》第123

条对刘某东等人违法行为进行处罚。首先,根据《证券投资基金法》第2条的规定,该法的适用范围不仅包括公开募集资金设立证券投资基金,也包括非公开募集资金设立证券投资基金。根据《证券投资基金法》第31条的规定,《私募管理办法》对非公开募集基金的基金管理人进行了具体规范,其中《私募管理办法》第23条第5项明确规定私募基金管理人及其从业人员不得利用未公开信息从事相关交易活动。《私募管理办法》第40条还明确规定,私募证券基金管理人及其从业人员违反《证券投资基金法》有关规定的,按照《证券投资基金法》有关规定处罚。其次,从上述《证券投资基金法》的适用范围看,《证券投资基金法》第123条中规定的"基金管理人"除包括公开募集基金的基金管理人外,还应包括非公开募集基金的基金管理人。再次,《证券投资基金法》第123条罚则指向的是基金管理人及其从业人员有该法第20条所列的行为,而非指违反该法第20条的规定,因此无论是公开募集基金的基金管理人及其从业人员,还是非公开募集基金的基金管理人及其从业人员,只要实施了该法第20条所列行为之一的,就应当适用第123条罚则。综上,《证券投资基金法》第123条既适用于公募证券基金管理人及其从业人员,也适用于私募证券基金管理人及其从业人员,在《证券投资基金法》第123条对私募证券基金管理人及其从业人员利用未公开信息交易证券行为有明确处罚规定的情况下,应适用该条进行处罚。刘某东等人属于私募证券基金管理人的从业人员,其利用未公开信息交易股票的行为既是《私募管理办法》第23条第5项所指的行为,也是《证券投资基金法》第123条指向的第20条第6项所列行为,该行为违反了《私募管理办法》第23条第5项和《证券投资基金法》第123条的禁止性规定,是《证券投资基金法》第123条所指向的处罚对象。因此,适用《证券投资基金法》第123条对刘某东等人进行处罚符合法律规定。

第二,对于当事人及其代理人提出的特别法优于一般法、新法优于旧法的申辩意见,中国证监会认为,上述原则适用的前提条件是两部法律属于同一位阶,但《证券投资基金法》是法律,《私募管理办法》是规章,二者显然不在同一位阶。况且,综上所述,《证券投资基金法》第123条对私募证券基金管理人及其从业人员利用未公开信息交易证券行为已有明确处罚规定,《私募管理办法》第40条也明确规定私募证券基金管理人及其从业人员违反《证券投资基金法》有关规定的,按照《证券投资基金法》有关规定处罚。此外,即便如当事人所称应当适用《私募管理办法》第38条处罚,根据上位法优先于下位法的原则,也应当适用《证券投资基金法》。最终,中国证监会决定:对刘某东、杨某、李某柏责令改正,并处以100万元罚款,其中对刘某东处以70万元罚款;对杨某处以20万元罚款;对李某柏处以10万元罚款。

| 争议焦点 |

- **私募基金管理人及从业人员"老鼠仓"交易行政处罚的法律适用**

在我国,对利用未公开信息交易的规制,存在"从公募基金扩张至私募基金""刑事立法先于行政立法"的趋势。最早明确将"利用未公开信息交易"作为违法行为处理的是,2009年《刑法修正案(七)》设置了"利用未公开信息交易罪"。而行政立法方面,与之相关的是2003年《证券投资基金法》第18条规定,基金管理人的董事、监事、经理和其他从业人员,不得担任基金托管人或者其他基金管理人的任何职务,不得从事损害基金财产和基金份额持有人利益的证券交易及其他活动。直到2014年《私募管理办法》第23条第5项明确了私募基金管理人、私募基金托管人、私募基金销售机构及其他私募服务机构及其从业人员从事私募基金业务,不得禁止泄露因职务便利获取的未公开信息,利用该信息从事或者明示、暗示他人从事相关的交易活动,违反此项规定的,按照该暂行办法第38条规定处罚。到2015年《证券投资基金法》修改,在第20条第6项规定公开募集基金的基金管理人及其董事、监事、高级管理人员和其他从业人员不得泄露因职务便利获取的未公开信息、利用该信息从事或者明示、暗示他人从事相关的交易活动。《证券法》对"利用未公开信息交易"行为的规定则要等到2019年修订。因此,在2014年之前,对于此类行为的行政处罚法律依据是2003年《证券投资基金法》第18条的规定,"损害基金财产和基金份额持有人利益的证券交易及其他活动"。而在此期间,2009年以后就开始存在被刑事追究"利用未公开信息交易罪"的案例。因此,在笔者看来,对于"利用未公开信息交易",我国的立法实践是"刑事先于行政"。[1]

实践中存在争议较大的是关于私募基金管理人及从业人员利用未公开信息交易行政处罚的法律适用问题。2003年《证券投资基金法》的适用范围仅限于公募基金。直到2014年《私募管理办法》的实施,以及2015年《证券投资基金法》修订后明确将私募基金管理人及相关从业人员纳入适用范围,对于私募基金管理人及从业人员利用未公开信息交易才有了行政处罚的依据。但是对于该行为的处罚幅度却存在差异。2014年《私募管理办法》第38条规定对于此类行为责令改正,给予警告并处3万元以下罚款;对直接负责的主管人员和其他直接责任人员,给予警告并处3万元以下罚款。而2015年《证券投资基金法》第123条规定,对此类行为责令

---

[1] 关于利用未公开信息交易的刑事司法讨论,见本书下篇。

改正,没收违法所得,并处违法所得1倍以上5倍以下罚款;没有违法所得或者违法所得不足100万元的,并处10万元以上100万元以下罚款;基金管理人、基金托管人有上述行为的,还应当对其直接负责的主管人员和其他直接责任人员给予警告,暂停或者撤销基金从业资格,并处3万元以上30万元以下罚款。也正是因为处罚幅度的巨大差异,当事人往往主张适用处罚较轻的2014年《私募管理办法》。但是,2014年《私募管理办法》在第40条规定,私募证券基金管理人及其从业人员违反《证券投资基金法》有关规定的,按照《证券投资基金法》有关规定处罚,再加上《证券投资基金法》作为法律,其效力明显高于作为部门规章的《私募管理办法》。因此,就像本案一样,中国证监会往往最后适用的是《证券投资基金法》。

基于此,2023年起施行的《私募投资基金监督管理条例》第55条将对私募基金管理人等"利用未公开信息交易"的处罚幅度进行了调整,作出了与《证券投资基金法》第123条相关的规定,至此相关争议告一段落。但是,笔者不免担忧,2019年《证券法》的修改恐又将带来争议。

现行《证券法》第54条明确增加了禁止"利用因职务便利获取的内幕信息以外的其他未公开的信息,违反规定,从事与该信息相关的证券交易活动,或者明示、暗示他人从事相关交易活动",对于此类行为的处罚,在第191条规定依照内幕交易的处罚规定,也即"责令依法处理非法持有的证券,没收违法所得,并处以违法所得一倍以上十倍以下的罚款;没有违法所得或者违法所得不足五十万元的,处以五十万元以上五百万元以下的罚款。单位从事内幕交易的,还应当对直接负责的主管人员和其他直接责任人员给予警告,并处以二十万元以上二百万元以下的罚款"。这显然又与《证券投资基金法》《私募投资基金监督管理条例》不一样。由此,对于发生在《证券法》施行后的违法行为如何处罚,可能仍将产生争议。截至2023年年底,笔者还没有收集到相关案例。对此,基于法理,笔者认为还是要坚持公法上"从旧兼从轻"的适用原则。

■ 规则解读

《证券法》第五十四条

禁止证券交易场所、证券公司、证券登记结算机构、证券服务机构和其他金融机构的从业人员、有关监管部门或者行业协会的工作人员,利用因职务便利获取的内幕信息以外的其他未公开的信息,违反规定,从事与该信息相关的证券交易活动,或者明示、暗示他人从事相关交易活动。

利用未公开信息进行交易给投资者造成损失的,应当依法承担赔偿责任。

解读:被禁止利用未公开信息进行交易的主体,是证券交易场所、证券公司、证券登记结算机构、证券服务机构和其他金融机构的从业人员、有关监管部门或者行业协会的工作人员。根据2019年最高人民检察院、最高人民法院《关于办理利用未公开信息交易刑事案件适用法律若干问题的解释》第1条规定,内幕信息以外的未公开信息,包括下列信息:(1)证券、期货的投资决策、交易执行信息;(2)证券持仓数量及变化、资金数量及变化、交易动向信息;(3)其他可能影响证券、期货交易活动的信息。本条是现行《证券法》增加条款。2009年《刑法修正案(七)》已经设置了"利用未公开信息交易罪",2019年《证券法》修订,规定了利用未公开信息交易的行政责任和民事责任,完善了法律体系。

《证券法》第一百九十一条第二款

违反本法第五十四条的规定,利用未公开信息进行交易的,依照前款的规定处罚。

解读:本条是现行《证券法》新增内容。对利用未公开信息交易的行政处罚与内幕交易的行政处罚相同。

第三章　操纵市场

所谓操纵市场,是指个人或机构以人为的非法方式,背离集中竞价和市场供求关系原则,扭曲股票的正常价格,以引诱其他投资人参与股票交易,为自己牟取不正当利益的行为。证券二级市场的目的是调动市场资本向发展优势或前景良好的企业集中,从而达到优化配置资源的作用。但是这种作用只有在证券价格没有人为的操纵和扭曲,社会公众对证券的总需求和总供给通过市场的自然调节趋向平衡的前提下,才能得到充分发挥。证券立法对证券市场的干预,目的之一就是要确保这一市场功能的顺利实现,因此严厉禁止和打击操纵市场的行为历来是证券监管的重中之重。

操纵证券市场是一种古老而典型的证券违法行为,是各国证券立法普遍禁止的行为。美国《1934 年证券交易法》的核心就是反操纵证券市场。该法第 9 条和第 10 条(a)款明确禁止操纵市场行为,并在第 10 条(b)款设置了一个兜底条款,允许证券交易委员会通过制定规则禁止所有针对任何证券的"操纵性或欺骗性设置或计谋"。日本《金融商品交易法》第 159 条进行了禁止性规定,其主要依据行为人的目的将操纵市场行为分为三种类型:(1)以误导他人相信交易市场是繁荣的为目的而进行的虚假交易行为;(2)以引诱他人进行交易为目的,发布误导性或虚假性陈述;(3)以操纵、控制、稳定商品价格为目的而进行一系列的交易或者接受投资者的申请或委托。欧盟《反内幕交易和市场操纵(市场滥用)指令》也对操纵市场行为进行了禁止性的规定。

我国对操纵证券市场行为的规制日渐完善。1993 年国务院发布《股票发行与交易管理暂行条例》和《禁止证券欺诈行为暂行办法》,明令禁止操纵市场。1996 年,中国证监会专门下发《关于严禁操纵证券市场行为的通知》。1997 年《刑法》规定了操纵证券市场罪。1998 年《证券法》第 71 条规定:"禁止任何人以下列手段获取不正当利益或者转嫁风险:(一)通过单独或者合谋,集中资金优势、持股优势或者利用信息优势联合或者连续买卖,操纵证券交易价格;(二)与他人串通,以事先约定的时间、价格和方式相互进行证券交易或者相互买卖并不持有的证券,影响证券交易价格或者证券交易量;(三)以自己为交易对象,进行不转移所有权的自买自卖,影响证券交易价格或者证券交易量;(四)以其他方法操纵证券交易价格。"但此时《证券法》没有规定操纵市场的民事责任。2005 年《证券法》修订后,删除了"获取不正当利益或者转嫁风险"的目的性要求,只作了行为方式的列举,并且增加了操纵市场行为造成投资人损失的,应负民事责任。2007 年,中国证监会发布《证券市场操纵行为认定指引(试行)》,对证券市场操纵行为的认定作出了明确规定。2019 年,最高人民法院和最高人民检察院又专门出台《关于办理操纵证券、期货市场刑事案件适用法律若干问题的解释》,对刑事定罪量刑作出了进一步明确。2019 年《证券法》对操纵证券市场又重新增加了"影响或者意图影响证券交易价格或者证券交易量"的条件。2020 年《刑法修正案(十一)》对操纵市场罪的具体情形作了进一步修正。

■ 案例数据

从数据来看,自 2001 年至 2023 年年底,中国证监会公开作出行政处罚的操纵市场案件共 191 件,占总数量 1769 件的 10.8%,是仅次于信息披露违法、内幕交易的第三大违法行为类型。(见图 3-1)

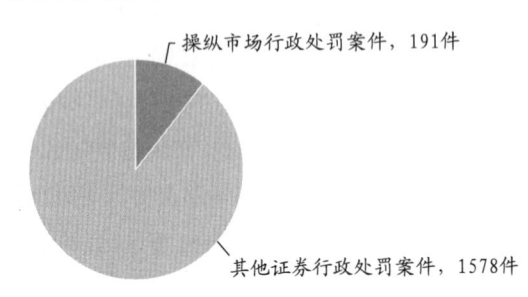

图 3-1　操纵市场行政处罚案件与其他证券行政处罚案件数量分布

根据现行《证券法》第 55 条的规定,我国严禁的操纵证券市场行为主要有 7 大类和 1 个兜底类型,这 7 类即连续交易(优势交易)、对敲交易(串通买卖)、对倒交易(洗售)、虚假申报、信息诱导、"抢帽子"交易、跨市场操纵,其中后 4 类是现行《证券法》增加内容。尽管种类较多,但是窥探其本质,这 7 种类型归根到底可以分为交易型操纵和信息型操纵。(见图 3-2)

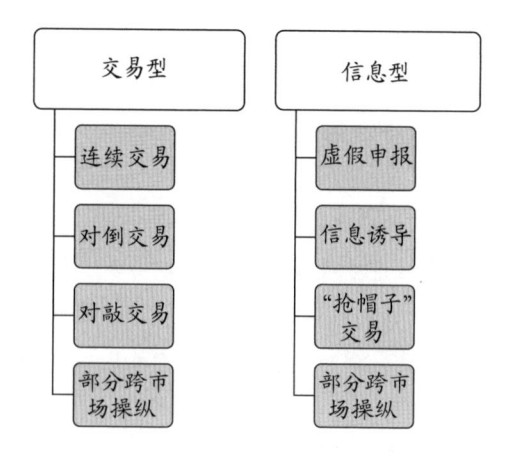

图 3-2 交易型操纵和信息型操纵分类

■ **以案释义**

案例 1 | **高某连续交易、对倒交易操纵市场案**
证监罚字〔2021〕59 号

2018 年 8 月 1 日至 2019 年 6 月 13 日，高某控制使用"曾某兰"万和证券账户、"江某狮"万和证券账户、"郑某玉"万和证券账户、"郑某丽"万和证券账户等 23 个证券账户，利用资金优势、持股优势，通过连续交易、对倒等方式操纵"福建金森"股价，获利 55,094,244.94 元。

1. 高某控制账户组利用资金优势、持股优势连续买卖"福建金森"

操纵期间内，涉案账户组期初无持股，其间累计买入"福建金森"68,377,748 股，买入金额 1,318,595,016.6 元，累计卖出"福建金森"66,983,591 股，卖出金额 1,353,941,194.43 元，截至 2019 年 6 月 13 日仍持股 1,394,157 股。操纵期间内共有 162 个交易日，涉案账户组在其中 159 个交易日交易了"福建金森"，占可交易总天数的 98%。其中，涉案账户组单日成交量占该股当日市场成交量大于等于 10% 的有 86 个交易日，大于等于 15% 的有 58 个交易日，大于等于 20% 的有 36 个交易日，大于等于 30% 的有 15 个交易日，单日最高成交占比为 47.7%，涉案账户组交易"福建金森"期间日均成交占比为 12.9%。操纵期间内，涉案账户组有 98 个交易日申买量占该股当日市场申买量排名第一，占所有交易日的 60.5%，有 75 个交易日申卖量排名第一，占所有交易日的 46.3%。涉案账户组在连续交易期间的多个时段交易占比指标较高，其在 48 个时段内达到连续 10 个交易日平均成交占比超过20%。其间,2018年10月29日至12月4日,涉案账户组在连续27个交易日交易"福建金森",成交量占市场成交量比例为20%;2018年12月24日至2019年1月28日,涉案账户组在连续24个交易日交易"福建金森",成交量占市场成交量比例为20.2%。

2. 涉案账户组实施操纵的总体情况和三个阶段

操纵期间内,涉案账户组存在连续多笔高于市场卖一价进行申买并大量成交、大量对倒、大量反向交易等行为。涉案账户组总申买94,662,600股,其中51,823,800股(占比为54.7%)以高于前一刻市场卖一价的价格进行申买,66,714,300股(占比为70.5%)以高于或等于前一刻市场卖一价的价格进行申买。涉案账户组交易"福建金森"的159个交易日中,有92个交易日内存在对倒行为,占涉案账户组全部交易日的57.9%。其中14个交易日的对倒占比(账户组对倒量/市场竞价成交量)超过10%,最高的对倒占比达到22.74%。2019年1月17日至24日,连续6个交易日内的平均对倒占比达到11.7%。涉案账户组在130个交易日交易"福建金森"过程中存在反向交易,占操纵期间全部交易日81.8%,130个交易日中日均反向交易占比为65.7%,且大部分存在反向交易的交易日都是买卖反复交替。

从交易行为、持仓变动、股价走势的情况看,高某控制涉案账户组的操纵行为,可分为建仓拉抬、拉高卖出、迅速出货三个阶段:

第一阶段为建仓拉抬阶段。2018年10月15日至12月10日,涉案账户组迅速建仓买入,交易以净买入为主,由持股为0增加至持股988.42万股。其间,该股股价由11.49元拉抬至16.53元,涨幅43.86%。

第二阶段为拉高卖出阶段。2018年12月11日至2019年4月10日,涉案账户组买卖交替、伴随对倒行为,通过高价买入行为拉抬股价并反向交易出货。其间,该股股价由17.11元上涨至24.62元,涨幅43.89%;股价最高涨至25.26元,最大涨幅为47.63%。账户组总体持仓量缓慢下降,持股数量由988.42万股减少至613.31万股。

第三阶段为迅速出货阶段。2019年4月10日至6月13日,账户组在本阶段初期4月19日单日集中净卖出268.58万股,成交量占市场成交量的25.51%。此后,账户组交易量减少,并在最后4个交易日迅速卖出226.69万股。本阶段,涉案账户组以卖出委托为主,同时伴有部分买入行为,持股数量从613.31万股减少至139.41万股,该股股价由24.62元下跌至15.60元,跌幅36.64%。

3. 操纵期间内"福建金森"股价走势偏离大盘指数的情况

2018年10月15日至2019年4月10日,涉案账户组建仓拉抬及拉高股价反向卖出阶段,在无任何利好公告的情况下,"福建金森"股价(按照复权前每日收盘价格测算)涨幅110.35%,同期深证成指涨幅40.17%,偏离70个百分点;同期林业指数涨幅74.46%,偏离35个百分点。2019年4月10日至6月13日,账户组迅速出货阶段,"福建金森"股价(按照复权前每日收盘价格测算)跌幅35.46%,同期深证成指跌幅14.22%,偏离21个百分点;同期林业指数跌幅17.18%,偏离18个百分点。操纵期间内,"福建金森"股价涨幅35.8%,同期深证成指涨幅20.2%,偏离度15.6%,"福建金森"股价与深证成指出现较大背离走势。

中国证监会认定,高某交易"福建金森"的行为,违反了2014年《证券法》第77条第1款第1项、第3项的规定,构成第203条所述操纵证券市场的行为。最终,中国证监会决定没收高某5500余万元的违法所得,并处以5500余万元罚款。

| 争议焦点 |

- **连续交易、优势交易的认定标准**

连续交易又称为优势交易,是因为连续交易往往利用了某些优势,否则很难进行。对于如何认定连续,除刑事司法解释以外,我国行政法律规则尚未作出明确规定。在美国,联邦证券交易委员会认为:每个交易日3次交易构成连续。至于"优势",我国《证券法》规定了资金优势、持股优势和信息优势。但是,究竟何为资金优势、持股优势、信息优势,尚无明确规则。因此,关于连续交易操纵行为是否应该有明确的量化指标作为认定标准,一直有争议。主张制定明确量化指标的理由是连续交易从手法上与约定交易、对倒交易、虚假申报、信息型操纵、"抢帽子"交易等行为相比较,更像是普通的证券交易,其异常性、欺诈性不容易显现,因而制定较为具体的价格、交易量等量化指标,有利于更方便地对操纵行为与正常交易行为作区分。反对者则认为,操纵行为是否构成不应该以证券市场行情变动的幅度为衡量标准而应该关注行为人是否有人为干预市场走势的主观意图并实施了相关行为,而且绝大多数案件中,监管机构优先将造成行情异常波动、危害后果较为明显的行为纳入调查范围,因此,进入调查程序的连续交易行为往往伴随对价格和交易量的显著影响。从美国、欧盟、日本等全球主要监管机构的监管实践来看,其也没有给出一个具体、可量化的操纵标准。[1] 因此，反对者主张对连续性操纵的认定，不能拘泥于具体某一交易指标是否达到一定阈值，而应该综合全案证据，围绕操纵行为的本质作出判定。

与行政法律规则不同，我国刑事法律对于连续交易型操纵行为在何种程度下构成操纵证券市场罪，通过司法解释作出了明确规定。[2] 这是因为刑事法律处罚关系到人的生命、自由权利，无论是在构罪标准还是证明要求上，都比行政处罚要严苛得多。因此，借用刑事公法理论来看，对于连续交易的操纵行为，行政处罚看的是行为，刑事处罚看的是结果，前者类似于"行为犯"的认定逻辑。

- **如何认定控制使用他人账户**

无论是内幕交易还是操纵市场，行为人往往需要借用他人账户以掩人耳目，规避事后被追究。在连续型交易案件中，又往往伴随"对倒交易"，即在自己实际控制的账户之间进行自我交易。绝大多数操纵市场案件中，在面对监管机构调查时，行为人多数都会提出涉案的众多账户并非自己控制使用的申辩理由。这就需要监管机构以明显优势的证据证明账户的控制关系。实践中，认定账户控制关系，往往通过直接证据与间接证据相结合的形式综合认定。

首先，可以分析各个账户开户人之间是否存在亲属关系、同学关系等明显的利益关联，甚至开户人有的时候是同一个人，留了同一人的联系方式等。有些情形下，一个账户的资金进出流向可以固定到某一个人。

其次，查看下单的电脑 MAC 地址、网络 IP 地址。MAC 地址是以太网的硬件地址或者物理地址，以太网建立在 MAC 地址的基础上，MAC 是一个被永久赋予网卡的独一无二的 6 字节值。在网络传输中，网卡需要向网络中的其他设备通报自己的 MAC 地址，为了保证网络中数据的正确传输，这个地址必须是唯一的，因此也就具备了可识别性。虽然现在出现了一些可以修改 MAC 的技术手段，但总体来看，MAC 地址追踪交易终端的可靠性还是相对较高的。IP 地址确定的是主机或路由器的位置以及所连接的网络。由于整个互联网是单一抽象的网络，IP 地址是给互联网上的每一台电脑的每一个接口分配一个在全世界范围内唯一的 32 位标识符。IP 地址虽然是唯一的，但是并非不变的。为主机分配 IP 地址的是 DHCP 服务器，它保留了分配日志，记录 MAC 地址、分配给某个 MAC 地址的 IP 地址以及分配的时

---

[1] 参见中国证监会行政处罚委员会编：《证券期货行政处罚案例解析》（第 2 辑），法律出版社 2019 年版，第 190 页。

[2] 见本书下篇第十三章"操纵证券市场罪"的具体分析。

间等信息,这就保证了 IP 地址的可获取性和对应主机的可追踪性。因此,结合 MAC 地址和 IP 地址,确定账户关联性就更为客观直接。[1]

最后,确定账户案关联系还可以通过查看交易的同步性和对应性。实践中,往往是先判定若干账户之间存在交易的同步性,然后再倒查各账户开户人的关联性,进而确定账户的控制关系。

除此之外,大量案例中存在言辞证据的使用,比如开户人的证言、资金方的证言等。

《证券法》对账户实名制的规定以及对证券交易所、证券公司等机构客户信息保存的强制性规定,为查办内幕交易、操纵证券市场违法行为提供了支持和保障。[2]

案例2 易所试公司与中泰证券操纵市场案
证监罚字〔2017〕100 号

中泰证券为全国中小企业股份转让系统(以下简称新三板)挂牌公司上海易所试网络信息技术股份有限公司(以下简称易所试,证券代码为430309)推荐挂牌的主办券商,易所试是股票做市转让交易做市商之一。2015 年 6 月,易所试筹划以不低于 20 元的价格定向增发股份。7 月下旬至 8 月初,易所试股价持续下跌。8 月 5 日,易所试股票收盘价为 14.96 元。7 月底,中泰证券场外市场部总经理王某安排郝某、付某测算易所试股票二级市场筹码分布情况,计算拉升股价需买入的股数。8 月 5 日下午,易所试董事会秘书张某翔在北京中泰证券场外市场部会见王某、郝某、付某等人。经双方会谈确定,主要采用中泰证券做市交易在二级市场买入拉抬股价,同时通过易所试公告利好信息、向投资者推荐等其他方式拉抬易所试股价,之后将买入的易所试股票卖回给易所试方面操控或安排的账户。

为配合中泰证券的拉抬行为,8 月 6 日,易所试有意披露曾于 7 月 30 日签订合作协议的"速递易"合作业务。8 月 17 日,易所试发布净利润同比增长 172.07% 的半年报。8 月 5 日,张某翔与王某、郝某、付某、张某贝会面沟通后,负责与机构投资者进行投资交流的张某贝向机构投资者推荐易所试股票。

2015 年 8 月 6 日至 19 日(操纵期间),王某、郝某指使付某通过中泰证券做市户合计买入易所试股票 146.65 万股,买入金额 3,114.85 万元,其中,中泰证券应易所试方面要求买入 134.3 万股,合计 2,869.85 万元。8 月 19 日,易所试向全国中小

---

[1] 参见麦永浩等主编:《计算机取证与司法鉴定》,清华大学出版社 2009 年版,第 220-228 页。

[2] 关于账户实名制的重要意义,参见本书第五章第一节的论述。

企业股份转让系统有限公司(以下简称股转公司)申请自8月20日起停牌,当天经章某与王某协商后,通过中泰证券做市户继续单向大量买入易所试股票50.9万股,买入金额1,179.67万元,无卖出。

操纵期间,中泰证券做市户买入易所试股票明显异常。

2015年7月1日至8月5日(操纵前一个月),易所试股票市场日均成交量为26.63万股,全部做市商日均买入量为11.47万股,中泰证券做市交易日均买入量为4.07万股。中泰证券做市交易在操纵前一个月连续26个交易日中仅有11个交易日买入易所试股票,日买入量占当日市场成交量的比例多在5%以下,日买入量占当日全部做市商买入量的比例多在15%以下;在操纵前一个月,中泰证券总买入量占期间市场总成交量的比例为15.27%,总买入量占期间全部做市商总买入量的比例为35.45%。

操纵期间,易所试股票市场日均成交量为30.21万股,全部做市商日均买入量为17.88万股,中泰证券做市交易日均买入量为14.67万股,与操纵前一个月相比分别增长13.44%、55.84%、260.56%。中泰证券做市交易连续10个交易日均有买入易所试股票,且日买入量占当日市场成交量的比例多在20%以上,日买入量占当日全部做市商买入量的比例均在60%以上,在此期间,中泰证券做市交易总买入量占期间市场总成交量的比例为48.54%,总买入量占期间全部做市商总买入量的比例为82.02%,上述指标与操纵前一个月相较均存在高度异常。8月6日至19日,中泰证券买入易所试股票数量分别为59,000股、293,500股、301,000股、76,000股、25,000股、34,000股、89,000股、6,500股、73,500股、509,000股,买入量占当日易所试股票成交量的比例分别为21.77%、47.92%、59.19%、23.97%、9.62%、39.53%、54.27%、6.53%、67.74%、85.69%,占当日全部做市商买入量的比例分别为60.82%、72.02%、78.08%、100.00%、83.33%、80.95%、75.42%、76.47%、77.78%、96.22%。

易所试张某翔与中泰证券付某就每日购回易所试股票的数量、价格、交易时间提前约定。易所试通过张某翔、白某桥等人操控或安排的"孙某辰""韩某冰""刘某刚""罗某炜"等账户与中泰证券买入易所试股票进行约定交易,交易双方出现数量相等、价格相同、买卖方向相反、委托时间接近的委托。2015年8月7日至11月25日,中泰证券做市交易卖出99万股,合计2,065.03万元。其中,易所试方面操控和安排的"孙某辰""刘某刚""韩某冰""罗某炜"等账户回购(买入)91.9万股,回购(买入)金额1,931.84万元。

上述行为致使易所试股价在操纵期间上涨81.68%,同期三板做市指数上涨4.46%,偏离度高达77.23%。其中,8月5日至18日,易所试股票收盘价从14.96元上涨至21.90元,上涨幅度达46.39%;8月19日,易所试股票收盘价为27.18元,当天上涨24.11%。操纵前10个交易日(7月23日至8月5日),易所试股票均价为16.21元,股价下跌16.38%,同期三板做市指数下跌0.52%,偏离度为15.86%。

按照立案调查日(2016年2月22日)易所试股票收盘价计算,中泰证券做市户亏损约258.31万元;易所试控制的"孙某辰"等4个账户亏损约508.36万元。

中国证监会经调查认定易所试与中泰证券构成操纵股市,各罚款100万元,其他责任人员也给予罚款处理。

| 争议焦点 |

- **操纵新三板市场股价如何适用法律**

我国资本市场设立以来,逐步形成了多层次股权市场,板块层次也不断丰富,形成了包括主板、创业板、科创板、新三板以及区域性股权市场等在内的市场体系,为不同类型、不同成长阶段的企业提供多元化、差异化的融资服务。新三板于2013年正式运营,是为创新型、创业型、成长型中小微企业发展服务的全国性证券交易场所。[1]

关于新三板市场操纵行为定性的法律适用问题曾有争议。毕竟,新三板与主板在市场基础与制度基础方面有差异性,在认定是否存在股票价量异常时能否直接套用对主板市场操纵行为的认定标准和处理方式,存在不同理解。

《证券法》第2条第1款规定,"在中华人民共和国境内,股票、公司债券和国务院依法认定的其他证券的发行和交易,适用本法",新三板挂牌公司的股票属于我国境内发行和交易的股票,其交易行为应当适用《证券法》。2013年国务院《关于全国中小企业股份转让系统有关问题的决定》明确规定,"证监会应当比照证券法关于市场主体法律责任的相关规定,严格执法,对虚假披露、内幕交易、操纵市场等违法违规行为采取监管措施,实施行政处罚"。同年的中国证监会《非上市公众公司监督管理办法》第七章法律责任部分规定了非上市公众公司信息披露违规违法、内幕交易等依照《证券法》进行处罚,但未对操纵市场行为进行规定。

目前,中国证监会是按照《证券法》的规定对新三板市场的操纵行为进行定性、

---

[1] 参见中国证监会编著:《中国资本市场三十年》,中国金融出版社2021年版,"第二章"。

量刑的,认定逻辑和处罚幅度与主板市场保持一致,其理由是《非上市公众公司监督管理办法》是中国证监会的部门规章,其位阶低于国务院的《关于全国中小企业股份转让系统有关问题的决定》。因此,在下位法未作具体规定的情况下,依据上位法适用《证券法》符合法理。[1]

- **做市交易与操纵市场如何区分**

做市交易,又称做市商制度,是指在特定的证券市场上,具备一定实力和信誉的金融机构(一般为证券公司)作为特许交易商,就特定的证券的价格和数量持续对外两面报价,其他投资者不直接配对成交,而只能按照做市商的报价与其交易实现买卖,从而使这一证券市场像是做市商按照自己的设计做出来的一样。做市商制度主要是为了促进那些交易不够活跃的证券的流通性。20世纪60年代,美国最早在证券柜台交易市场设立此制度,目前美国纳斯达克实行纯粹的做市商制度。我国在股票市场没有完全引入做市商制度。我国新三板市场采用做市商制度,按照《全国中小企业股份转让系统股票交易规则》第四章的规定,新三板市场上的每只股票应有两家以上做市商提供持续报价服务,投资者只能与做市商交易,做市商的做市申报价格即为成交价。2022年,中国证监会颁布《证券公司科创板股票做市交易业务试点规定》,允许符合条件的证券公司为科创板股票或存托凭证提供双边报价,这是我国首次在充分竞价交易板块中引入做市机制。[2]

做市交易制度运用正当,可以增强市场流动性,发挥稳定市场功能。做市商通过双向报价、自营交易,可以促进证券的供需平衡,平抑价格波动。但是,在做市商市场,所有的买盘、卖盘信息都集中于做市商,其他投资者无从了解供求双方实际情况,做市商一旦存在操纵股价的主观目的,就极其容易地可以做到限制竞争、扭曲市场机制。由于做市交易与操纵市场行为在外观上极其相似,究竟如何区分,从而准确认定打着做市交易的幌子实现操纵市场的目的。通过研究做市商本身行为模式和交易本质,笔者认为,认定做市商交易构成操纵市场,应严格把握两点。第一,从客观上看该做市商的案涉交易与其历史交易相比、与其他做市商同期交易对比是否有明显异常。第二,从主观上看该做市商是否有操纵的故意。

从客观上来看,正当的做市交易与操纵行为有着天然的相似性。这与做市交易的本质模式有关。做市交易需要持续不断地进行连续买卖,呈现"反向交易"的

---

[1] 相关观点参见中国证监会行政处罚委员会编:《证券期货行政处罚案例解析》(第1辑),法律出版社2017年版,第164页。

[2] 参见宋澜:《股票做市交易发展及法律规制要点研究》,载《证券市场导报》2022年第11期。

特点；作为价值发现者，做市交易可以在分析相关证券真实价值基础上提出自己的报价，这一报价究竟是符合真实价值，还是恶意拉抬股价，很难区分清楚。因此，将做市交易的行为与普通投资者的交易行为进行对比，必然是异常的，也就很容易将正当的做市交易与操纵市场混淆。真正具有对比价值的是将做市商的案涉交易与其自身的历史交易、与其他做市商同期交易进行对比。如果做市商是恶意操纵股价，其案涉交易行为，必然与其自身的历史交易相比有明显异常，也与其他正当做市交易相比有明显异常，否则单纯正常的做市交易是不可能达到操纵股价的目的的。

从主观上来看，正当的做市交易的目的在于发现真实价值，促进供需平衡，促进市场流动，与操纵股价的主观心态是不同的。操纵市场行为主观上是一种欺诈行为，意图通过扭曲证券供需平衡与价格，通过不正当手法影响股票价格。在任何案件办理实践中，无论是行政处罚案件还是司法刑事案件，最难证明的就是主观心态，因为没有一个理性的人在可能被追究法律责任的时候会甘心承认自己的违法犯罪的主观心态。认定主观往往需要通过客观证据，或者通过客观行为进行推定。这也是实践中认定做市商构成操纵市场的案例极其少见的原因。但是，一旦监管机构有证据证明做市交易行为有协助发行人达到某种价量目标时，就很可能被认定为具有操纵市场的故意。

由本案来看，监管机构也正是在调取了相关行为人的联络沟通记录包括微信、手机短信、通信记录、电子邮件，差旅记录，询问笔录，资金账户资料和交易流水的基础上，综合认定涉案行为人的主观意图、客观异常交易行为，从而认定构成操纵市场行为。

案例3 苏某锋等三人操纵道尔智控股价案
证监罚字〔2023〕64号

2017年8月至9月，苏某锋、曾某与王某刚约定，由苏某锋、曾某负责安排客户通过协议转让高价受让王某刚拟减持的"道尔智控"，王某刚按照约定将协议转让价与其要求的减持底价之间的差价款返给苏某锋。

2017年9月6日至2018年1月12日（以下称操纵期间），苏某锋、曾某实际控制使用"田某"账户组，王某刚实际控制使用"邓某军"账户，操纵"道尔智控"股价，实现高价减持。

操纵期间，"道尔智控"有成交的转让日共32个，"田某"账户组及"邓某军"账户参与成交的转让日有31个，占比为96.86%；上述账户日成交股数占该股当日成交股数的比例达100%的转让日有23个。上述账户累计买入"道尔智控"222,000

股,买入金额 2,652,850 元,分别占该股同期总成交股数和总成交金额的 19.66%、18.52%;累计卖出"道尔智控"1,115,000 股,卖出金额 14,178,850 元,分别占该股同期总成交股数和总成交金额 98.76%、98.97%。

1. 双方串通,相互进行交易

苏某锋、曾某为一方,王某刚为另一方,双方之间存在相互串通,分别通过"田某"账户组和"邓某军"账户,相互进行协议转让,影响"道尔智控"交易价格或者交易量的行为。操纵期间,双方之间交易"道尔智控"的转让日有 2 个,协议转让共 2 笔,合计成交 160,000 股,占该股同期总成交股数的 14.17%;合计成交金额 1,230,000 元,占该股同期总成交金额的 8.59%。其中,2017 年 9 月 6 日"邓某军"账户以每股 4.5 元的价格向"田某"账户组协议转让 100,000 股,成交金额 450,000 元,该笔协议转让的成交股数和成交金额均占该股当日成交股数和成交金额的 100%,成交价较前一笔市场成交价(9 月 5 日收盘价)上涨 36.36%。2017 年 10 月 25 日,"邓某军"账户以每股 13 元的价格向"田某"账户组协议转让 60,000 股,成交金额 780,000 元,该笔协议转让的成交股数和成交金额分别占该股当日成交股数及成交金额的 98.36%、96.77%,成交价较前一笔市场成交价(10 月 24 日收盘价)下跌 50%。

2. 在自己实际控制的账户之间进行交易

苏某锋、曾某存在在自己实际控制的"田某"账户组账户之间进行协议转让,影响"道尔智控"交易价格或者交易量的行为(以下简称洗售交易)。操纵期间,"田某"账户组洗售交易"道尔智控"的转让日有 29 个,占该股同期有成交的转让日总数的 90.63%。其中,"田某"账户组全日洗售交易的成交股数占该股当日成交股数的比例超过 10% 的转让日有 20 个,达到 100% 的转让日有 9 个;"田某"账户组全日洗售交易的成交股数占该账户组当日成交股数的比例达 100% 的转让日为 19 个。"田某"账户组洗售交易累计成交 62,000 股,占该股同期总成交量的 5.49%,占该账户组同期总成交量的 16.32%;累计成交金额 1,422,850 元,占该股同期总成交金额的 9.93%,占该账户组同期总成交金额的 30.77%。

"田某"账户组进行洗售交易,分以下两个阶段:

(1)拉抬股价阶段

2017 年 9 月 7 日至 13 日,共 5 个转让日,"田某"账户组连续每日进行洗售交易,持续拉抬股价;每日洗售交易 1 笔,成交 1000 股。在此期间,洗售交易累计成交 5000 股,成交金额 75,850 元,其成交股数、成交金额均占该股同期总成交股数和总成交金额的 100%。股价从 4.5 元(9 月 6 日收盘价)逐日被拉抬至 24 元(9 月 13

日收盘价),涨幅433.33%。

(2)维持股价并转让卖出阶段

2017年9月14日至2018年1月12日,"田某"账户组最为明显的异常交易特征是:一方面,在尾市阶段(收盘前30分钟)进行洗售交易,拉抬股价,影响或锁定收盘价;另一方面,"田某"账户组和"邓某军"账户盘中向其他投资者大量卖出股票,实现减持获利。

在此阶段,"道尔智控"有成交的转让日共26个,"田某"账户组在尾市阶段进行洗售交易的转让日共有22个,占"道尔智控"同期有成交的转让日总数的84.62%;累计成交40,000股,成交金额1,040,000元,分别占该股同期尾市阶段总成交股数和总成交金额的83.33%、91.89%。"田某"账户组尾市进行洗售交易,每次成交股数在1000股至6000股,在前期拉抬股价的基础上,继续拉抬股价并将收盘价维持在24元或26元上下。其中,2017年11月22日,该账户组尾市进行洗售交易,将股价从10元拉抬至30元,较上一笔其他投资者协议转让成交价上涨200%,该笔洗售交易成交价为操纵期间最高成交价,较操纵期间的期初上涨809.09%。"田某"账户组和"邓某军"账户在14个转让日以12元至13元的价格向其他投资者协议转让卖出,其中,在卖出后,"田某"账户组通过尾市洗售交易拉抬股价至24元或26元上下的情形有12个交易日。2017年9月14日至2018年1月12日,"田某"账户组尾市洗售交易成交价为"道尔智控"收盘价的转让日共有17个,占该账户组同期尾市洗售交易转让日总数的77.27%,"田某"账户组通过尾市洗售交易影响或锁定收盘价成功率达77.27%。上述情况反映当事人具有明显的操纵股价意图。

2017年9月14日至2018年1月12日,"田某"账户组通过协议转让再次从"邓某军"账户买入60,000股"道尔智控",每股成交价13元;同时,在苏某锋的安排下,"田某"账户组和"邓某军"账户通过协议转让向其他投资者大量卖出股票,其中,"田某"账户组通过协议转让以每股12元至13元成交价向6名投资者累计卖出158,000股,金额1,971,000元;"邓某军"账户通过协议转让以每股13元成交价向3名投资者累计卖出735,000股,金额9,555,000元。"田某"账户组和"邓某军"账户合计向9名投资者卖出893,000股,金额11,526,000元。

3.操纵结果

操纵期间,"道尔智控"股价大幅上涨,收盘价从3.30元(操纵前一日收盘价)最高上涨至26元,涨幅687.88%;期末收盘价13元,较期初上涨293.94%;而同期新三板成指(收盘点位)最高上涨5.42%,期末上涨-2.40%,相应涨幅分别偏离

682.46 个百分点和 296.34 个百分点。综上，苏某锋、曾某及王某刚的涉案操纵行为是致使"道尔智控"交易价格异常波动的主要原因。

苏剑锋、曾某与王某刚共同操纵"道尔智控"，经计算，违法所得为 8,589,302.93 元。

中国证监会调查认为，苏某锋、曾某、王某刚上述行为违反了 2014 年《证券法》第 77 条第 1 款第 2 项、第 3 项的规定，构成 2014 年《证券法》第 203 条所述的操纵证券市场行为。苏某锋是上述违法行为的主要决策者，曾某是上述违法行为的主要执行者，王某刚是上述违法行为的合谋方。决定：没收苏某锋、王某刚、曾某共同操纵行为违法所得 8,589,302.93 元，其中，没收苏某锋 7,011,793.73 元，没收王某刚 1,577,509.20 元；对苏某锋、王某刚、曾某共同操纵行为处以 17,178,605.86 元罚款，其中，对苏某锋处以 13,778,005.96 元罚款，对王某刚处以 3,100,599.90 元罚款，对曾某处以 300,000 元罚款。

| 争议焦点 |

• 对敲交易与对倒交易的认定

本案操纵股价的方法主要是两种，即对敲交易与对倒交易。

对敲交易，又被称为"串通买卖"，即行为人与他人串通，在自己卖出或者买入某种证券的同时，约定他人以约定的时间、价格，同时实施买入或者卖出行为，从而在约定的双方之间完成交易，以此抬高或压低股价。对敲交易的目的也在于制造交易活跃度和虚假行情，从而影响投资者的判断。

对倒交易，又称为自买自卖，在英美法中被称为洗售（wash sale），是指对同一股票进行的不转移所有权的买卖行为，通常采用在自己实际控制的多个账户间进行自我交易。从外表看，股票买进卖出，交易量很大，有时也有股价起伏，但都是自买自卖的表演。其目的是制造表面繁荣、股价活跃的假象，从而吸引投资者参与交易。这有点像普通商品买卖中，商家找人当"托儿"排队消费，引诱真正的消费者参与。

有观点认为，对敲交易与对倒交易很容易被混淆，应该加以区分。区别在于，对敲是不同行为人账户之间的交易，而对倒是行为人自己账户间的交易。区分的核心在于行为人对于账户是否具有"实际控制力和决策权"，如果有，则属于对倒。[1] 也有观点将对敲交易与对倒交易统称为"自买自卖"操纵。因为，股票市场操纵者通常将自买自卖操纵与连续买卖操纵、联合操纵等结合在一起。在联合操纵中，双方或多方操纵者为了节约交易成本和更大范围控制股价和交易量，也会采

---

[1] 参见何海锋：《证券法通识》，中国法制出版社 2022 年版，第 134 页。

用在自己一方自买自卖,或者采用双方相对委托的手段,即双方商定,由一方作出交易委托,另一方根据事先知悉的对方委托内容,在同一时间,以同等数量、价格委托,完成"对倒"。[1]

从学理分析,为了达到对操纵股价行为的深入认识,将对敲交易与对倒交易作类型的划分是有理论意义的。从实践来看,如果将对敲交易的双方看作同一操纵主体,实际上对敲交易还是在"自买自卖",本质是与对倒交易一样的。美国《1934年证券交易法》第9a条规定就是将两种行为统称为虚假交易操纵。二者本质都是在于相关交易行为不转移证券的实质所有权。[2] 以本案来看,苏某锋一方与王某刚一方相互串通约定交易,可以把两方看作基于共同操纵市场主观目的支配下,形成的一个违法主体,双方之间的交易,也可以看作自买自卖。其本质仍然是制造交易活跃的虚假景象,诱导投资者接盘。

案例4 廖某强"抢帽子"操纵市场案
证监罚字〔2018〕22号

2012年2月至2016年4月,廖某强在上海广播电视台第一财经频道《谈股论金》节目担任嘉宾主持人。《谈股论金》作为第一财经证券类品牌节目,始终保持较高人气,收视率表现稳定。廖某强还从2014年9月开始担任第一财经频道周播节目《谈股论金之英强开讲》的嘉宾主持。上述两档节目在上海地区的收视率均高于同时段所有频道财经类节目在上海地区的平均收视率。廖某强作为大股东的上海股轩文化创意有限公司(以下简称股轩文化)通过"爱股轩"网站的App,以解盘视频"金钱风暴""股动钱潮"等节目以及新浪微博、博客、土豆网等互联网平台进行推广和宣传。2015年,股轩文化在上海举办多场培训讲座,讲座视频放在"爱股轩"网站上,以提高股轩文化知名度。随着股轩文化的推广活动,廖某强也积累了一定粉丝,其博客点击率很高。廖某强通过在电视台主持高收视率的证券类品牌节目积累名气和受众,再辅以互联网各类平台宣传和推广,开办培训讲座等形式,具有了相当的知名度和影响力。

2015年3月至11月,廖某强利用其知名证券节目主持人的影响力,发布了含有荐股内容的博客60篇,平均点击次数为110,399次,在其微博、博客"午间解盘"栏目视频中公开评价、推荐"佳士科技"等39只股票共46次,在推荐前使用其控制

---

[1] 参见禄正平:《证券法学》,商务印书馆2019年版,第404页。
[2] 参见钱列阳、谢杰:《证券期货犯罪十六讲》,法律出版社2019年版,第26页。

本人及"张某萍"等13个证券账户的账户组买入相关股票,并在公开荐股下午开盘后或次日集中卖出相关股票,违法所得共计43,104,773.84元。例如,2015年4月13日中午休市期间,廖某强在其新浪微博"午间解盘"栏目视频中推荐了"大连国际"(000881),其控制的账户于荐股前买入"大连国际"1,252,108股,买入金额14,163,392.98元,荐股后卖出1,102,108股,卖出金额13,916,521.08元,扣除交易税费后盈利1,339,421.47元。

中国证监会认定,廖某强的上述行为违反了2014年《证券法》第77条第1款"禁止任何人以下列手段操纵证券市场"中第4项"以其他手段操纵证券市场"的规定,构成《证券法》第203条所述情形。决定:对廖某强没收违法所得43,104,773.84元,并处86,209,547.68元罚款。

争议焦点

• "抢帽子"型操纵行为的认定

所谓"抢帽子"型操纵行为,即对证券、发行人公开作出评价、预测或投资性建议,并进行反向股票交易的行为,又被称为"黑嘴"荐股操纵。

关于"抢帽子"型操纵行为的规制,我国立法经历了由"特定身份主体"向"一般主体"演变的过程。2007年《证券市场操纵行为认定指引(试行)》规定,"证券公司、证券咨询机构、专业中介机构及其工作人员,买卖或者持有相关证券,并对该证券或其发行人、上市公司公开做出评价、预测或者投资建议,以便通过期待的市场波动取得经济利益的行为"。这是关于"抢帽子"型操纵行为的最早规定,它显然将主体限定在了特殊主体身上。2014年《证券法》修订草案曾提出"禁止任何人对证券及其发行人公开作出评价、预测或者投资建议,并进行反向证券交易"。2019年《证券法》修订采纳了这一修改内容,成为现在第55条。由此,对于"抢帽子"操纵行为的主体扩展成为一般主体,不再有特殊身份的限制。同年,最高人民法院和最高人民检察院出台的《关于办理操纵证券、期货市场刑事案件适用法律若干问题的解释》对"抢帽子"型操纵行为的解释更为具体和明确,即"通过对证券及其发行人、上市公司、期货交易标的的公开作出评价、预测或者投资建议,误导投资者作出投资决策,影响证券、期货交易价格或者证券、期货交易量,并进行与其评价、预测、投资建议方向相反的证券交易"。

本案发生时,我国《证券法》尚未明确规定"抢帽子"型操纵市场行为,对本案的处理依据的是2014年《证券法》第77条第1款第4项兜底条款,即"以其他手段操纵证券市场"。虽然法律规定此类行为为一般主体,但是实践中行为主体还是具有特殊身份背景的人居多。因为，发布投资咨询意见的机构或者证券从业人员以及伴随自媒体兴盛的知名博主，往往具有一定的社会知名度，他们借助影响力较大的传播平台发布诱导性信息或言论，容易对广大普通投资者的投资决策产生影响。此类操纵行为的逻辑相对简单（见图3-3）。

```
低价买入先行建仓 → 公开荐股推高股价 → 反向卖出收获价差
```

图3-3 "抢帽子"型操纵市场逻辑示意图

案例5 唐某博跨境操纵"小商品城"案
证监罚字〔2017〕20号

1. 实际控制账户情况

2016年2月4日至6月23日（以下称控制期间），唐某博实际控制"唐某博""王某"（两个同名账户）、"桂某选"等4个证券账户（以下统称账户组），具体情况如下：

"唐某博"账户于2013年9月11日开立于香港越秀证券有限公司（以下简称越秀证券），2015年1月6日申请开通"沪股通"交易权限。王某名下账户之一（以下称为"王某"建银账户）于2015年12月21日开立于香港建设银行（亚洲）有限公司，并于同日申请开通"沪股通"交易权限；另一账户（以下称为"王某"太平账户）于2016年1月13日开立于太平证券（香港）有限公司，并于2016年4月20日申请开通"沪股通"交易权限。"桂某选"账户于2015年9月9日开立于申万宏源证券有限公司贵阳中华北路证券营业部。

上述四个账户资金主要来源于唐某博及其妻子李某怡账户，"桂某选"账户及"唐某博"账户下单设备隐匿于唐某博家中，"唐某博"账户及"王某"建银账户、"王某"太平账户、"桂某选"账户在主要操纵期间逐日下单地址高度一致，其中在香港某酒店下单时间与唐某博、王某入住时间完全匹配，王某入住酒店费用全部由唐某博支付。王某于2016年6月7日被限制出境后，"王某"太平账户仍在香港下单。"桂某选"账户交易及对应三方存管银行使用设备的MAC地址与唐某博银行卡使用MAC地址重合。越秀证券提供的电话委托录音显示，"唐某博"账户由其本人下单。综上，账户组在控制期间由唐某博实际控制使用，王某为其操盘手。

2. 唐某博控制账户组跨境操纵"小商品城"

2016年2月4日至6月23日，账户组在56个交易日中交易"小商品城"，累计买入460,185,283股，成交金额3,388,514,081.57元，成交均价7.36元，累计卖出

460,185,283 股,成交金额 3,438,333,561.03 元,成交均价 7.47 元,至期末无余股。

2016 年 2 月 4 日至 4 月 26 日为主要操纵期间,共计 53 个交易日,账户组在其间 47 个交易日中交易"小商品城",其中 31 个交易日账户组成交量占当日市场成交量比例超过 10%,其中 10 个交易日账户组成交量占当日市场成交量比例超过 20%。2016 年 4 月 27 日,"唐某博"账户被限制交易。2016 年 3 月 2 日,账户组达到最高持仓 135,782,307 股。账户组采用日内反向交易、对倒交易、操纵开盘价、盘中拉抬、尾市拉抬、虚假申报等多种手法操纵股价,其中 21 个交易日存在对倒行为,29 个交易日存在日内反向交易行为,11 个交易日撤回申报股数占申报股数比例超过 50%。经查,唐某博利用其实际控制的账户组,在 2016 年 2 月 4 日至 6 月 23 日操纵"小商品城"共计获利 41,884,236 元。

中国证监会调查后认为,上述行为构成操纵市场,决定:没收唐某博涉案操纵行为违法所得 41,884,236 元,并处以 208,821,180 元罚款。对王某处以 600,000 元罚款。

| 争议焦点 |

- **跨市场操纵行为的认定**

究竟什么是跨市场操纵,理论界与实务界都有不同的理解。就目前我国的相关法律规定来看,与之相关的是现行《证券法》第 55 条明确规定的第 7 种操纵行为类型,即利用在其他相关市场的活动操纵证券市场。在期货领域,2022 年《期货和衍生品法》第 12 条规定的操纵期货市场行为中列举了"为影响期货市场行情囤积现货""利用在相关市场的活动操纵期货市场"。2019 年最高人民法院、最高人民检察院《关于办理操纵证券、期货市场刑事案件适用法律若干问题的解释》中在解释何为"其他方法操纵证券、期货市场"时,列举了"通过囤积现货,影响特定期货品种市场行情,并进行相关期货交易的"。实践中,已经存在跨期货、现货市场操纵行为的案例。[1] 理论界对跨市场操纵期货价格研究也较多。可见在期货领域,跨市场操纵相对明确。证券市场的跨市场操纵如何理解,目前意见没有统一。股指期货交易在我国推开以来,我国学者主要对股指期货与股票现货之间的跨市场交易和操纵进行了研究。[2] 但必须指出的是,跨市场操纵的涵盖范围并不止于此。确实,股指期货与股票现货间的跨市场操纵是跨市场操纵的典型,并且中外对跨市场价

---

[1] 辽宁省高级人民法院判决远大石化有限公司及董事长吴某某东跨期货、现货市场操纵期货价格案,判决书尚未公开。

[2] 参见缪因知:《裸卖空、卖空型操纵与股指期货做空监管研究》,载《财经法学》2015 年第 6 期。

格影响与跨市场操纵观察的切入点大多也是股指期货与股票现货。但是，作为体系性的理论研究，如果将跨市场操纵涉及的市场范围限制于此，则无法涵盖跨市操纵所涉及的所有市场。在现实中，大宗商品市场和股指期货以外的其他金融商品市场同样存在大量的跨市场交易以及潜在的跨市场操纵行为，因此也应当被纳入跨市场操纵的研究范围之内。[1] 从广义的角度理解，跨现货市场与期货市场、跨场内市场与场外市场间、跨境内市场与境外市场间的交易都可视为跨市场交易。尽管跨市场的外延还比较模糊，但是其利用相关市场间的跨市场价格关联机制实施的内在机理已得到基本认同。

本案是一起典型的跨境内境外市场操纵股价案。其具体操纵股价的手段，包括连续交易、对倒交易、对敲交易、虚假申报等类型。特殊性在于利用沪股通股票交易系统对上海证券交易所上市的股票实施了操纵行为，由此在案件处理过程中所引发的"管辖争议"以及在不同法域下"证据衔接"问题。

自2005年《证券法》到现行《证券法》，都规定了国务院证券监督管理机构可以和其他国家或者地区的证券监督管理机构建立监督管理合作机制，实施跨境监督管理。沪股通、港股通开设后，中国（内地）证监会与香港证券及期货事务监察委员会（以下简称香港证监会）的跨境执法合作逐步完善，2014年至今，先后签订了《沪港股票市场交易互联互通机制试点若干规定》（已失效）、《内地与香港股票市场交易互联互通机制若干规定》、《沪港通项目下中国证监会与香港证监会加强监管执法合作备忘录》、《内地与香港股票市场交易互联互通机制下中国证监会与香港证监会加强监管执法合作备忘录》，作为共同的国际证监会组织成员，还联合签署了《磋商、合作及信息交换多边谅解备忘录》。根据这些规定，中国证监会与香港证监会建立了执法合作机制，双方可以根据执法工作需要互通案件的证据。本案中，涉案当事人绕道境外操纵了在上海证券交易所上市的股票，但是作为中华人民共和国公民，同时操纵对象也在境内，借鉴刑法中的属人管辖以及属地管辖中行为地、结果地等理论，中国证监会有管辖权不存在法理缺陷。

案例6　朱某栋等人操纵"金一文化"案
证监罚字〔2023〕70号

2007年至2018年8月，钟某是金一文化的实际控制人，先后在公司担任董事长、总经理等职务。胡某是钟某的客户、朋友，与钟某合作成立了安徽金峻珠宝有

---

[1] 参见钟维:《跨市场操纵的行为模式与法律规制》，载《法学家》2018年第3期。

限公司。2017年6月26日,胡某向钟某提议找朱某栋对金一文化做"市值管理",钟某表示同意。胡某通过朱某栋等人认识了李某卫,并将李某卫引荐给钟某。钟某同意其下属韩某出席李某卫的"市值管理宣讲会"。钟某曾通过金一文化控股子公司上海金一黄金珠宝有限公司(以下简称上海金一公司)及胡某间接向相关配资中介支付款项,一方面通过上海金一公司向胡某控制的银行账户支付资金1090万元,另一方面通过上海金一公司向胡某交付约1亿元实物黄金。钟某亦曾与配资中介宋某杰签订《借款合同》,约定由宋某杰提供1亿元用于购买"金一文化"。2017年12月7日至2018年5月28日(操纵期间),胡某累计向李某卫、宋某杰、朱某栋、陈某、张某杰等人支付配资保证金及利息2.66亿元,并委托李某卫、朱某栋具体操盘交易"金一文化"。

根据询问笔录、资金往来、证券账户交易终端硬件信息、证券账户交易记录、相关聊天记录、配资协议、借款协议等证据,操纵期间,胡某、钟某实际支付配资保证金,胡某、李某卫、朱某栋使用"王某正""江某楠"等93个证券账户(账户组)配资交易"金一文化"。

在操纵期间共49个交易日内,账户组共47个交易日参与交易,通过集中资金优势、持股优势联合或者连续买卖、对倒交易方式,累计买入204,135,550股,买入金额3,169,058,143.08元,对应卖出195,821,550股,卖出金额2,879,941,228.81元,截至调查日,尚有余股8,314,000股。账户组累计亏损金额为235,696,521.05元。

中国证监会调查认为,胡某、钟某、李某卫、朱某栋的上述行为违反了2014年《证券法》第77条第1款第1、3项之规定,构成2014年《证券法》第203条所述的操纵市场违法行为。决定:责令胡某、钟某、李某卫、朱某栋依法处理非法持有的证券,并处以罚款300万元,其中对胡某罚款100万元,对钟某罚款100万元,对李某卫罚款50万元,对朱某栋罚款50万元。

争议焦点

- **对"市值管理"型操纵行为的认识**

在西方国家并没有"市值管理"概念,只有"价值管理"概念。[1] 市值管理是中国资本市场独特的管理概念,它萌生于2005年开启的上市公司股权分置改革。股权分置改革后,市值成为中国资本市场的全新标杆。2013年,国务院办公厅发布的《关于进一步加强资本市场中小投资者合法权益保护工作的意见》指出,要引导上

---

[1] 参见马永斌:《市值管理与资本实践》,清华大学出版社2018年版,第35页。

市公司承诺当公司股价低于每股净资产、市盈率低于同行业平均水平时要回购公司股份。2014年5月8日,国务院《关于进一步促进资本市场健康发展的若干意见》明确提出"鼓励上市公司建立市值管理制度"。市值管理是指上市公司通过制订正确的发展战略、完善公司治理、改进经营管理、培育核心竞争力,实实在在地、可持续地创造公司价值,以及通过资本运作工具实现市值与内在价值的动态均衡。[1] 2024年11月6日,为贯彻落实国务院《关于加强监管防范风险推动资本市场高质量发展的若干意见》,进一步引导上市公司关注自身投资价值,切实提升投资者回报,中国证监会公布了《上市公司监管指引第10号——市值管理》,要求上市公司以提高上市公司质量为基础,提升经营效率和盈利能力,并结合实际情况依法合规运用并购重组、股权激励、现金分红、投资者关系管理、信息披露、股份回购等方式,推动上市公司投资价值提升。该指引明确了上市公司董事会、董事和高级管理人员、控股股东等相关方的责任,并对主要指数成份股公司披露市值管理制度、长期破净公司披露估值提升计划等作出专门要求。同时,该指引明确禁止上市公司以市值管理为名实施违法违规行为。

可以说,市值管理的核心就是价值管理。通俗地说,市值管理的核心就是两点:一是通过完善治理、创新技术、开发新品、开拓市场等手段做好经营、提升业绩,做大做强上市公司,这是做好上市公司市值管理的根本。二是处理好上市公司与中小股东的关系。面对市场波动,负责任的上市公司应在合适时点推出重要股东增持、回购股份、加大分红力度等市值管理举措,稳定股价,维护市值,从而保障好中小股东的投资利益。但现实中一些上市公司大股东或董事、监事、高级管理人员却以市值管理为名操纵证券市场,形成了"伪市值管理",甚至在市场上产生了以帮助上市公司进行市值管理为名,实际上是通过配资、操纵股价谋取非法利益的产业链。[2] 从操纵证券市场的行为类型看,"伪市值管理"型并不是一种特别的行为类型,只是其打着"市值管理"的幌子操纵股价,具体的操纵行为仍然摆脱不了连续交易、对敲交易、对倒交易、虚假申报、信息诱导等手法。由此,应该如何理解上市公司市值管理的合法性边界,对于上市公司及实控人、股东和董事、监事、高级管理人员来说尤为重要。

依法合规的市值管理与操纵市场等违法违规行为之间存在清晰的边界和本质的区别。正确把握上市公司市值管理的合法性边界,应当严守"三条红线"和"三项

---

[1] 参见和恒咨询:《市值战略:上市公司市值管理有方法》,中华工商联合出版社2021年版,第22页。
[2] 本案中的朱某栋等人曾因帮助多家上市公司进行"伪市值管理"被多次处罚。

原则":

"三条红线":一是不能操控上市公司信息,不能控制信息披露节奏,不能选择性信息披露、虚假信息披露,欺骗投资者;二是不能进行内幕交易或操纵股价,牟取非法利益,扰乱资本市场"三公"秩序;三是不能损害上市公司利益及中小投资者合法权益。

"三项原则":一是主体适格。市值管理的主体必须是上市公司或者其他依法准许的适格主体,除法律法规明确授权外,控股股东、实际控制人和董事、监事、高级管理人员等其他主体不得以自身名义实施市值管理。二是账户实名。直接进行证券交易的账户必须是上市公司或者依法准许的其他主体的实名账户。三是披露充分。必须按照现行规定真实、准确、完整、及时、公平地披露信息,不能操控信息,不能有抽屉协议。

笔者选取了部分典型的"伪市值管理"操纵案,为上市公司增强合规意识,守法经营,合规运作,在依法合规的前提下运用资本市场工具合理提升公司经营治理水平,坚决抵制"伪市值管理"提供启示。(见表3-1)

表3-1 伪市值管理型操纵案例列举

案号	涉及上市公司主体	行为	结果
证监罚字〔2021〕28号	中昌大数据股份有限公司(以下简称中昌数据)	中昌数据实际控制人陈某铭因为资金紧张和三盛宏业及其一致行动人所持"中昌数据"的质押风险,安排谢某和胡某寻找、提供证券账户和配资资金并交易"中昌数据",以维护"中昌数据"股价稳定。其间,陈某铭控制的企业提供保证金、利息,胡某与谢某对接追加保证金等事宜。陈某铭等人控制使用账户组,利用资金优势、持股优势连续集中交易"中昌数据",同时在自己实际控制的账户之间交易,影响"中昌数据"交易价格,共计获利1147万余元	对陈某铭、谢某、胡某没收违法所得1147万余元,并处以2294万余元罚款,其中对陈某铭罚款1147万余元,对谢某、胡某分别罚款573万余元
证监罚字〔2022〕61号	昇兴集团股份有限公司(以下简称昇兴股份)	2019年,徐某撮合陈某生、孙某与昇兴股份董事长林某贤合作,开展昇兴股份"市值管理"。由林某贤安排初始资金,通过他人以委托理财的名义向陈某生转款2000万元,再由陈某生与孙某利用相关账户进行配资,在2019年12月10日至2020年3月25日用于二级市场交易"昇兴股份",影响交易价量	对林某贤、陈某生、孙某、徐某共处以280万元罚款。其中,对林某贤处以100万元罚款,对陈某生处以80万元罚款,对孙某处以50万元罚款,对徐某处以50万元罚款

续表

案号	涉及上市公司主体	行为	结果
证监罚字〔2023〕27号	江苏新美星包装机械股份有限公司（以下简称新美星）	新美星董事长、法定代表人、实际控制人何某平提供资金，委托蒋某等人对"新美星"进行"市值管理"，维持、抬高"新美星"股价，以便何某平所持"新美星"限售股于2019年4月26日解禁后能够获得好的回报。何某、蒋某等人利用资金优势、持股优势，连续集中交易"新美星"，影响股票交易价格	对何某平、黄某芳、蒋某、毛某土、李某武没收违法所得4783万余元，并处以4783万余元罚款，其中，对何某平、黄某芳罚款2391万余元，对蒋某罚款1195万余元，对毛某土、李某武分别罚款597万余元
证监罚字〔2023〕55号	安徽省凤形耐磨材料股份有限公司（以下简称凤形股份）	凤形股份副董事长、总经理陈某新为了维持股价，确保非公开发行顺利实施，与朱某栋等人合谋通过配资等形式控制使用"高某"等115个证券账户，采取利用资金优势、持股优势，连续买卖"凤形股份"，在实际控制的账户之间交易"凤形股份"，不以成交为目的的频繁或大额申报、撤单等手段操纵、影响股票交易价格和交易量，导致"凤形股份"股价大幅偏离同期中小板综指。截至2018年2月28日，账户组累计亏损3.04亿元	对陈某新、张某阳、朱某、李某卫、朱某栋处以300万元罚款。其中，对陈某新处以80万元罚款，对李某卫、朱某栋分别处以70万元罚款，对张某阳、朱某分别处以40万元罚款
证监罚字〔2023〕77号	河南森源集团有限公司（以下简称森源集团）	2018年上半年，为应对森源集团股权质押爆仓风险，副总裁杨某岭和顾问、董事会秘书崔某军提议，实控人楚某甫同意，杨某岭、崔某军、孙某威具体实施，对森源电气进行所谓的"市值管理"以维持股价。森源集团以单位名义为操纵行为提供保证金并支付费用，保证金来自森源集团和其控制的子公司的自有资金以及楚某甫的借款等，"市值管理"结束后大部分资金返回森源集团及其子公司。森源集团利用资金优势、持股优势，使用161个账户集中交易森源电气股票。交易期间，账户组通过虚假申报、拉抬、在自己实际控制的账户之间进行证券交易等手段影响股价及成交量。最终通过拉抬股价，避免了森源集团股票质押爆仓的风险，并从中获利，森源集团为直接获益方	没收违法所得3亿元，并处以3亿元罚款；相关个人处以30万元到60万元罚款

续表

案号	涉及上市公司主体	行为	结果
证监罚字〔2023〕83号	深圳市劲拓自动化设备股份有限公司（以下简称劲拓股份）	劲拓股份董事长及实际控制人吴某与他人合谋对劲拓股份进行市值管理，控制使用证券账户组，采取利用资金优势、持股优势、信息优势、连续买卖等手段操纵、影响股票交易价格和交易量	没收违法所得共计1.6亿元，并处以4.9亿元的罚款

■ **规则解读**

《证券法》第五十五条

禁止任何人以下列手段操纵证券市场，影响或者意图影响证券交易价格或者证券交易量：

（一）单独或者通过合谋，集中资金优势、持股优势或者利用信息优势联合或者连续买卖；

（二）与他人串通，以事先约定的时间、价格和方式相互进行证券交易；

（三）在自己实际控制的账户之间进行证券交易；

（四）不以成交为目的，频繁或者大量申报并撤销申报；

（五）利用虚假或者不确定的重大信息，诱导投资者进行证券交易；

（六）对证券、发行人公开作出评价、预测或者投资建议，并进行反向证券交易；

（七）利用在其他相关市场的活动操纵证券市场；

（八）操纵证券市场的其他手段。

操纵证券市场行为给投资者造成损失的，应当依法承担赔偿责任。

解读：本条规定是对2014年《证券法》修订而来的。一是将"影响"这一客观结果修改为"影响或意图影响"的主客观要素，由此，并不需要一定造成交易价格或交易量的变化，更没有要求获利为目的或获利结果。监管者只需要认定客观行为的性质及危害，不必再耗费大量精力去证明违法所得或者转嫁的风险。即使操纵行为没有获利，甚至亏损，也需要接受处罚。关于主观，现行法律规定了"意图影响"，就可以认定为操纵市场。而"主观意图"又是通过客观行为推定的。实际上，由于操纵市场的手段复杂,技术型和隐蔽性越来越强,证明操纵市场行为的客观行为已经不容易,证明主观意图更难,因此只要能够查明行为人实施了连续买卖等客观行为,行为人就需要反证自己没有操纵股价的意图。二是增加了虚假申报、信息诱导、"抢帽子"交易、跨市场操纵的操纵类型。

《证券法》第一百九十二条

违反本法第五十五条的规定,操纵证券市场的,责令依法处理其非法持有的证券,没收违法所得,并处以违法所得一倍以上十倍以下的罚款;没有违法所得或者违法所得不足一百万元的,处以一百万元以上一千万元以下的罚款。单位操纵证券市场的,还应当对直接负责的主管人员和其他直接责任人员给予警告,并处以五十万元以上五百万元以下的罚款。

解读:本条规定提高了对操纵证券市场的处罚幅度。与2014年《证券法》相比,对于有违法所得的,由原来的处以违法所得1倍以上5倍以下罚款,提高到1倍以上10倍以下罚款;对于违法所得较少或者没有的,由原来的30万元以上300万元以下,提高到100万元以上1000万元以下罚款。对单位违法的直接责任人员,由原来的10万元以上60万元以下罚款,提高到50万元以上500万元以下罚款。

第四章　证券服务机构未尽勤勉职责

证券发行、上市、交易等业务复杂，需要券商、会计师事务所、律师事务所等各类中介服务机构多方面提供专业服务，发表各自的专业意见，以此发挥不同中介服务机构的专业优势，共同发现潜在风险，保证证券发行的质量，从而有效减少市场主体之间的信息不对称程度，体现"看门人机制"的核心功能。作为机构类主体，其在证券市场中的活动，关系到整个金融市场的稳定有序，制度化的"合规"要求也正适用于机构主体。本章笔者选取的证券服务机构主要是作为保荐承销机构的证券公司、会计师事务所、律师事务所、资产评估机构以及资信评级机构，其因未尽勤勉职责被行政处罚的案件数量共159件，约占全部行政处罚案件数量的9%。

第一节　保荐承销机构未尽勤勉职责

■ 案例数据

证券发行上市保荐制度，是指由具有保荐资格的证券公司担任保荐人，对申请发行特定证券的发行人进行辅导、推荐，在证券上市过程中以及上市后一段时期内督导发行人的信息披露，保证所披露信息的真实性、准确性和完整性，并对此承担连带担保责任的制度。[1] 在证券发行过程中，为了保证证券的发行公开投资者认购证券公平，需要设置保荐和承销制度。根据该制度，在发行人和投资者之间要有证券经营机构作为中介机构，进行证券保荐和承销，以保证投资者依据证券发行资料作出相对准确的投资决策，即真实、自愿的意思表示。由此，在发行人、中介机构和投资者之间形成证券保荐与承销关系，也称为中介服务关系。

---

[1] 参见郭锋等：《中华人民共和国证券法制度精义与条文评注》，中国法制出版社2020年版，第149页。

证券保荐和承销制度由来已久，美国是较早设立该制度的国家之一，主要目的是增强证券发行的公开性。我国于 2004 年将该制度引入主板市场，此后不断完善。2023 年 2 月修订的《证券发行上市保荐业务管理办法》，正式将主板、创业板、科创板以及北京证券交易所的保荐业务进行统一。由中介机构对发行人的股票或债券进行保荐和承销，虽然客观上增加了发行人的发行成本，也抬高了发行认购价格，但是在保证证券发行的真实性和公允性上确有积极作用。保荐机构及其他中介机构承担重要的"看门人"职责，是资本市场核查验证、专业把关的首道防线，必须严守诚实守信、勤勉尽责的底线要求。如果发行中存在作假行为，保荐和承销机构也是负有连带责任的。

近年来，随着我国加强对证券资本市场的监管，此类案件日趋增多。在 2001 年至 2023 年中国证监会公开的案例中，因证券保荐和承销未尽勤勉职责被正式作出处罚决定的证券公司案例共 24 件。（见表 4－1）除此之外，中国证监会对未尽勤勉职责的机构以采取责令改正、限制业务活动、责令限制高级管理人员权利监管措施的决定，例如，2020 年康美药业造假案中，对保荐和承销机构广发证券就是以此种形式作出决定。

表 4－1　保荐机构行政处罚案例列举

案号	保荐机构	相关项目	处罚结果
证监罚字〔2003〕29 号	联合证券	长运公司 2000 年公开发行股票、上市存在重大虚假陈述	罚款 50 万元
证监罚字〔2006〕22 号	广东证券	科大创新在 2002 年首次公开发行股票的申报材料和招股说明书中虚增利润存在虚假陈述	广东证券被责令关闭，相关个人被罚款、警告
证监罚字〔2013〕44 号	民生证券	山西天能科技股份有限公司公开发行股票并上市的保荐过程中对有关项目销售收入的尽职调查未尽勤勉职责	对民生证券给予警告，没收民生证券该业务收入 100 万元，并处以 200 万元罚款，相关个人被警告、罚款
证监罚字〔2013〕48 号	平安证券	平安证券在推荐万福生科 IPO 过程中，未能勤勉尽责地履行法定职责，出具的保荐书存在虚假记载	责令平安证券改正违法行为，给予警告，没收业务收入 2555 万元，并处以 5110 万元罚款，暂停保荐业务许可 3 个月。相关个人被警告、罚款，撤销证券从业资格

续表

案号	保荐机构	相关项目	处罚结果
证监罚字〔2013〕56号	南京证券	在推荐广东新大地生物科技股份有限公司IPO过程中,未能勤勉尽责地履行法定职责,出具的保荐书存在虚假记载	对南京证券给予警告,因其未取得业务收入,不再给予罚款处罚
证监罚字〔2014〕103号	平安证券	在推荐海联讯IPO过程中未勤勉尽责,未按规定对海联讯IPO申请文件进行审慎核查,从而未能发现海联讯虚构收回应收账款和虚增收入的事实,其所出具的保荐书存在虚假记载	对平安证券给予警告,没收保荐业务收入400万元,没收承销股票违法所得2867万元,并处以440万元罚款;对相关个人给予警告、罚款,撤销证券从业资格
证监罚字〔2016〕91号	兴业证券	在推荐欣泰电气申请IPO过程中,未遵守业务规则和行业规范,未勤勉尽责地对欣泰电气IPO申请文件进行审慎核查,出具的发行保荐书和兴业证券关于欣泰电气之2012年度财务报告专项检查自查工作报告存在虚假记载	对兴业证券给予警告,没收保荐业务收入1200万元,并处以2400万元罚款;没收承销股票违法所得2078万元,并处以60万元罚款;对相关个人给予警告、罚款,撤销证券从业资格
证监罚字〔2016〕109号	信达证券	信达证券在推荐辽宁振隆特产股份有限公司首次公开发行股票并上市核查过程中未勤勉尽责,出具的发行保荐书等文件存在虚假记载的行为	没收信达证券业务收入160万元,并处以320万元罚款;对相关个人给予警告、罚款
证监罚字〔2016〕112号	中德证券	中德证券未取得并核查沈机集团和紫光卓远正式签署的《股份转让协议》,未发现紫光卓远披露的详式权益变动报告书信息披露存在重大遗漏,其出具的财务顾问核查意见存在重大遗漏	责令中德证券改正,没收业务收入300万元,并处以300万元罚款;对相关个人给予警告、罚款
证监罚字〔2017〕3号	爱建证券	为浙江步森服饰股份有限公司与广西康华农业股份有限公司重大资产重组项目独立财务顾问,未发现康华农业财务造假的问题,导致所制作、出具的文件具有虚假记载	责令爱建证券改正违法行为,并处以30万元罚款;对相关个人给予警告、罚款

续表

案号	保荐机构	相关项目	处罚结果
证监罚字〔2017〕46号	西南证券	河南大有能源股份有限公司2012年非公开发行目标资产之一为义马煤业集团青海义海能源有限责任公司持有的天峻义海能源煤炭经营有限公司100%股权。西南证券在尽职调查中关键核查程序缺失，未对青海省木里矿区资源整合政策可能对相关目标资产带来的风险进行揭示，出具的发行保荐书等文件存在重大遗漏	责令西南证券改正，给予警告，没收业务收入1000万元，并处以2000万元罚款；对相关个人给予警告、罚款
证监罚字〔2017〕54号	西南证券	为鞍山重型矿山机器股份有限公司重大资产重组出具的独立财务顾问报告存在虚假记载；对重组标的公司九好集团的尽职调查过程中未勤勉尽责	责令西南证券改正，没收业务收入100万元，并处以500万元罚款；对相关个人给予警告、罚款
证监罚字〔2017〕61号	新时代证券	新时代证券推荐登云股份IPO未勤勉尽责，未发现登云股份申请文件存在虚假记载、重大遗漏	责令新时代证券改正，给予警告，没收业务收入1676.96万元，并处以1676.96万元罚款；对相关个人给予警告、罚款
证监罚字〔2018〕76号	中原证券	担任天津丰利创新投资有限公司收购徐州杰能科技发展投资有限公司项目财务顾问，未尽勤勉职责，未能发现天津丰利使用上市公司关联方杰能科技的资金用于本次收购	没收中原证券业务收入10万元，并处30万元的罚款；对相关个人给予警告、罚款
证监罚字〔2018〕110号	东方花旗证券	为粤传媒重大资产重组出具的财务顾问报告存在虚假记载	责令东方花旗证券改正，没收业务收入595万元，并处以1785万元罚款；对相关个人给予警告、罚款
证监罚字〔2019〕52号	新时代证券	担任深圳美丽生态股份有限公司重大资产重组项目独立财务顾问、担任美丽生态发行股份购买资产并募集配套资金之非公开发行的主承销商时出具的文件有误导性陈述	责令新时代证券改正，给予警告，没收独立财务顾问业务收入800万元，并处以2400万元罚款；没收承销股票违法所得1220.1万元，并处以50万元罚款；对相关个人给予警告、罚款
证监罚字〔2019〕70号	金元证券	为山东雅百特科技股份有限公司借壳中联电气的财务顾问，在后续持续督导期间出具的多份核查意见存在虚假记载	没收金元证券持续督导业务收入1000万元，并处以3000万元罚款；对相关个人给予警告、罚款

续表

案号	保荐机构	相关项目	处罚结果
证监罚字〔2019〕121号	德邦证券	作为五洋建设公开发行公司债券主承销商,未充分核查公开发行募集文件的真实性和准确性,未充分履行核查程序等	责令德邦证券改正,给予警告,没收违法所得18,574,400.00元,并处以55万元罚款;对相关个人给予警告、罚款,撤销证券从业资格
证监罚字〔2021〕88号	华龙证券	为蓝山科技申请公开发行股票并在精选层挂牌事项提供保荐服务的过程中未尽勤勉职责,出具的发行文件中存在虚假记载	责令华龙证券改正,给予警告,没收业务收入150万元,并处以300万元罚款;对相关个人给予警告、罚款
证监罚字〔2021〕132号	粤开证券	担任山东胜通集团股份有限公司发行公司债券主承销商,出具的文件存在虚假记载	责令粤开证券改正,给予警告,没收违法所得660万元,并处以60万元罚款;对相关个人给予警告、罚款
证监罚字〔2022〕11号	国海证券	担任胜通集团发行公司债券主承销商,出具的文件存在虚假记载	责令国海证券改正,给予警告,没收违法所得1798万元,并处以60万元罚款
证监罚字〔2022〕30号	中德证券	对乐视网2016年非公开发行股票保荐业务中未勤勉尽责行为,出具的文件存在虚假陈述	责令中德证券改正,给予警告,没收业务收入5,660,377元,并处以11,320,754元罚款;对相关个人给予警告、罚款
证监罚字〔2023〕45号	东北证券	在豫金刚石2016年非公开发行股票保荐及持续督导中未勤勉尽责,出具的2016年至2018年度相关持续督导及现场检查报告存在虚假记载	责令东北证券改正,给予警告,没收保荐业务收入1,886,792.45元,并处以5,660,377.35元罚款;对个人给予警告、罚款
证监罚字〔2023〕65号	广发证券	在美尚生态景观2018年非公开发行股票保荐中,出具的文件存在虚假陈述	责令广发证券改正,给予警告,没收保荐业务收入943,396.23元,并处以943,396.23元罚款;没收承销股票违法所得7,830,188.52元,罚款50万元;对个人给予警告、罚款

■ 以案释义

案例1 平安证券保荐万福生科上市未尽勤勉职责案
证监罚字〔2013〕48号

1. 平安证券在尽职调查中未勤勉尽责，未对万福生科提供的资料和披露的内容进行独立判断

对万福生科IPO申请文件和股票发行募集文件中无证券服务机构出具专业意见的内容，平安证券没有获得充分的尽职调查证据，没有在综合分析各种证据的基础上对万福生科提供的资料及披露的内容进行审慎核查和独立判断。

(1) 未审慎核查万福生科主要供应商身份和采购合同真实性。平安证券保荐业务工作底稿中收集的采购合同复印件中，部分主要供应商在不同采购合同中签名不一致，部分主要供应商的签名与身份证姓名不一致。平安证券对上述情况，未作审慎核查。平安证券保荐业务工作底稿中，亦没有关于核查万福生科主要供应商(粮食经纪人)身份和采购合同真实性的相关记录。

(2) 未审慎核查万福生科主要客户身份和销售合同真实性。平安证券保荐业务工作底稿中收集的销售合同复印件中，万福生科部分主要客户印章名称与工商登记名称不一致，平安证券对此情况未作审慎核查。平安证券走访主要客户时制作的调查笔录，部分没有被访谈客户盖章或签名，且所记载金额与实际金额存在明显差异。平安证券保荐业务工作底稿中，亦没有关于核查万福生科主要客户身份和销售合同真实性的相关记录。

2. 平安证券未审慎核查其他中介机构出具的专业意见，未能发现万福生科涉嫌造假的内容

对万福生科IPO申请文件和股票发行募集文件中有证券服务机构及其签字人员出具专业意见的内容，平安证券没有结合尽职调查过程中所获得的信息，对其进行审慎核查，没有对万福生科提供的资料和披露的内容进行独立判断。

(1) 未审慎核查湖南博鳌律师事务所(以下简称博鳌所)提供的相关材料。博鳌所系万福生科IPO法律服务机构。博鳌所向平安证券提供的万福生科供应商访谈笔录、律师鉴证的采购合同和销售合同以及律师询证函回执等材料中，存在供应商签名与身份证姓名不一致、销售合同鉴证日期早于签订日期、销售合同客户印章名称与工商登记名称不一致等情况。平安证券未能结合其尽职调查过程中获得的信息，对上述情况进行审慎核查。

(2) 未审慎核查中磊会计师事务所有限责任公司(以下简称中磊所)提供的相关材料。中磊所系万福生科 IPO 审计机构。中磊所向平安证券提供的企业往来询证函中，部分供应商的签名与身份证姓名不一致、与采购合同中签名不一致，部分客户加盖印章名称与工商登记名称不一致。平安证券未能结合其尽职调查过程中获得的信息，对上述情况进行审慎核查。

3. 平安证券未对万福生科的实际业务及各报告期内财务数据履行尽职调查、审慎核查义务

在尽职调查过程中，平安证券未能按照尽职调查工作要求，全面审慎核查万福生科各报告期内财务状况、财务数据的真实性。平安证券出具的发行保荐书等文件中的财务数据，系直接引自万福生科经审计的财务报告，而非由其在获得充分证据的基础上进行独立判断。

平安证券保荐业务工作底稿中缺乏对万福生科各报告期内的实际采购、销售业务的核查记录，遗漏万福生科 2008 年、2009 年银行对账单。

中国证监会最终认定，平安证券的上述行为，违反了 2005 年《证券法》第 11 条的规定，构成了 2005 年《证券法》第 192 条所述"保荐人出具有虚假记载、误导性陈述或者重大遗漏的保荐书，或者不履行其他法定职责"的行为。对平安证券的上述违法行为，吴某浩、何某是直接负责的主管人员，薛某年、曾某生、崔某、汤某智是其他直接责任人员。决定：(1)责令平安证券改正违法行为，给予警告，没收业务收入 2555 万元，并处以 5110 万元罚款，暂停保荐业务许可 3 个月；(2)对吴某浩、何某、薛某年、曾某生、崔某给予警告，并分别处以 30 万元罚款，撤销证券从业资格；(3)对汤某智给予警告，并处以 10 万元罚款，撤销证券从业资格。

| 争议焦点 |

- **如何理解保荐机构的独立性、与其他证券服务机构的关系**

从性质上来看，保荐机构与会计师事务所、律师事务所等均属于证券服务机构，以各自的专业从不同的角度为证券发行上市提供服务。但是从法律体系可以看出，保荐机构与会计师事务所、律师事务所等其他服务机构在地位、作用和责任等方面均有着重要区别。《证券法》第二章"证券发行"第 10 条专门对保荐人及其法定义务作了规定。第 182 条对保荐人不履行保荐义务的法律责任作了规定。对于律师事务所、会计师事务所以及其他投资咨询机构，《证券法》则专门规定在第十章"证券服务机构"，对这些服务机构的法律责任集中规定在第 213 条。可见，保荐机构具有特殊性。

根据《证券发行上市保荐业务管理办法》第 8 条第 1 款的规定,发行人及其控股股东、实际控制人、董事、监事、高级管理人员,为证券发行上市制作、出具有关文件的会计师事务所、律师事务所、资产评估机构等证券服务机构及其签字人员,应当依照法律、行政法规和中国证监会、证券交易所的规定,配合保荐机构及其保荐代表人履行保荐职责,并承担相应的责任。第 57 条规定,保荐机构应当组织协调证券服务机构及其签字人员参与证券发行上市的相关工作。发行人为证券发行上市聘用的会计师事务所、律师事务所、资产评估机构以及其他证券服务机构,保荐机构有充分理由认为其专业能力存在明显缺陷的,可以向发行人建议更换。由这些规定不难得出,在证券发行过程中,与其他证券服务机构相比,保荐机构处于总揽全局、协调各方的领导地位,其他证券服务机构则需要积极配合保荐工作。根据权利与责任相统一的原则,保荐机构的地位特殊,则其责任就更为严格。

根据《证券法》第 213 条的规定,证券服务机构的行政责任必须以"出具的文件有虚假记载、误导性陈述或者重大遗漏"的后果为前提;而保荐机构的行政责任除了"出具有虚假记载、误导性陈述或者重大遗漏的保荐书",在保荐书没有虚假记载等后果但存在"不履行其他法定职责"的情形下,也需要承担行政责任。从民事责任来看,《证券法》第 24 条、第 93 条规定了保荐机构基于过错推定的连带责任和先行赔付责任,显然,这些责任都比其他证券服务机构要严格。

正是由于保荐机构的特殊地位和严格责任,在证券发行过程中,对保荐机构独立性的要求就更高。《证券发行上市保荐业务管理办法》第 6 条第 2、4 款要求,保荐代表人应当恪守独立履行职责的原则,不因迎合发行人或者满足发行人的不当要求而丧失客观、公正的立场,不得唆使、协助或者参与发行人及证券服务机构等实施非法的或者具有欺诈性的行为。保荐代表人、保荐业务负责人、内核负责人、保荐业务部门负责人及其他保荐业务人员应当保持独立、客观、审慎,与接受其服务的发行人及其关联方不存在利害关系,不存在妨碍其进行独立专业判断的情形。第 58 条规定,保荐机构对证券服务机构及其签字人员出具的专业意见存有疑义的,应当主动与证券服务机构进行协商,并可要求其作出解释或者出具依据。第 59 条规定,保荐机构有充分理由确信证券服务机构及其签字人员出具的专业意见可能存在虚假记载、误导性陈述或重大遗漏等违法违规情形或者其他不当情形的,应当及时发表意见;情节严重的,应当向中国证监会、证券交易所报告。

本案中,平安证券对万福生科 IPO 申请文件和股票发行募集文件中有证券服务机构及其签字人员出具专业意见的内容,没有结合尽职调查过程中所获得的信息，对其进行审慎核查，没有对万福生科提供的资料和披露的内容进行独立判断，而是直接对相关会计师事务所、律师事务所出具的文件内容照单全收，没有保持作为保荐人的独立性，也没有履行好法定职责和勤勉尽责义务。

案例 2 金元证券履行持续督导职责违法案
证监罚字〔2019〕70号

2015年2月10日，金元证券与江苏中联电气股份有限公司（以下简称中联电气）签署《独立财务顾问协议》，金元证券成为山东雅百特科技股份有限公司（以下简称山东雅百特）借壳中联电气的财务顾问。当年，山东雅百特完成借壳上市，2015年8月27日，上市公司名称变更为江苏雅百特科技股份有限公司，证券简称变更为雅百特。重大资产重组完成后，金元证券在法律规定的期限内承担持续督导责任，先后出具了多份专项核查意见。陈某飞与李某为项目主要负责人及签字主办人。金元证券就雅百特借壳上市独立财务顾问项目收取各项费用总计1000万元。后经查实，金元证券出具的多份意见中均存在虚假记载。在案件调查听证和申辩过程中，金元证券称未能发现雅百特财务造假是客观原因导致的。一是造假行为系雅百特蓄意为之，手段极其隐蔽，常规核查难以发现；二是在专项核查过程中，其他同行中介机构提供了虚假材料，严重误导了金元证券的判断；三是金元证券调查手段有限，客观上不具备发现违法的可能性。

中国证监会最终认定，金元证券在持续督导期间虽然为履行督导义务开展了一些工作，涉及造假事项具有一定的隐蔽性。但是，督导机构不能以工作开展存在客观困难为由，不勤勉尽责开展相关工作，而是应当严格按照现行规则，充分、审慎开展持续督导工作，对出具、制作文件的真实性、准确性、完整性尽最大努力进行核查和验证。决定没收金元证券持续督导业务收入1000万元，并处以3000万元罚款；对直接负责的主管人员陈某飞、李某给予警告，并分别处以10万元罚款。

| 争议焦点 |

- 发行人故意甚至恶意造假，保荐机构不知情且已履行法定职责是否能够规避责任

在保荐机构被处罚的案件中，以发行人恶意造假，保荐机构不知情、无法发现等系常见的申辩理由，如证监罚字〔2014〕103号平安证券保荐深圳海联讯科技上市案、证监罚字〔2016〕109号信达证券保荐振龙特产上市案中，被处罚的保荐机构也都提出类似申辩理由，但最终都没有被中国证监会采纳。这一点与保荐机构的归

责原则有关。

首先,法律设定保荐制度的目的是设立"看门人",让保荐人做好防护作用,防止发行人有造假行为。在发行人存在造假行为时,保荐人要起到及时发现、督促改进等作用。保荐人必须独立、客观、审慎地履行好"看门人"职责。如果保荐人与发行人共同造假,或者放任发行人造假,其行为的违法性比未尽勤勉职责要更为严重。因此,追究保荐机构未尽勤勉职责的法律责任,不需要保荐机构明知发行人恶意造假。

其次,如果可以证明保荐机构已经穷尽履行了法定职责,则即便保荐书存在虚假记载等情形,保荐机构也不应该承担责任。但是,在被处罚的案例中,保荐机构都或多或少存在未履行法定职责的情况。本案中,金元证券对于雅百特公司收入异常增加和畸高的毛利率等异常情况未予以关注,也没有展开实际核查;在某些被持续举报的项目上,金元证券没有进行实地调查,作出结论依据的现场照片也存在明显疑点等,难以证明已经穷尽履行了法定职责,甚至可以说还有很多遗漏工作。在平安证券保荐深圳海联讯科技上市案中,平安证券遗漏了重要客户和重大合同,未进行真实性核查。在信达证券保荐振龙特产上市案中也存在未走访境外客户的情况。显然,中国证监会很容易证明保荐机构存在未履行的法定职责。此时,保荐机构很难证明自己已经履行了勤勉职责。从法理上讲,保荐书作为保荐工作中至关重要的法律文件,一旦存在虚假陈述,就可以推定保荐人未履行勤勉职责。这一严格责任的规定,立法目的就是要倒逼保荐机构积极履行勤勉职责。否则,根据前文所述,一旦"出具有虚假记载、误导性陈述或者重大遗漏的保荐书",保荐机构就很难免责。更何况,即便在保荐书没有虚假记载等后果,但存在"不履行其他法定职责"的情形下,保荐机构也需要承担行政责任。只不过,现实中,往往是先发现有虚假文件的存在,进而倒查原因,不太会出现没有结果而直接处罚保荐机构"未履行法定职责"。

案例3 华龙证券保荐蓝山科技上市未尽勤勉职责案
证监罚字〔2021〕88号

蓝山科技公开发行股票项目(以下简称蓝山科技项目)由华龙证券担任保荐机构,华龙证券北京分公司承揽承做,时任华龙证券北京分公司总经理的孙某担任项目承揽人,赵某志、李某元担任保荐代表人。华龙证券与蓝山科技先后签订辅导、保荐及主承销协议,实际就蓝山科技项目收费150万元。

华龙证券对蓝山科技的关联关系核查未勤勉尽责。北京天越五洲科技有限公司、北京康居网络科技有限公司、北京博雅君立科技有限公司、北京吉祥林克通讯技术有限公司、北京拓普星际科技有限公司均为蓝山科技的关联法人。华龙证券针对上述公司开展的关联关系核查未能勤勉尽责。

华龙证券的函证程序存在缺陷。(1) 对供应商、客户的函证程序存在缺陷华龙证券对所有供应商、客户的函证均无发出的快递原始单据,对供应商、客户的询证函均由华龙证券制作后交给蓝山科技工作人员,并要求供应商、客户直接回函快递至华龙证券。蓝山科技发函前会提前联系供应商、客户,要求在虚假函证上配合盖章。华龙证券发函未保持独立,发函程序完全失控,无法确保函证的结果真实客观。(2) 对银行的函证程序存在缺陷。华龙证券针对蓝山科技的银行账户未独立发函,发函程序完全失控,华龙证券制作完询证函后直接交给蓝山科技工作人员,未独立前往银行进行询证,华龙证券保存的回函快递单中没有工行大屯路支行的回函快递单。(3) 对供应商、客户的访谈程序存在缺陷。华龙证券访谈不独立,程序失控,无法确保访谈内容的真实客观。华龙证券制作访谈提纲后通过微信发给蓝山科技工作人员,由蓝山科技提前反馈带回复的访谈记录。蓝山科技员工承认并没有就访谈记录中的问题与客户及供应商有过沟通,访谈记录中的答案肯定不是供应商及客户填写的或与客户及供应商沟通之后填写的,这些访谈记录中的答案很多并非实际情况。(4) 对蓝山科技研发支出的核查存在缺陷。华龙证券未访谈蓝山科技认定的核心研发人员之一汪某;对另一核心研发人员周某也仅做一般性访谈,未确认资本化率较高的原因等关键性问题。未见华龙证券就科研成果验收事项访谈相关专家,经查明,项目验收文件上验收专家的签字均为伪造。对于已毕业的名校学生长期与蓝山科技签订劳务合同、担任研发部兼职助理这一异常情况,华龙证券未尽到注意义务,未履行必要的审慎核查,实际上,上述人员早已不在蓝山科技兼职。华龙证券未独立开展对合作研发机构的函证、访谈,相关程序完全失控,无法确保函证、访谈内容真实客观。经查明,华龙证券在访谈中会见的拓普星际工作人员和办公地址均系伪造,华龙证券未有效核实当事人身份。(5) 对销售业务运输环节的核查存在缺陷。华龙证券工作底稿中的货运单材料仅有发货方信息和收货方信息,既无承运人信息,也无承运人的盖章,华龙证券未尽到注意义务,未履行必要的审慎核查。华龙证券在已经发现北京新月联合汽车有限公司的办公地址、货运业务存在异常的情况下,未履行必要的审慎核查,导致未能发现蓝山科技虚假记载支付新月联合运输费的情况。(6) 对出售生产设备的核查存在缺陷。未对出售的生产设备进行现场核查,未发现合同签订时间异常,未对设备权属关系进行必要的审慎核查。(7)对蓝山科技公司治理的核查存在缺陷在尽职调查中未访谈蓝山科技全部董事、监事、高级管理人员。华龙证券在尽职调查中已发现蓝山科技财务总监赵某虹长年不实际履职，但未进一步核查赵某虹在公司文件的签字情况，也未在申报文件中指出蓝山科技的公司治理存在严重缺陷。

中国证监会认定，华龙证券的行为违反了《证券法》第10条第2款"保荐人应当遵守业务规则和行业规范，诚实守信，勤勉尽责，对发行人的申请文件和信息披露资料进行审慎核查，督导发行人规范运作"的规定，构成了《证券法》第182条所述的保荐人出具有虚假记载的保荐书的行为，赵某志、李某元是直接负责的主管人员。(1)责令华龙证券改正，给予警告，没收业务收入150万元，并处以300万元罚款；(2)对赵某志、李某元给予警告，并分别处以50万元罚款。

| 争议焦点 |

- **如何理解保荐机构的"勤勉职责"**

保荐义务的核心是诚实守信、勤勉尽责义务。根据《证券法》《证券发行上市保荐业务管理办法》等规范文件中"全面调查""获取充分的尽职调查证据""综合分析""独立判断""审慎核查""有充分理由确信"等要求，保荐人是否已经做到诚实守信、勤勉尽责，应该从合规性、全面性、独立性、审慎性四个层面进行判断。

合规性是指保荐人履行保荐义务，必须遵循现行法律规则的具体规定，这是保荐人勤勉尽责的最底线要求。现行有效的保荐义务规定，包括《证券法》《证券发行上市保荐业务管理办法》《保荐人尽职调查工作准则》《证券发行上市保荐业务工作底稿指引》《首次公开发行股票注册管理办法》《证券发行与承销管理办法》等法律文件中所规定的具体要求。以本案为例，华龙证券的一系列行为就违反了《保荐人尽职调查工作准则》《证券发行上市保荐业务工作底稿指引》中的诸多具体要求，明显不具备基本的合规性。

全面性是指保荐人履行保荐义务，应该全面、充分地核查相关材料、履行法定职责，不能有遗漏，确保核查工作足以支持其核查结论。《保荐人尽职调查工作准则》第3条第1款规定，不论该准则是否有明确规定，凡涉及发行条件和上市条件或对投资者作出投资决策有重大影响的信息，保荐人均应当在职责范围内勤勉尽责地进行尽职调查。第6条规定，保荐人应当建立尽职调查工作底稿制度。工作底稿应当真实、准确、完整地反映尽职调查工作。本案中，无论是需要发函征询，还是人员访谈中，华龙证券都有大量遗漏工作，没有全面、充分、完整地履行相关职责，作出核查结论的依据并不充分。

独立性是指保荐人应当恪守独立履行职责的原则,不应迎合发行人或者满足发行人的不当要求而丧失客观、公正的立场,不得唆使、协助或者参与发行人及证券服务机构等实施非法的或者具有欺诈性的行为。《证券发行上市保荐业务管理办法》第6条第4款规定,保荐代表人、保荐业务负责人、内核负责人、保荐业务部门负责人及其他保荐业务人员应当保持独立、客观、审慎,与接受其服务的发行人及其关联方不存在利害关系,不存在妨碍其进行独立专业判断的情形。本案中,在给客户、供应商以及银行的发函征询时,华龙证券均是通过发行人完成,而未直接联系对象,在人员访谈时,华龙证券进行现场访谈前,会先将已有回复的访谈记录打印出来,再由蓝山科技工作人员带到供应商、客户处进行简单询问、确认并签字拍照。在访谈过程中,华龙证券未与供应商、客户独立联系,未有效核实访谈当事人身份。上述行为完全丧失了独立性。

审慎性则是要求保荐人保持职业谨慎,坚持实质核查而非形式核查的原则履行法定职责。《证券发行上市保荐业务管理办法》第6条第1款规定,保荐代表人应当遵守职业道德准则,珍视和维护保荐代表人职业声誉,保持应有的职业谨慎,保持和提高专业胜任能力。本案中,华龙证券在核查发行人的关联交易、供应商与客户情况、银行账户、公司治理结构等重要内容时,均没有尽到实质审查的审慎核查义务,没有体现保荐机构应有的专业水准,从而导致出具的文件存在多处虚假记载。

综上所述,判断保荐人是否勤勉尽责,应该从合规性、全面性、独立性、审慎性四个层面进行把握,即依次判断保荐人是否已经按照法律规则的具体要求开展核查工作,开展核查工作时是否全面、完整地收集了足以支撑其核查结论的证据材料,履职过程中是否做到了客观独立,对于核查材料和核查行为是否审慎。

■ 规则解读

《证券法》第十条

发行人申请公开发行股票、可转换为股票的公司债券,依法采取承销方式的,或者公开发行法律、行政法规规定实行保荐制度的其他证券的,应当聘请证券公司担任保荐人。

保荐人应当遵守业务规则和行业规范,诚实守信,勤勉尽责,对发行人的申请文件和信息披露资料进行审慎核查,督导发行人规范运作。

保荐人的管理办法由国务院证券监督管理机构规定。

解读:本条是关于证券公开发行保荐制度的规定。关于保荐制度的适用范围,包括两种证券的公开发行:一是依法采取承销方式发行的股票、可转换为股票的公司债券。二是法律、行政法规规定实行保荐制度的其他证券。这里需要说明,发行人申请发行的一般公司债券不需要聘请保荐人。关于保荐人的职责,本条规定应当遵守业务规则和行业规范,诚实守信,勤勉尽责,对发行人的申请文件和信息披露资料进行审慎核查,督导发行人规范运作。本条规定,保荐人由证券公司担任,同时保荐人的管理办法由国务院证券监督管理机构规定,目前《证券发行上市保荐业务管理办法》等规章制度对保荐业务作出了详细规定。

《证券法》第一百八十二条

保荐人出具有虚假记载、误导性陈述或者重大遗漏的保荐书,或者不履行其他法定职责的,责令改正,给予警告,没收业务收入,并处以业务收入一倍以上十倍以下的罚款;没有业务收入或者业务收入不足一百万元的,处以一百万元以上一千万元以下的罚款;情节严重的,并处暂停或者撤销保荐业务许可。对直接负责的主管人员和其他直接责任人员给予警告,并处以五十万元以上五百万元以下的罚款。

解读:本条规定修改了 2014 年《证券法》相关法条,主要是提高了处罚幅度。在有业务收入的情况下,除了没收业务收入不变,处罚从 1 倍以上 5 倍以下提高到 1 倍以上 10 倍以下;增加了对于没有业务收入或者业务收入不足 100 万元的,处以 100 万元以上 1000 万元以下罚款;对直接负责的主管人员和直接责任人,由 3 万元以上 30 万元以下罚款,提高到 50 万元以上 500 万元以下罚款。

第二节　证券中介服务机构未尽勤勉职责

■ 案例数据

证券中介服务机构是指在证券公司、期货经纪公司以及其他金融机构之外,拥有合法资格,依法从事与证券、期货以及其他衍生产品相关的专业服务机构,是资本市场从事专业证券服务业的主体。《证券法》及其相关法律法规所规定的证券服务机构主要包括从事证券业务的会计师事务所、律师事务所、资产评估机构、资信评级机构以及其他投资咨询机构、财务顾问机构等。这些中介服务机构在提高市场信息披露和主体质量,减少信息不对称和道德风险问题,维护资本市场健康稳定发展方面发挥着保驾护航的作用。

笔者选取了会计师事务所、律师事务所、资产评估机构、资信评级机构四类最常见中介服务机构作为分析对象。2001年至2023年，这四类机构在证券服务过程中因未尽勤勉职责被中国证监会作出正式行政处罚决定的共136件，其中会计师事务所103件、资产评估机构16件、律师事务所15件、资信评级机构2件。（见图4-1）

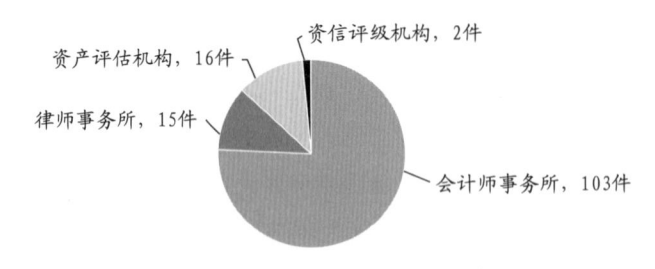

图4-1 主要类型服务机构未尽勤勉职责行政处罚案件数量

鉴于会计师事务所因未尽勤勉职责被行政处罚案例较多，笔者选取了2020年至2023年在从事证券业务中因未尽勤勉职责被处罚的会计师事务所及相关内容，如表4-2所示：

表4-2 会计师事务所未尽勤勉职责案例列举

案号	会计师事务所	相关项目	处罚结果
证监罚字〔2020〕20号	中兴财光华会计师事务所	新绿股份2015年年度审计报告存在虚假记载	责令中兴财光华会计师事务所改正，没收审计业务收入25万元，并处以25万元罚款；对注册会计师个人给予警告，分别处以5万元罚款
证监罚字〔2020〕85号	北京兴华会计师事务所	林州重机2017年年度报告存在虚假记载	责令北京兴华会计师事务所改正，没收业务收入118万元，并处以236万元罚款；对注册会计师个人给予警告，分别处以5万元罚款
证监罚字〔2021〕11号	广东正中珠江会计师事务所	康美药业2016年至2018年年度审计报告存在虚假记载	责令广东正中珠江会计师事务所改正，没收业务收入1425万元，并处以4275万元罚款；对会计师个人给予警告，并分别处以10万元罚款
证监罚字〔2021〕21号	瑞华会计师事务所	千山药机2015年、2016年审计报告存在虚假记载	没收瑞华会计师事务所业务收入140万元，并处以280万元罚款；对会计师个人给予警告，并分别处以5万元罚款

续表

案号	会计师事务所	相关项目	处罚结果
证监罚字〔2021〕52号	中兴财光华会计师事务所	为斯太尔出具的2016年年度审计报告存在虚假记载	责令中兴财光华会计师事务所改正，没收业务收入180万元，并处以180万元罚款；对会计师个人给予警告，并分别处以5万元罚款
证监罚字〔2021〕69号	瑞华会计师事务所	索菱股份2016年、2017年年度审计报告虚假记载	责令瑞华会计师事务所改正，没收业务收入160万元，并处以320万元罚款；对会计师个人给予警告，并分别处以5万元罚款
证监罚字〔2021〕74号	中准会计师事务所	抚顺特钢出具的2010年至2016年审计报告存在虚假记载	责令中准会计师事务所改正，没收其对抚顺特钢2010年至2016年年报审计业务收入363万元，并处以1089万元罚款；对会计师个人给予警告，并分别处以7万元罚款
证监罚字〔2021〕80号	北京兴华会计师事务所	为某控股公司申请证券公司新增5%以上股东资格提供审计服务过程中存在虚假记载	责令北京兴华会计师事务所改正违法行为，没收审计业务收入100万元，并处以100万元罚款；对会计师个人给予警告，并分别处以5万元罚款
证监罚字〔2021〕91号	中天运会计师事务所	胜通集团2013年至2017年年度审计报告存在虚假记载	责令中天运会计师事务所改正，没收业务收入575万元，并处以1150万元罚款；对会计师个人给予警告，并分别处以10万元罚款
证监罚字〔2021〕99号	中兴财光华会计师事务所	蓝山科技2017年至2019年年度财务报表和2020年公开发行股票事项审计存在虚假记载	责令中兴财光华会计师事务所改正，没收业务收入55万元，并处以110万元罚款；对会计师个人给予警告，并分别处以30万元罚款
证监罚字〔2021〕118号	亚太（集团）会计师事务所	科融环境2017年年度报告存在虚假记载	责令亚太（集团）会计师事务所改正，没收业务收入60万元，并处以60万元罚款；对会计师个人给予警告，并分别处以5万元罚款
证监罚字〔2021〕128号	亚太（集团）会计师事务所	中融双创公司债券年度报告（2017年）存在虚假记载	责令亚太（集团）会计师事务所改正，没收业务收入130万元，并处以390万元的罚款；对会计师个人给予警告，并分别处以10万元罚款

续表

案号	会计师事务所	相关项目	处罚结果
证监罚字〔2022〕6号	深圳堂堂会计师事务所	ST新亿2018年和2019年度报告存在虚假记载和重大遗漏	责令深圳堂堂会计师事务所改正,没收业务收入1,970,297.01元,处以11,821,782.06元罚款,并暂停从事证券服务业务1年;对会计师个人给予警告,并处以30万元到100万元罚款
证监罚字〔2022〕19号	信永中和会计师事务所	乐视网2015年、2016年年度财务报表存在虚假记载	责令信永中和会计师事务所改正违法行为,没收业务收入1,509,434元,并处以3,018,868元罚款;对会计师个人给予警告,并分别处以5万元罚款
证监罚字〔2022〕21号	众华会计师事务所	富控互动2013年至2015年年度审计报告存在虚假记载	责令众华会计师事务所(特殊普通合伙)改正,没收众华会计师事务所(特殊普通合伙)业务收入3,962,264.14元,并处以3,962,264.14元罚款;对会计师个人给予警告,并分别处以6万元罚款
证监罚字〔2022〕32号	大华会计师事务所	东方金钰2017年财务审计报告存在虚假记载	责令大华会计师事务所改正,没收其对东方金钰2017年财务报表审计业务收入110万元,并处以220万元罚款;对会计师个人给予警告,并分别处以5万元罚款
证监罚字〔2022〕36号	中兴财光华会计师事务所	柏堡龙2018年、2019年年度财务报告存在虚假记载	责令中兴财光华会计师事务所改正,没收业务收入1,084,905.66元,并处2,169,811.32元罚款;对会计师个人给予警告,并分别处以30万元罚款
证监罚字〔2022〕55号	希格玛会计师事务所	永煤控股2017年至2019年财务审计报告存在虚假记载	没收希格玛会计师事务所审计业务收入343.87万元,并处以343.87万元罚款;对会计师个人处以5万元到25万元罚款
证监罚字〔2022〕60号	天衡会计师事务所	胜利精密2016年、2017年审计报告存在虚假记载	责令天衡会计师事务所改正,没收业务收入4,575,471.70元,并处以4,575,471.70元罚款;对会计师个人处以3万元到5万元罚款
证监罚字〔2022〕65号	立信会计师事务所	德威新材2018年至2019年财务审计报告存在虚假记载	责令立信会计师事务所改正,没收其业务收入254.72万元,并对其处以254.72万元罚款;对会计师个人给予警告,并分别处以20万元罚款

续表

案号	会计师事务所	相关项目	处罚结果
证监罚字〔2022〕69号	中兴财光华会计师事务所	仁东控股2019年审计报告存在虚假记载	责令中兴财光华会计师事务所改正，没收业务收入1,415,094.34元，并处2,830,188.68元罚款；对会计师个人给予警告，并分别处以30万元罚款
证监罚字〔2023〕3号	天圆全会计师事务所	易见股份2015年至2020年年度报告存在虚假记载	责令天圆全会计师事务所改正，没收业务收入3,632,075.45元，并处以7,264,150.90元罚款；对注册会计师给予警告，并分别处以30万元罚款
证监罚字〔2023〕18号	大华会计师事务所	獐子岛集团2016年年度审计报告存在虚假记载	责令大华会计师事务所改正，没收业务收入1,226,415.09元，并处2,452,830.18元罚款；对会计师个人给予警告，并分别处以5万元罚款
证监罚字〔2023〕42号	大信会计师事务所	同济堂2016年至2018年年度报告存在虚假记载	责令大信会计师事务所改正，没收业务收入148.11万元，并处以296.22万元罚款；对会计师个人给予警告，并处以8万元到10万元罚款
证监罚字〔2023〕51号	瑞华会计师事务所	航天通信2017年至2018年年度财务报表审计报告存在虚假记载	责令瑞华会计师事务所改正，没收业务收入3,169,811.32元，并处以6,339,622.64元罚款；对会计师个人给予警告，并分别处以10万元罚款
证监罚字〔2023〕58号	亚太(集团)会计师事务所	豫金刚石2017年至2019年审计报告存在虚假记载	责令亚太(集团)会计师事务所改正，没收业务收入2,075,471.7元，处以6,226,415.1元罚款；对会计师个人给予警告，并分别处以8万元到25万元罚款
证监罚字〔2023〕78号	亚太(集团)会计师事务所	华晨集团2017年至2018年审计报告存在虚假记载	责令亚太(集团)会计师事务所改正，没收业务收入1,018,867.9元，处以2,037,735.8元罚款；对会计师个人给予警告，并分别处以4万元到6万元罚款
证监罚字〔2023〕79号	中兴华会计师事务所	希努尔2018年至2019年审计报告存在虚假记载	责令中兴华会计师事务所改正，没收业务收入226.41万元，处以226.41万元罚款；对会计师个人给予警告，并分别处以20万元到25万元罚款
证监罚字〔2023〕153号	中兴华会计师事务所	艾格拉斯2019年审计报告存在虚假记载	责令中兴华会计师事务所改正，没收业务收入1,886,792.46元，处以3,773,584.92元罚款；对会计师个人给予警告，并分别处以30万元罚款

2001 年至 2023 年在从事证券业务中因未尽勤勉职责被处罚的律师事务所及相关内容，如表 4-3 所示：

表 4-3　律师事务所未尽勤勉职责行政处罚案例列举

案号	律师事务所	相关项目	处罚结果
证监罚字〔2002〕7 号	万邦律师事务所	大庆联谊石化股份有限公司股票发行上市法律意见书有虚假记载	吊销相关律师个人从事证券法律业务资格证书
证监罚字〔2013〕25 号	四川天澄门律师事务所	云南绿大地生物科技股份有限公司发行上市法律意见存在虚假记载	没收四川天澄门律师事务所业务收入 58 万元，并处以 58 万元罚款；对相关律师个人给予警告，并分别处以 10 万元罚款
证监罚字〔2013〕46 号	北京市君泽君律师事务所	为天能科技 IPO 出具法律意见书存在重大遗漏	没收北京君泽君律师事务所业务收入 60 万元，并处以 120 万元罚款；对律师个人给予警告，并分别处以 5 万元罚款
证监罚字〔2013〕50 号	湖南博鳌律师事务所	为万福生科创业板上市出具法律意见书存在虚假记载	责令湖南博鳌律师事务所改正违法行为，没收业务收入 70 万元，并处以 140 万元罚款；对律师个人给予警告，并分别处以 10 万元罚款
证监罚字〔2013〕55 号	北京大成律师事务所	为广东新大地创业板上市出具法律意见书存在虚假记载	没收业务收入 50 万元，并处以 100 万元罚款；对律师个人给予警告，并分别处以 3 万元到 10 万元罚款
证监罚字〔2014〕22 号	北京市竞天公诚律师事务所	天丰节能首次公开发行股票并上市法律意见书存在虚假记载	没收业务收入 15 万元，并处以 30 万元罚款；对相关律师个人给予警告，并分别处以 10 万元罚款
证监罚字〔2016〕108 号	北京市中银律师事务所	辽宁振隆特产首次公开发行股票并上市法律意见书存在虚假记载	对北京市中银律师事务所给予警告，没收业务收入 60 万元，并处 120 万元罚款；对相关律师个人给予警告，并分别处以 10 万元罚款
证监罚字〔2017〕56 号	北京市天元律师事务所	鞍山重型矿山机器股份有限公司与浙江九好办公服务集团有限公司重大资产重组项目法律意见书存在虚假记载和重大遗漏	没收业务收入 150 万元，并处以 750 万元罚款；对律师个人给予警告，并分别处以 10 万元罚款

续表

案号	律师事务所	相关项目	处罚结果
证监罚字〔2017〕62号	广东君信律师事务所	登云股份IPO申请文件存在虚假记载、重大遗漏	没收业务收入195万元，并处以195万元罚款；对律师个人给予警告，并分别处以5万元罚款
证监罚字〔2017〕70号	北京市东易律师事务所	欣泰电气首次公开发行股票申请在深圳证券交易所创业板上市之法律意见书存在虚假记载	没收业务收入90万元，并处以180万元罚款；对律师个人给予警告，并分别处以10万元罚款
证监罚字〔2019〕62号	北京市大成律师事务所	广东广州日报传媒股份有限公司通过发行股份及支付现金的方式收购上海香榭丽传媒股份有限公司项目中的法律意见书存在虚假记载	没收业务收入30万元，并处以90万元罚款；对律师个人给予警告，并分别处以5万元罚款
证监罚字〔2021〕65号	北京市大成（上海）律师事务所	惠州侨兴电信工业有限公司、惠州侨兴电讯工业有限公司擅自公开发行私募债法律意见书存在虚假记载	没收业务收入60万元，并处以60万元罚款；对律师个人给予警告，并分别处以5万元罚款
证监罚字〔2021〕86号	北京市天元律师事务所	蓝山科技向不特定合格投资者公开发行股票并在新三板精选层挂牌的法律意见书存在虚假记载	责令改正，并处以50万元罚款；对律师个人给予警告，并分别处以20万元罚款
证监罚字〔2022〕40号	山东鲁成律师事务所	为胜通集团出具的发行债券和在银行间债券市场发行债务融资工具法律意见书存在虚假记载	责令山东鲁成律师事务所改正，没收业务收入68,571元，并处以205,713元罚款；对律师个人给予警告，并处以100,000元罚款
证监罚字〔2023〕150号	北京金诚同达律师事务所	2018年美尚生态创业板非公开发行股票法律意见书存在虚假记载	责令北京金诚同达律师事务所改正，没收业务收入943,396.2元，并处以943,396.2元罚款；对律师个人给予警告，并处以5万元罚款

2001年至2023年在从事证券业务中因未尽勤勉职责被处罚的资产评估机构及相关内容，如表4-4所示：

表4-4 资产评估机构未尽勤勉职责行政处罚案例列举

案号	资产评估机构	相关项目	处罚结果
证监罚字〔2004〕4号	东方资产评估事务所有限公司	对长江控股与四川泰港实业进行资产互换中,对长江控股拥有的64.67%的大香格里拉股权价值相应高估了375.73万元	警告
证监罚字〔2014〕88号	沃克森(北京)国际资产评估有限公司	广联达公司收购梦龙软件和兴安得力股权评估中出具的报告存有误导性	没收业务收入28万元,并处以28万元罚款;对个人给予警告,并处3万元罚款
证监罚字〔2015〕3号	北京恒信德律资产评估有限公司	对珠海中富相关参股企业股东权益价值进行评估,出具了高估的资产评估报告书	责令北京恒信德资产评估有限公司改正,没收业务收入118.9万元,并处以118.9万元罚款;对个人给予警告,并处以3万元到5万元罚款
证监罚字〔2016〕23号	开元资产评估有限公司	在对山东好当家海洋发展股份有限公司发行公司债券的过程中,对其资产未按相关业务规则执业、未进行必要的现场调查、未收集充分的评估资料、未确定合理的评估假设	没收业务收入20万元,并处以40万元罚款;对个人给予警告,并处5万元罚款
证监罚字〔2016〕90号	北京中同华资产评估有限公司	在上海大智慧股份有限公司下属公司民泰(天津)贵金属经营有限公司和无锡君泰贵金属合约交易中心有限公司股东权益价值的评估过程中存在误导性陈述和重大遗漏	没收业务收入12万元,并处以36万元罚款;对个人给予警告,并处10万元罚款
证监罚字〔2017〕68号	辽宁元正资产评估有限公司	对美利纸业关停制浆车间和碱回收车间所涉及的相关资产可回收价值出具的评估存在虚假记载	没收业务收入283,018.86元,并处以566,037.72元罚款;对个人给予警告,并处5万元罚款
证监罚字〔2017〕79号	中联资产评估集团有限公司	对浙江九好办公服务集团有限公司(以下简称九好集团)全部股权项目进行资产评估时未勤勉尽责,出具的资产评估报告存在虚假记载;对九好集团银行存款实施的评估程序不到位,出具的资产评估报告存在重大遗漏	没收业务收入90万元,并处以450万元罚款;对个人给予警告,并处10万元罚款

续表

案号	资产评估机构	相关项目	处罚结果
证监罚字〔2018〕98号	中和资产评估有限公司	为顺荣三七收购三七互娱40%股权进行评估,出具的报告存在虚假记载	没收业务收入943,396.23元,并处943,396.23元罚款;对个人给予警告,并处3万元罚款
证监罚字〔2018〕114号	银信资产评估有限公司	江苏中达新材料集团股份有限公司重大资产出售及发行股份购买资产所涉及的深圳市保千里电子有限公司股东全部权益价值评估报告价值高估与存在重大误导	没收业务收入100万元,并处300万元罚款;对个人给予警告,并处3万元到5万元罚款
证监罚字〔2019〕34号	广东中广信资产评估有限公司	对罗顿发展股份有限公司所涉上海名门世家四期商业广场项目投资的市场价值进行评估的过程中涉嫌违反多项评估准则,未勤勉尽责,制作、出具的文件有虚假记载	责令改正,没收业务收入5万元,并处以15万元罚款;对个人给予警告,并处5万元罚款
证监罚字〔2019〕36号	北京中企华资产评估有限公司	广东广州日报传媒股份有限公司通过发行股份及支付现金的方式收购上海香榭丽传媒股份有限公司项目中的评估意见书存在虚假记载	责令改正,没收业务收入25万元,并处以75万元罚款;对个人给予警告,并处5万元罚款
证监罚字〔2019〕40号	银信资产评估有限公司	上海飞乐股份有限公司拟收购中安消技术有限公司股权所涉及的中安消技术有限公司股东全部权益价值评估项目资产评估报告书存在误导性陈述	责令改正,没收业务收入160万元,并处以480万元罚款;对个人给予警告,并处5万元罚款
证监罚字〔2021〕82号	上海申威资产评估有限公司	对欧比特拟收购的浙江合信等标的资产的股东全部权益价值进行评估,实际使用的统计口径与其出具的评估说明不相符,对浙江合信营运资本金额计算错误	责令改正,没收业务收入14万元,并处以42万元罚款;对个人给予警告,并处5万元罚款
证监罚字〔2021〕110号	开元资产评估有限公司	对蓝山科技拟出售的设备价值评估存在虚假记载	责令改正,没收业务收入10万元,并处以20万元罚款;对个人给予警告,并处5万元罚款

续表

案号	资产评估机构	相关项目	处罚结果
证监罚字〔2023〕82号	深圳中洲资产评估房地产估价有限公司	对ST新亿控股子公司韩真源股权价值评估中出具的报告存有虚假陈述报告	责令改正，没收业务收入594,059.41元，并处1,782,178.23元罚款；对个人给予警告，并处30万元到100万元罚款
证监罚字〔2023〕156号	中威正信（北京）资产评估有限公司	对豫金刚石固定资产和存货价值的评估中存在误导性陈述	责令改正，没收业务收入247,524.75元，并处742,574.25元罚款；对个人给予警告，并处20万元罚款

2001年至2023年在从事证券业务中因未尽勤勉职责被处罚的资信评级机构及相关内容，如表4-5所示：

表4-5 资信评级机构未尽勤勉职责行政处罚案例列举

案号	评级机构	项目名称	处罚结果
证监罚字〔2022〕16号	大公国际资信评估有限公司	山东胜通集团股份有限公司发行公司债券、债务融资工具	责令改正，没收业务收入1,650,943.39元，处以3,301,886.78元罚款
证监罚字〔2022〕39号	大公国际资信评估有限公司	山东胜通集团股份有限公司发行公司债券、债务融资工具	对相关负责个人予以警告，并处以3万元到5万元罚款

■ 以案释义

案例1 **广东正中珠江会计师事务所对康美药业审计未尽勤勉职责案**
证监罚字〔2021〕11号

广东正中珠江会计师事务所（以下简称正中珠江）为康美药业2016年、2017年、2018年年度报告提供审计服务，对2016年、2017年财务报表出具了标准无保留的审计意见；为康美药业2018年财务报表出具了保留意见。经查，正中珠江出具的前述审计报告存在虚假记载。

捷科SCM3.0新架构供应链系统（以下简称捷科系统）为康美药业的业务管理信息系统，金蝶EAS系统是康美药业进行账务处理的信息系统。2016年和2017年年报审计期间,正中珠江在内控测试、实质性程序中计划获取销售出库单等业务单据,但仅从金蝶 EAS 系统获取审计证据,没有追溯至捷科系统,也没有说明未追溯至捷科系统的理由,获取的审计证据不具有充分性和适当性。

2016 年度,康美药业的货币资金、营业收入均存在舞弊风险,正中珠江在进行审计时,在风险识别与评估阶段部分认定结论错误;在实施风险应对措施时,未严格执行舞弊风险应对措施等审计计划,执行审计程序违反诚信原则,未对函证保持有效控制,未保持应有的职业怀疑,未执行进一步审计程序消除疑虑,导致未获取充分、适当的审计证据,甚至出现审计项目经理配合康美药业财务人员拦截询证函、将伪造的走访记录作为审计证据的行为。最终,正中珠江出具的康美药业 2016 年财务报表审计报告存在虚假记载。此外,项目经理苏某升严重违反独立性要求,正中珠江对内部员工管理监控不到位,实施的内部质量控制不符合《质量控制准则第 5101 号——会计师事务所对执行财务报表审计和审阅、其他鉴证和相关服务业务实施的质量控制》第 35 条、第 38 条、第 47 条的规定。

2017 年度,康美药业的货币资金、营业收入均存在舞弊风险,正中珠江在审计过程中,在风险识别与评估阶段部分认定结论错误;实施风险应对措施时,未严格执行舞弊风险应对措施等审计计划,执行审计程序违反诚信原则,未对银行、往来款函证保持有效控制,未保持应有的职业怀疑,未执行进一步审计程序消除疑虑,导致未获取充分、适当的审计证据,甚至出现项目经理配合康美药业财务人员拦截询证函、将伪造走访记录作为审计证据的行为。最终,正中珠江出具的康美药业 2017 年财务报表审计报告存在虚假记载。此外,项目经理苏某升严重违反独立性要求,正中珠江对内部员工管理监控不到位,实施的内部质量控制违反了《质量控制准则第 5101 号——会计师事务所对执行财务报表审计和审阅、其他鉴证和相关服务业务实施的质量控制》第 35 条、第 38 条和第 47 条的规定。

2018 年度,康美药业的营业收入存在舞弊风险,中药材贸易属于当期营业收入异常且重要的组成部分,正中珠江对其单独执行实质性审计程序以应对存在的舞弊风险。实际执行过程中,正中珠江在风险识别与评估阶段部分认定结论错误;在实施风险应对措施时,未严格执行审计计划,未保持应有的职业怀疑,未执行进一步审计程序消除疑虑,导致未获取充分、适当的审计证据。虽然正中珠江出具的康美药业 2018 年财务报表审计报告带有保留意见的事项,但其并未对营业收入事项发表保留意见,不符合《中国注册会计师审计准则第 1231 号——针对评估的重大错报风险采取的应对措施》第 27 条的规定。

中国证监会认为，正中珠江在对康美药业2016年、2017年、2018年财务报表审计过程中，未按照《中国注册会计师审计准则》《中国注册会计师职业道德守则第1号——职业道德基本原则》等相关要求，执行恰当的审计程序，获取充分适当的审计证据，形成真实客观的审计结论，发表正确的审计意见，出具的财务报表审计报告存在虚假记载，该行为违反了2014年《证券法》第173条有关规定，构成2014年《证券法》第223条所述"证券服务机构未勤勉尽责，所制作、出具的文件有虚假记载、误导性陈述或者重大遗漏"的行为。决定：责令正中珠江改正，没收业务收入1425万元，并处以4275万元罚款；对相关签字会计师处以3万元到10万元不等罚款。

| 争议焦点 |

- **如何认定会计师事务所未勤勉尽责**

《证券法》第160条要求会计师事务所"应当勤勉尽责、恪尽职守，按照相关业务规则为证券的交易及相关活动提供服务"；第163条规定，"应当勤勉尽责，对所依据的文件资料内容的真实性、准确性、完整性进行核查和验证"。这些都是《证券法》对会计师事务所从事证券业务时勤勉尽责的原则性规定。从行政处罚的角度来说，认定未尽勤勉职责的前提是制作、出具的文件有虚假记载、误导性陈述或者重大遗漏。这一点与民事责任相区别，认定民事责任的前提是其制作、出具的文件有虚假记载、误导性陈述或者重大遗漏，给他人造成了实际损失。因此，行政责任比民事责任更加严格。监管机构一旦认定制作、出具的文件有虚假记载、误导性陈述或者重大遗漏，就一定会证明"未尽勤勉职责"，这里的"未尽勤勉职责"本质上是一种"过失"或者"过错"。这里的"过失"的具体体现可以有很多种，对此，笔者认为可以参照最高人民法院《关于审理涉及会计师事务所在审计业务活动中民事侵权赔偿案件的若干规定》第6条第2款的规定："注册会计师在审计过程中未保持必要的职业谨慎，存在下列情形之一，并导致报告不实的，人民法院应当认定会计师事务所存在过失：（一）违反注册会计师法第二十条第（二）、（三）项的规定；（二）负责审计的注册会计师以低于行业一般成员应具备的专业水准执业；（三）制定的审计计划存在明显疏漏；（四）未依据职业准则、规则执行必要的审计程序；（五）在发现可能存在错误和舞弊的迹象时，未能追加必要的审计程序予以证实或排除；（六）未能合理地运用职业规则和准则所要求的重要性原则；（七）未根据审计的要求采用必要的调查方法获取充分的审计依据；（八）明知对总体结论有重大影响的特定审计对象缺少判断能力，未能寻求专家意见而直接形成审计结论；（九）错误判断和评价审计依据;(十)其他违反职业规则、规则确定的工作程序的行为。"在行政处罚过程中,一旦监管机构发现有这些行为,就可以认定未尽勤勉职责。除非被处罚对象有证据证明不存在这些行为,否则很难规避责任。

回到本案,会计师事务所存在多项违反审计准则的行为已超过了一般过失的情形,比较明显的有银行对账单没有盖公章、康美药业工作人员拦截征询函并造假回函等极其恶劣的现象。可以说本案中会计师事务所对于函证的控制显著低于行业一般人员所应有的最低注意义务,未能保持基本的职业谨慎。换言之,在本案所涉及的情形下,按照行业一般从业人员的标准,注册会计师依据审计准则应该能够合理怀疑被审计单位存在的重大舞弊风险。

案例2 北京市东易律师事务所在欣泰电气IPO项目未尽勤勉职责案
证监罚字〔2017〕70号

欣泰电气在2011年、2012年、2013年财务会计报告中虚构应收账款的收回。北京市东易律师事务所(以下简称东易所)2014年1月23日出具的法律意见书中"三、上市申请人本次上市的实质条件"第6项"根据上市申请人提供的相关文件、北京兴华会计师事务所出具的《审计报告》及本所律师核查,上市申请人在最近三年内无重大违法行为,上市申请人在最近三年财务会计报告中无虚假记载……"的表述,与欣泰电气相关财务数据存在虚假记载的事实不符,该法律意见书含有虚假记载的内容。东易所违反律师事务所从事证券法律业务规则的情况如下:

1. 未审慎核查和验证相关资料

东易所工作底稿中留存的对主要客户的承诺函、询证函、访谈记录,大多数直接取自兴业证券股份有限公司(以下简称兴业证券)。兴业证券在对主要销售客户进行访谈时,部分客户未对应收账款余额进行确认,其中包括7家欣泰电气虚构应收账款收回的公司。东易所对访谈记录未履行一般的注意义务,未审慎履行核查和验证义务。

2. 未编制查验计划,未对法律意见书进行讨论、复核

经查阅东易所工作底稿,未发现东易所及其指派的律师为欣泰电气项目编制查验计划,未发现东易所对法律意见书进行讨论、复核的记录。

3. 违反《律师事务所从事证券法律业务管理办法》《律师事务所证券法律业务执业规则(试行)》的其他情形

东易所的工作底稿未加盖律师事务所公章,且大部分底稿未标明目录索引。东易所的工作底稿中,大部分访谈笔录没有经办律师签字,还存在访谈笔录中律师

和访谈对象均未签字的情形。

中国证监会认定，东易所的行为构成了2014年《证券法》第223条所述"证券服务机构未勤勉尽责，所制作、出具的文件有虚假记载"及第226条第3款所述"违反本法规定或者依法制定的业务规则"的情形。郭某军、陈某姝是对上述行为直接负责的主管人员。决定：责令东易所改正，没收业务收入90万元，并处以180万元罚款。对郭某军、陈某姝给予警告，并分别处以10万元罚款。

| 争议焦点 |

● 如何认定律师事务所未勤勉尽责

律师在为企业IPO过程中出具的法律意见书是广大投资者获取发行人真实信息的重要渠道，是投资决策的重要参考，更是监管部门发行核准的重要基础，律师应当保持足够的执业谨慎，勤勉尽责地开展工作，保证所出具的文件不存在虚假记载、误导性陈述和重大遗漏。

针对律师事务所及律师从事证券业务，中国证监会与司法部先后制定了《律师事务所从事证券法律业务管理办法》《律师事务所证券法律业务执行规则（试行）》，对律师从事证券法律业务加以规范，并规定了具体的职业规则。中国证监会还制定了《公开发行证券公司信息披露的编报规则第12号——公开发行证券的法律意见书和律师工作报告》。研究总结这些规定来看，律师从事证券法律业务的核心工作内容包括三大部分：一是尽职调查和审慎查验，二是受托事项的合法性与法律风险出具法律意见书，三是制作并留存工作底稿。[1]

尽职调查与查验应当按照业务规则，勤勉尽责，审慎履行核查和查验义务。在尽调和查验前，应当编制核查和验证计划，明确需要核查事项、工作程序、查验方法等。查验结束后，应当对查验计划落实情况进行核查，对于未完全落实的，应该说明原因或者采取其他措施。进行核查和验证，可以采用面谈、书面审查、实地调查、查询和函证、计算、复核等方法。应当合理、充分地利用查验方法，并根据实际情况予以补充。在有关查验方法不能实现验证目的时，应当进行评判以确定是否采取替代方法。从近年来中国证监会作出的处罚案例来看，未编制查验计划、未按照查验计划实施查验、对重要事项未进行查验等问题比较常见。

律师在出具法律意见书时，对与法律相关的业务事项应当履行法律专业人士特别的注意义务，对其他业务事项履行普通人一般的注意义务，其制作、出具的文

---

[1] 参见张兴、刘胜江：《证券法原理》，中国政法大学出版社2023年版，第468页。

件不得有虚假记载、误导性陈述或者重大遗漏。法律意见书是律师事务所及律师针对委托事项的合法性和法律风险出具的结论性意见,是委托人、投资者以及监管机构确认相关事项合法性的重要依据。法律意见书应当由律师在尽职调查和查验所依据的文件资料和事实的真实性、准确性和完整性的基础上,依据法律规则作出。法律意见书应该列明相关材料、事实、具体核查和验证结果、国家有关规定和结论性意见。法律意见书不得使用"基本符合""未发现"等模糊性措辞。

律师事务所及律师的工作底稿是判断律师是否勤勉尽责的重要依据。在核查、验证和出具法律意见书过程中形成的工作记录,以及在工作中获取的所有文件、资料,法律意见书等文件中所依据的事实、法律规定以及律师的研判分析过程,构成律师工作底稿。工作底稿应该及时、完整地保存。监管机构可以根据监管工作需要调阅核查工作底稿。律师工作底稿有点类似飞机上的"黑匣子"。

判断律师在 IPO 项目中是否勤勉尽责,可以从上述三个方面进行判断。以本案来说,东易所的工作底稿中未发现查验计划和对法律意见书的讨论复核记录,存在缺少律师事务所公章、缺少目录索引、部分访谈笔录缺少律师及访谈对象签字等诸多问题。对于从会计师事务所取得的工作底稿资料未履行必要的核查验证程序,未尽到一般注意义务。中国证监会由此认定未尽勤勉职责。

■ 规则解读

《证券法》第一百六十条

会计师事务所、律师事务所以及从事证券投资咨询、资产评估、资信评级、财务顾问、信息技术系统服务的证券服务机构,应当勤勉尽责、恪尽职守,按照相关业务规则为证券的交易及相关活动提供服务。

从事证券投资咨询服务业务,应当经国务院证券监督管理机构核准;未经核准,不得为证券的交易及相关活动提供服务。从事其他证券服务业务,应当报国务院证券监督管理机构和国务院有关主管部门备案。

解读: 随着证券行业对专业化程度要求的不断提高,相关中介服务业务也得到快速发展,出现了大量为证券发行、交易提供专业化服务的中介服务机构,包括会计师事务所、律师事务所以及从事证券投资咨询、资产评估、资信评级、财务顾问、信息技术系统服务的机构。根据本条第 1 款规定,这些机构在提供证券服务业务时,应当做到勤勉尽责、恪尽职守,按照相关业务规则合规地为证券的交易及相关活动提供服务。

证券服务机构在从事证券投资咨询服务业务质量的高低，一定程度上影响着广大投资者的权益和保护状况和证券市场的运行秩序。为最大限度地保护广大投资者的利益和维护证券市场的正常运行，根据本条第2款规定，从事证券投资咨询业务的机构应当经过国务院证券监督管理机构的核准；未经核准的不得为证券交易及相关活动提供服务。

《证券法》第一百六十三条

证券服务机构为证券的发行、上市、交易等证券业务活动制作、出具审计报告及其他鉴证报告、资产评估报告、财务顾问报告、资信评级报告或者法律意见书等文件，应当勤勉尽责，对所依据的文件资料内容的真实性、准确性、完整性进行核查和验证。其制作、出具的文件有虚假记载、误导性陈述或者重大遗漏，给他人造成损失的，应当与委托人承担连带赔偿责任，但是能够证明自己没有过错的除外。

解读：证券服务机构为证券的发行、上市、交易等证券业务活动制作、出具审计报告及其他鉴证报告、资产评估报告、财务顾问报告、资信评级报告或者法律意见书等文件时，应该履行如下义务：一是勤勉义务，即在提供证券服务业务时应当忠实地履行职责，不得违法违规；二是核查和验证义务，即对所依据的文件资料内容的真实性、准确性、完整性进行核查和验证，防止其制作、出具的文件有虚假记载、误导性陈述或者重大遗漏，给他人造成损失。如果因为制作、出具的文件有虚假记载、误导性陈述或者重大遗漏，从而给他人造成损失，该证券服务机构应当与相关发行人承担连带赔偿责任，除非能够证明自己没有过错，因此，证券服务机构的连带责任是一种过错推定责任。

《证券法》第二百一十三条

证券投资咨询机构违反本法第一百六十条第二款的规定擅自从事证券服务业务，或者从事证券服务业务有本法第一百六十一条规定行为的，责令改正，没收违法所得，并处以违法所得一倍以上十倍以下的罚款；没有违法所得或者违法所得不足五十万元的，处以五十万元以上五百万元以下的罚款。对直接负责的主管人员和其他直接责任人员，给予警告，并处以二十万元以上二百万元以下的罚款。

会计师事务所、律师事务所以及从事资产评估、资信评级、财务顾问、信息技术系统服务的机构违反本法第一百六十条第二款的规定，从事证券服务业务未报备案的，责令改正，可以处二十万元以下的罚款。

证券服务机构违反本法第一百六十三条的规定,未勤勉尽责,所制作、出具的文件有虚假记载、误导性陈述或者重大遗漏的,责令改正,没收业务收入,并处以业务收入一倍以上十倍以下的罚款,没有业务收入或者业务收入不足五十万元的,处以五十万元以上五百万元以下的罚款;情节严重的,并处暂停或者禁止从事证券服务业务。对直接负责的主管人员和其他直接责任人员给予警告,并处以二十万元以上二百万元以下的罚款。

解读:本条是关于证券服务机构违法行为的法律责任条款。现行《证券法》综合修改整合了2014年《证券法》第226条第2款、第223条的内容。本条第1款规定的是投资咨询机构违法的法律责任,主要修改:一是扩大了违法情形,包括(1)未经国务院证券监督管理机构核准从事证券投资咨询业务的;(2)代理委托人从事证券投资;(3)与委托人约定分享证券投资收益或者分担证券投资损失;(4)买卖本证券投资咨询机构提供服务的证券;(5)法律、行政法规禁止的其他行为。二是提高了违法成本。第2款新增了证券服务机构从事证券服务业务未报备的法律责任。第3款规定的是证券服务机构虚假陈述的行政责任,提高了违法成本。

第五章 其他典型违法行为

第一节 单位或个人出借、借用证券账户

■ **案例数据**

2001年至2023年,中国证监会公布因出借或借用他人账户被行政处罚的案例有76件,占所有案件的4.3%。(见图5-1)

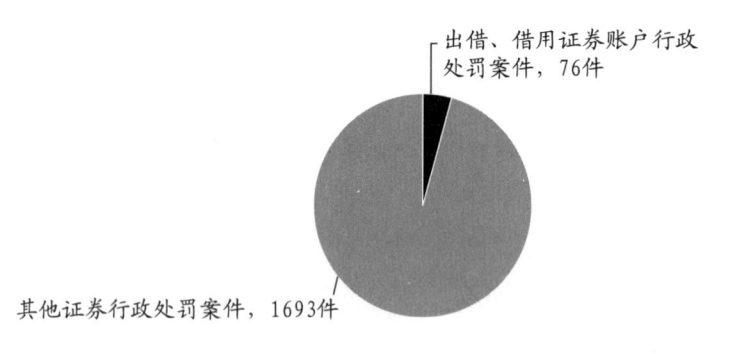

图5-1 出借、借用证券账户行政处罚案件数量分布

(出借、借用证券账户行政处罚案件,76件;其他证券行政处罚案件,1693件)

证券账户是证券投资者进行证券交易的基本条件,证券账户的真实、独立、完全也是证券交易的基本保障,而账户实名制则是基本前提。在众多的证券违法犯罪中,特别是操纵股价、内幕交易等严重违法犯罪行为中,行为人往往需要借用或控制大量他人的账户进行实施,可以说非实名制下的账户借用、混用,是严重证券违法犯罪行为的温床。为了遏制证券领域的违法犯罪行为,采取证券账户实名制是有效的手段。

以案释义

案例1 阜兴集团利用他人账户进行股票交易案
证监罚字〔2020〕1号

2016年5月,阜兴集团董事长朱某栋、证券投资部总经理宋某捷,与贺某杰商定合作开展配资业务,进行股票融资交易,并由朱某栋授权宋某捷负责具体业务对接和经办有关事项。2016年5月5日,阜兴集团以宋某捷的名义与贺某杰就证券二级市场投资签订配资协议,约定由贺某杰提供配资服务,并于当日经阜兴集团员工赵某招商银行账户向贺某杰支付200万元诚意金。此后,阜兴集团通过员工赵某、李某向贺某杰工商银行账户共计转入4662万元。贺某杰提供了"贺某杰""李某立"证券账户,并按照1:3的比例为阜兴集团配资,用于交易"华闻传媒"。贺某杰的询问笔录称,交易"华闻传媒"的指令来自宋某捷,或直接由宋某捷派人到贺某杰办公室下单。6月29日,贺某杰工商银行账户向赵某招商银行账户转入37,430,659.7元证券账户结算款。

经深圳证券交易所计算,"贺某杰""李某立"证券账户自2016年5月9日至6月28日交易"华闻传媒"分别亏损737,057.52元、1,526,490.53元,累计亏损2,263,548.05元。

阜兴集团利用"贺某杰""李某立"账户从事证券交易由阜兴集团的法定代表人、董事长朱某栋决策。经朱某栋授权,阜兴集团证券投资部总经理宋某捷与贺某杰具体对接配资账户业务,并安排证券账户的交易。

中国证监会认定,阜兴集团的上述行为违反2014年《证券法》第80条的规定,构成2014年《证券法》第208条第1款所述的违法行为。对阜兴集团的该违法行为,直接负责的主管人员为朱某栋,其他直接责任人员为宋某捷。对阜兴集团处以20万元罚款;对朱某栋给予警告,并处以8万元罚款;对宋某捷给予警告,并处以5万元罚款。

| 争议焦点 |

- **我国实行证券账户实名制的特殊意义**

2005年《证券法》第80条规定,禁止法人非法利用他人账户从事证券交易;禁止法人出借自己或者他人的证券账户。该条规定是我国特有的制度规定。在完善的市场经济秩序中,企业的主要精力用于主营业务,利用闲散资金进行辅助性的证券交易行为是合法的,企业没有必要利用个人名义开立证券账户。20世纪90年代,存在法人利用个人账户侵吞国有资产的情况,导致国有资产流失。另外,国有企业事业单位进行股票交易行为有诸多限制性要求,有些单位为了规避政策,也会借用个人账户进行股票交易。因此,才有了这样的禁止性规定。[1]

实践中,大量发生的内幕交易、操纵市场、利用未公开信息交易等违法行为都是利用他人账户进行的,某些限制股票交易的特殊从业人员也几乎是借用他人账户进行违法的股票交易。借用他人账户进行证券行为严重影响了正常的信息披露、市场监管等秩序,进而影响金融稳定。由此,我国证券监管明确实行"穿透式"监管,将"账户实名制"作为重要的基础性制度之一。现行《证券法》第58条规定,任何单位和个人不得违反规定,出借自己的证券账户或者借用他人的证券账户从事证券交易,从而将证券账户实名制的规定从法人延伸到了自然人,实现了实名制全覆盖。

案例2 周某借用他人账户、郑某出借账户案
证监罚字〔2023〕73号

2020年5月至2021年6月16日,郑某将"郑某"广发证券账户出借给周某使用,累计买入股票561,800股,成交金额1,458,912元;累计卖出股票749,300股,卖出成交金额5,125,480元。前述证券账户资金来源和去向与周某存在密切联系,账户由周某实际控制使用。

中国证监会认定二人的行为违反了《证券法》第58条的规定,依据《证券法》第195条规定,对周某责令改正,给予警告,罚款10万元;对郑某责令改正,给予警告,罚款3万元。

| 争议焦点 |

- **自然人之间借用、出借证券账户行政处罚第一案**

本案是现行《证券法》修订后,对自然人证券账户实名制予以规定后,因违反此项规定,在自然人之间出借、借用证券账户行为被行政处罚的第一案。迄今为止,单纯适用《证券法》第58条对此类行为进行处罚的案例并不多,2023年适用《证券法》第58条处罚的案件包括证监罚字〔2023〕74号和证监罚字〔2023〕76号。现实生活中,在自然人之间出借借用账户的多数是证券从业人员。由于《证券法》第40条的规定,证券从业人员在任期或法定期限内,不得直接或以化名、借他人名义持有、买卖股票。因此,很多证券从业人员就借用他人账户进行股票交易。对于此类

---

[1] 参见朱锦清:《证券法学》(第3版),北京大学出版社2011年版,第59页。

行为,监管机构往往直接适用第 40 条规定进行处罚,而不再适用第 58 条。

■ **规则解读**

《证券法》第五十八条

任何单位和个人不得违反规定,出借自己的证券账户或者借用他人的证券账户从事证券交易。

解读:本条规定是自 2014 年《证券法》第 80 条修改而来的。旧法条只禁止法人非法利用他人账户从事证券交易和出借自己或者他人的证券账户,新法条扩大了禁止范围,明确任何单位和自然人都禁止出借或借用他人账户从事证券交易。证券账户专门记载了投资者所持有的证券种类和数量,是投资者开展证券交易活动的基础。根据《证券法》规定,投资者委托证券公司进行证券交易,应当在证券公司开设实名账户,并通过证券公司申请在证券登记结算机构开立证券账户。投资者申请开设账户,应当持有证明中华人民共和国公民、法人、合伙企业身份的合法证明文件。证券公司为投资者开设账户,也应当按照规定对投资者提供的身份信息进行核实;证券公司不得将投资者的账户提供给他人使用;投资者应当使用实名开设的账户进行交易。证券公司没有对投资者开设账户提供身份的信息进行核实的,也将受到行政处罚。

《证券法》第一百九十五条

违反本法第五十八条的规定,出借自己的证券账户或者借用他人的证券账户从事证券交易的,责令改正,给予警告,可以处五十万元以下的罚款。

解读:本条是适应新法将证券账户禁止出借、借用范围扩展至所有单位和自然人,对法律责任也作出了新的规定,删除了法人以他人名义设立账户的法律责任,对法人和自然人同样适用,并从原来的 3 万元以上 10 万元以下罚款,提高到了 50 万元以下罚款。

第二节 证券从业人员违法买卖股票

■ **案例数据**

本节所说的"从业人员"是基于主体身份特殊而受到法律的特殊规制,对其股票交易行为给予某些特殊限制或禁止的人员。这类人员大致可以分为两大类:第一类是绝对禁止,即《证券法》第 40 条规定的禁止证券从业人员、证券监管工作人员在任期或者法定期限内,不得买卖股票。第二类是附条件禁止,即《证券法》第 42 条规定的证券服务机构及人员在从事证券服务中出具审计意见或法律意见后的一定期限内不得买卖该证券。这些主体因为职务、对发行人的控制力等原因,占据天然的或后天的、一时的或持续性的信息优势,允许他们交易,或者在特定时段,或者以特定方式交易,可能导致证券市场的不公平、不公正。[1]

从数据来看,2001 年至 2023 年,中国证监会公开此类案例共 65 件,其中属于第一类证券从业人员和监管人员违反禁止交易行为案件共 49 件,属于第二类证券服务机构人员在特定期限内买卖股票案件共 16 件。(见图 5-2)

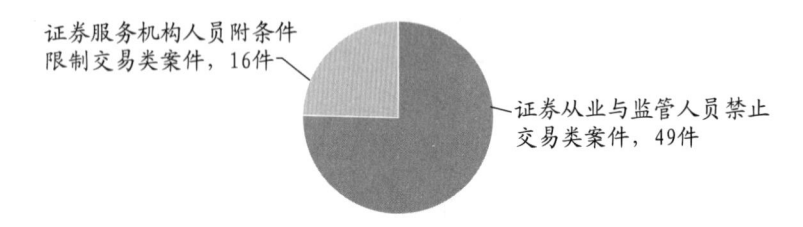

图 5-2 证券从业人员限制交易行政处罚案件类型数量分布

以案释义

案例 1　姜某、金某从业人员买卖股票及操纵市场案
证监罚字〔2023〕151 号

1. 证券从业人员违法买卖证券

姜某于 2018 年 5 月 15 日入职万和证券烟台黄海路营业部,担任客户经理,同年 5 月 30 日取得证券从业资格,2020 年 10 月 16 日至 2022 年 9 月 8 日担任该营业部总经理,2022 年 11 月 21 日离职。

---

[1] 也有观点将上市公司持有 5%以上的股东、实际控制人、董事、监事、高级管理人员,持有发行人首次公开发行前发行的股份或者上市公司向特定对象发行的股份的股东在转让股票时的法律限制,即限制转让期内的交易行为作为基于主体身份特殊而被限制交易的讨论对象,本书观点以主体身份的区分作为标准,从业人员仅仅指证券从业人员、监管人员以及服务机构人员,限制期内限制转让的对象是上市公司相关人员,两者在主体上的不同不宜作为同类问题放在一起讨论。对于限制期限内转让的违法行为,本书单设一节专门讨论。将两者都作为从主体上禁止的行为进行研究的观点,参见何海锋:《证券法通识》,中国法制出版社 2022 年版,第 105 页。

金某于2017年6月2日入职万和证券烟台黄海路营业部,担任总经理,同年6月17日取得证券从业资格,2020年10月30日离职。

姜某、金某二人于2017年6月2日至2022年11月20日,控制使用"王某"等79个账户交易"沃森生物"等2127只股票及有股权性质的证券(不包括艾迪精密),合计买入约213.78亿元,卖出约207.24亿元,合计亏损约5357.04万元。

2. 操纵市场

2018年5月8日至2022年7月19日,姜某、金某二人控制使用"王某"等79个账户,利用资金优势、持股优势,大量连续集中交易,在自己实际控制的账户之间进行交易,影响股票交易价格和交易量,操纵"艾迪精密"亏损11,463.58万元,操纵期间,艾迪精密股价大幅波动,股价从9.45元上涨至63.6元,上涨573.02%,与同期上证指数相比偏离557.47%。

中国证监会认定,二人的行为违反了《证券法》第40条第1款的规定,构成证券从业人员违法买卖证券行为,决定责令二人处理非法持有的股票和证券,对姜某处以115万元罚款,对金某处以85万元罚款。二人的行为违反《证券法》第55条第1款第1项、第3项规定,构成操纵证券市场行为,对二人各处以200万元罚款。

| 争议焦点 |

- **证券从业人员违法买卖股票与操纵市场部分竞合时如何处理**

行政法领域没有对"罪数形态"理论作出规定。实践中,出现类似情况,往往参照刑法理论进行分析判断。刑法理论中关于罪数形态有想象竞合、法条竞合、牵连犯等理论形态。想象竞合是指一个行为触犯数个罪名,系违法行为人在一个目的支配下实施了一个违法行为,该行为同时触犯了两个或以上的法律规定,而这不同的法律规定不一定存在包含与交叉关系,想象竞合的处罚原则是择一重罪论处。法条竞合则是指行为人实施了一个行为同时触犯了数个在行为构成上具有包容或交叉关系的法律规定,处理原则是特殊法先于一般法,按照特殊法处理。牵连犯是指以某种犯罪目的而实施犯罪行为,其手段行为与目的行为分别触犯不同罪名的犯罪形态。该形态要求行为人基于一个目的,其手段行为和目的行为相互独立并各自都违反了法律规定,因行为之间存在必然的牵连关系而以目的行为认定处理。[1]

本案中,二人在2018年5月8日至2022年7月19日操纵艾迪精密股价的行

---

[1] 参见张明楷:《刑法学》(第4版),法律出版社2011年版,第416-440页。

为,属于 2017 年 6 月 2 日至 2022 年 11 月 20 日违法买卖股票的一部分,二者产生了部分竞合,对于该竞合部分应该如何处理,值得探讨。根据《证券法》第 40 条第 1 款,从业人员禁止买卖股票是一种针对特殊主体身份的禁止性规定,即只要是从业人员就不允许买卖股票。因此,在评价证券从业人员违法买卖股票与操纵市场等违法行为的罪数形态时,不能将"买卖股票"行为认为是操纵市场目的行为的手段行为,二者不是牵连犯关系。同时,证券从业人员违法买卖股票与操纵市场没有法条上的包含或交叉关系,也不属于法条竞合。该情形应该属于想象竞合行为,择一重罪处罚。

根据《证券法》第 187 条的规定,对于证券从业人员违法买卖股票的处罚是没收违法所得,并处以买卖证券等值以下的处罚;根据第 192 条的规定,对于操纵市场行为,没有违法所得的,处以 100 万元以上 1000 万元以下的罚款。对于本案何为重罪难以区分。但是从二者侵犯的法益来看,证券从业人员违法买卖股票属于触犯监督管理秩序,增加了监管成本,并没有侵犯其他投资者权益;操纵市场行为属于明显侵犯其他投资者利益的行为,达到一定严重程度还可能被追究刑事责任,因此,在此情形下,将竞合部分认定为操纵市场是合理的。

案例 2 保荐人突击入股、上市后卖出股票案
证监罚字〔2016〕60 号

罗某进是国信证券投行部业务三部的负责人,是任子行网络技术股份有限公司(以下简称任子行)IPO 项目的承揽人,利用其职务便利,在国信证券对任子行进行辅导和保荐上市过程中,借他人名义受让、持有任子行股权,并在任子行股票发行上市后卖出。具体情况如下:

1. 任子行 IPO 项目由罗某进承揽

2009 年 8 月、9 月,罗某进开始承揽任子行 IPO 保荐项目。2009 年 11 月 17 日,罗某进代表国信证券与任子行签订了关于辅导、保荐及承销的总体协议。2010 年 3 月,该项目在国信证券内部申请立项通过;8 月 26 日,完成辅导验收工作;9 月 14 日,国信证券内核部门通过该项目;9 月 28 日,向中国证监会报送 IPO 申报材料;其间,罗某进主要参与了项目重大事项的协调与指导工作,并多次赴中国证监会沟通该项目有关事项。2012 年 1 月 6 日,该项目获中国证监会发行审核委员会审核通过;4 月 26 日,任子行股票正式在深圳证券交易所创业板上市。

2. 罗某进借景某军名义持有任子行股份

项目进展过程中,任子行董事长、总经理、实际控制人景某军为借助罗某进在

证券公司投行部门工作的经验和人脉关系,促进任子行IPO顺利进行,提出将50万股任子行股份低价转让给罗某进作为回报。罗某进以其配偶何某某名义,与景某军签订了一份股权转让及代持协议,约定景某军将50万股"任子行"以每股1元价格转让给何某某。这部分股份由景某军代罗某进持有,双方约定,在能够上市流通交易之日起,景某军应按照罗某进的意愿,减持并将扣除税费后的款项支付给罗某进。

2011年8月9日,罗某进安排何某某将50万元支付给景某军,该款项最终源于罗某进的工资和奖金。

3. 景某军向罗某进支付分红款以及回购"任子行"

2012年4月,任子行在深圳证券交易所创业板上市。2013年7月,景某军向罗某进支付了2012年"任子行"的股票分红款49,500元。2014年4月23日,景某军短信联系罗某进,商谈向罗某进回购代其持有的50万股"任子行",回购价为每股22.5元,共11,250,000元。罗某进同意后,指定景某军将回购款分别支付到邓某娥(系罗某进配偶的母亲,已过世,但银行账户仍未销户,由罗某进使用)的招商银行账户以及刘某林(系罗某进朋友)的招商银行账户。景某军向罗某进支付股票分红款及回购上述股份,致罗某进共获利10,799,500元。

罗某进的行为违反了2005年《证券法》第43条的规定,构成2005年《证券法》第199条所述违法行为。决定:没收罗某进违法所得10,799,500元,并处以11,750,000元的罚款。

| 争议焦点 |

• 证券从业人员突击入股待公司上市后卖出,是否适用证券从业人员违法买卖证券

2005年、2014年《证券法》第43条、第199条限制证券从业人员持有、买卖"股票",但并没有限制持有、买卖"股权"。本案中,罗某进最初买入的是未上市公司的股权,案件处理过程中,其提出当事人所签订的股份转让协议买卖的是股权收益权,不适用2005年《证券法》第43条的规定。对于这种证券从业人员事先买入股权,待公司上市后,股权转变为股票,再将股票卖出的行为,当时能否适用《证券法》第40条规定确有争议。[1]

---

[1] 同类型争议案件还包括证监罚字〔2015〕9号李某明违规买卖股票案;证监罚字〔2015〕12号戴某君、刘某华违规买卖股票案;证监罚字〔2017〕31号冯某树违规买卖股票案。

首先,根据《公司法》的相关规定,股份有限公司的资本划分为股份,公司的股份采取股票的形式。股票是公司签发的证明股东所持股份的凭证。可见,股票只是股份的表现形式,它代表的实质是股东所持有的股份,也就是股权,其背后的实质是股东所享有的利益。限制从业人员买卖股票的立法目的是防止从业人员利用优势地位获得不正当利益。因此,以股权不是股票抗辩显然违背法理。

其次,当事人买入股权与持有、卖出股票是连续性行为,买入股权是卖出股票的先决条件。在公司未上市时买入股权,目的是待公司上市后卖出套现实现利益。对于此类连续性行为应该整体性评价,不能割裂或者否认前后连续行为的整体性。因此,监管机构对此类行为作出否定性评价是符合法理的。

为了防止此类争议,2019 年《证券法》修订过程中,将原第 43 条修订为第 40 条,并明确"其他具有股权性质的证券"也属于证券从业人员限制买卖的范围。

案例3 中国证监会股票发行审核委员会兼职委员违规买卖股票案
证监罚字〔2017〕31 号

冯某树于 1996 年 3 月至 2002 年 11 月,在深圳证券交易所技术保障部、公司部、创业板发行审核部工作;2002 年 12 月至 2004 年 5 月,任深圳证券交易所北京中心副主任,同期借调中国证监会工作;2004 年 5 月至 2012 年 12 月,任深圳证券交易所发审监管部副总监,于 2009 年 6 月至 2011 年 7 月借调中国证监会任北京工作组副组长;2012 年 12 月至 2014 年 2 月,任深圳证券交易所上市推广部副总监、高级执行经理。2004 年 12 月至 2007 年 4 月,冯某树担任第七届、第八届中国证监会股票发行审核委员会(以下简称发审委)兼职委员。

2005 年至 2015 年,冯某树以岳母彭某嫦、妻妹名义入股多家公司,再通过这些公司突击入股拟上市公司,待公司上市后卖出股票,共计 251,412,971.74 元(已扣除实际缴纳税费),获利金额为 248,021,618.19 元。中国证监会认定冯某树的行为构成从业人员违规买卖股票,决定没收冯某树违法借他人名义持有、买卖股票的违法所得 248,021,618.19 元,并处以 251,412,971.74 元罚款。同时,对冯某树采取终身市场禁入措施。

| 争议焦点 |

- **证券监管机构工作人员突击入股违规买卖股票的典型案例**

本案是证券监管机构监管人员违规买卖股票的典型案例。证券监督管理机构工作人员参与对证券活动的监督管理,其中包括拟定和制定有关证券市场监督管理的规章、规则,参与对股票公开发行的审核,以及对证券活动实施调查和检查等,如果允许其参与证券交易活动,将与其所担负的职责发生利益冲突,有失公正。在处罚决定书中,监管机构措辞严厉,称冯某树长期担任深圳证券交易所重要职务,并曾任发审委委员,承担了重要的资本市场监管职责,其知法犯法,借他人名义在公司上市前突击入股,上市后卖出股票获取暴利的行为,严重扰乱了资本市场管理秩序。

■ 规则解读

《证券法》第四十条

证券交易场所、证券公司和证券登记结算机构的从业人员,证券监督管理机构的工作人员以及法律、行政法规规定禁止参与股票交易的其他人员,在任期或者法定限期内,不得直接或者以化名、借他人名义持有、买卖股票或者其他具有股权性质的证券,也不得收受他人赠送的股票或者其他具有股权性质的证券。

任何人在成为前款所列人员时,其原已持有的股票或者其他具有股权性质的证券,必须依法转让。

实施股权激励计划或者员工持股计划的证券公司的从业人员,可以按照国务院证券监督管理机构的规定持有、卖出本公司股票或者其他具有股权性质的证券。

解读: 证券交易所、证券公司和证券登记结算机构的从业人员以及证券监督管理机构的工作人员等,由于其地位、职务等便利条件,有先于其他投资者获得相关信息的机会。为了保证证券交易的公开、公平、公正,需要禁止有关人员持有、买卖或者收受他人赠与的股票或其他具有股权性质的证券。这实际上又是一种"预防性条款"。基于该规定,证券从业人员只要从事了股票交易,则无论其交易是否利用了优势地位,无论是否存在利益冲突,均构成违法行为。

在具体行为上,禁止证券交易所、证券公司和证券登记结算机构的从业人员以及证券监督管理机构的工作人员以任何形式持有、买卖股票,包括在任期内或法定期限内,以自己名义持有、买卖股票;以虚假名字持有、买卖股票;以家庭成员名义持有实际自己持有、买卖股票;接受他人无偿赠送的股票。对于已经持有的,必须依法转让。

为了便于证券公司实行员工持股计划或者股权激励计划,提高证券公司的治理水平和竞争能力,本条在原则上禁止证券公司从业人员持有买卖股票的基础上,增加了例外规定,允许实施股权激励计划或者员工持股计划的证券公司从业人员,按照国务院证券监督管理机构的规定持有或卖出本公司股票。

《证券法》第四十二条

为证券发行出具审计报告或者法律意见书等文件的证券服务机构和人员,在该证券承销期内和期满后六个月内,不得买卖该证券。

除前款规定外,为发行人及其控股股东、实际控制人,或者收购人、重大资产交易方出具审计报告或者法律意见书等文件的证券服务机构和人员,自接受委托之日起至上述文件公开后五日内,不得买卖该证券。实际开展上述有关工作之日早于接受委托之日的,自实际开展上述有关工作之日起至上述文件公开后五日内,不得买卖该证券。

解读:本条对证券服务机构及人员的交易限制,自2014年《证券法》第45条修改而来。与旧法相比,一是将"股票"修改为"证券",扩大了限制买卖的对象。二是删除了资产评估报告,限缩了服务机构的范围。三是审计报告或者法律意见书等文件的出具对象由"上市公司"扩展至"发行人及其控股股东、实际控制人,或者收购人、重大资产交易方",扩大了对象范围。四是在第2款中增加了"实际开展上述有关工作之日早于接受委托之日的,自实际开展上述有关工作之日起至上述文件公开后五日内,不得买卖该证券"。

《证券法》第一百八十八条

证券服务机构及其从业人员,违反本法第四十二条的规定买卖证券的,责令依法处理非法持有的证券,没收违法所得,并处以买卖证券等值以下的罚款。

解读:对于证券服务机构及其从业人员违法买卖证券的处罚,新法除了将股票扩展至证券,没有作修改,处罚仍然是买卖证券等值以下的罚款。

第三节 短线交易

■ 案例数据

短线交易,是指上市公司董事、监事、高级管理人员、持有上市公司股份一定比例以上的股份等人,将其持有的该公司股票在买入后于法定期限内卖出,或者在卖出后于法定期限内买入的行为。由于这些主体要么具有信息优势，要么具有持股优势，其短期内的连续交易行为往往给人一种具有内幕交易的嫌疑。但是，由于内幕交易的发现成本太高，规定短线交易制度，本质上是通过相对简单易识别的规则，阻止前述具有信息优势的主体在短期内反复买卖股票。也有观点将短线交易视作为内幕交易，如朱锦清先生认为，短线交易并不必然利用内幕信息进行交易，而是因为其行为主体所处的特殊地位而被法定为内部人，即使他的交易行为没有利用内幕信息，其在法定期限内从事的交易也被法定为内幕交易。[1]

从中国证监会 2001 年至 2023 年公开的行政处罚案件数量来看，短线交易案件数量为 54 件，与真正的内幕交易案件数量相比，占比较少。（见图 5-3）但事实上，短线交易的数量远远高于此，据笔者观察中国证监会以及地方派驻机构对于查实的短线交易行为，并没有都作出正式的行政处罚，有的是通过出具警示函的方式给予监管，如 2022 年深圳证券交易所对牧原股份董事长短线交易的处理、2021 年青岛证监局《关于对川开实业集团有限公司采取出具警示函措施的决定》等。

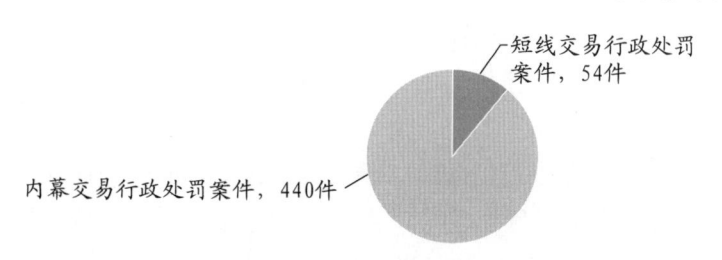

图 5-3 短线交易与内幕交易行政处罚案件数量分布

世界各国对于短线交易也都在不同程度上进行限制或者禁止。美国《1934 年证券交易法》第 16 条（b）款开创了规制短线交易的先河。我国《证券法》第 44 条对短线交易作出了规制。短线交易行为，如果能够查实利用了内幕信息，则归结为狭义的内幕交易行为；如果无法查实利用了内幕信息，则直接认定为短线交易行为，从而直接进行行政处罚。因此，短线交易制度不考虑实施主体的主观故意或过失，更不考虑实施主体是否有牟利的目的。也正因如此，在刑事司法层面，单纯的短线交易行为不是犯罪，只有确认有内幕交易行为才构成犯罪。

---

[1] 参见朱锦清：《证券法学》（第 5 版），北京大学出版社 2022 年版，第 261 页。

以案释义

案例 上市公司监事韩某短线交易
证监罚字〔2022〕43号

韩某系北京热景生物技术股份有限公司监事,涉案期间,韩某控制使用其妻子证券账户交易"热景生物",2021年3月12日至4月16日合计买入1.8万股,金额90.61万元;2021年4月20日卖出3000股,金额42.95万元。中国证监会认定韩某构成短线交易行为,给予警告,并处以30万元罚款。

争议焦点

- 短线交易的认定与归入权制度

在众多短线交易被处罚的案例中,大多数当事人会提出主观没有故意,没有谋取利益的辩解。但是,短线交易制度的设置原理,本身就是为了阻止具有信息优势的主体在短期内反复买卖股票,而不论他们是否利用了内幕信息,也不考虑实施主体的主观故意或过失,更不考虑实施主体是否有牟利的目的。因此,可以说短线交易制度是内幕交易的预防手段。

归入权是将短线交易主体实施的短线交易收益归公司所有的权利。如果实施主体通过短线交易获得了利益,则应该将该利益收归公司所有。我国《证券法》第44条规定了这一制度,并赋予公司董事会收回利益的权责。当然,由于短线交易与内幕交易的千丝万缕的联系,实践中,也存在大量以短线交易掩饰内幕交易、滥用"归入权"以规避行政甚至刑事处罚的倾向。[1]

规则解读

《证券法》第四十四条

上市公司、股票在国务院批准的其他全国性证券交易场所交易的公司持有百分之五以上股份的股东、董事、监事、高级管理人员,将其持有的该公司的股票或者其他具有股权性质的证券在买入后六个月内卖出,或者在卖出后六个月内又买入,由此所得收益归该公司所有,公司董事会应当收回其所得收益。但是,证券公司因

---

[1] 参见中国证监会行政处罚委员会编:《证券期货行政处罚案例解析》(第1辑),法律出版社2017年版,"李际滨、黄文峰内幕交易案"。

购入包销售后剩余股票而持有百分之五以上股份,以及有国务院证券监督管理机构规定的其他情形的除外。

前款所称董事、监事、高级管理人员、自然人股东持有的股票或者其他具有股权性质的证券,包括其配偶、父母、子女持有的及利用他人账户持有的股票或者其他具有股权性质的证券。

公司董事会不按照第一款规定执行的,股东有权要求董事会在三十日内执行。公司董事会未在上述期限内执行的,股东有权为了公司的利益以自己的名义直接向人民法院提起诉讼。

公司董事会不按照第一款的规定执行的,负有责任的董事依法承担连带责任。

解读:短线交易主体包括持有上市公司5%以上股份的股东、董事、监事、高级管理人员。为了便于识别短线交易行为,各国通常将短线交易行为的买入或卖出时间间隔规定为6个月。我国法律也是如此。根据相关规定,买入后6个月内卖出是指最后一笔买入时点起算6个月内卖出的、卖出后6个月内买入是指最后一笔卖出时点起算6个月内又买入的。短线交易必须包括一组相向买卖。单纯的买入或单纯的卖出都不构成短线交易。而且这里的买卖,必须是同一种类证券。

短线交易制度虽然简洁高效,但是在某些情形下可能产生不公平的结果。基于此,《证券法》规定了短线交易的两种豁免情形:一是证券公司因购入包销售后剩余股票而持有5%以上股份的;二是国务院证券监督管理部门规定的其他情形。

归入权,是指将短线交易主体实施的短线交易收益归公司所有的权利。如果实施主体通过短线交易获得了利益,则应该将该利益收归公司所有。我国《证券法》第44条规定了这一制度,并赋予公司董事会收回利益的权责。董事会成员往往是短线交易主体,他们与公司之间可能存在利益冲突,甚至可能控制着公司管理权或者董事会,由此可能导致公司董事会无法行使归入权,因此,我国法律还规定了股东派生诉讼制度,即董事会未在30日内行使归入权的,股东有权为了公司的利益以自己的名义直接向人民法院提起诉讼。

《证券法》第一百八十九条

上市公司、股票在国务院批准的其他全国性证券交易场所交易的公司的董事、监事、高级管理人员、持有该公司百分之五以上股份的股东,违反本法第四十四条的规定,买卖该公司股票或者其他具有股权性质的证券的,给予警告,并处以十万元以上一百万元以下的罚款。

解读: 本条关于短线交易的法律责任,自 2014 年《证券法》第 195 条修改而来。将短线交易的范围扩大至"股票在国务院批准的其他全国性证券交易场所交易的公司",将"其他具有股权性质的证券"也列入了禁止范围。

第四节 编造、传播虚假信息或者误导性信息

■ **案例数据**

经统计,2001 年至 2023 年,中国证监会(不含派出机构)公布的因编造、传播虚假信息被作出正式行政处罚决定的案件共 29 件。其中,被处罚的主体与案件数量分别为:证券公司或者投资咨询机构等机构及从业人员 14 件、传播媒介及从业人员 6 件,其他自然人或法人单位 9 件。(见图 5 - 4)

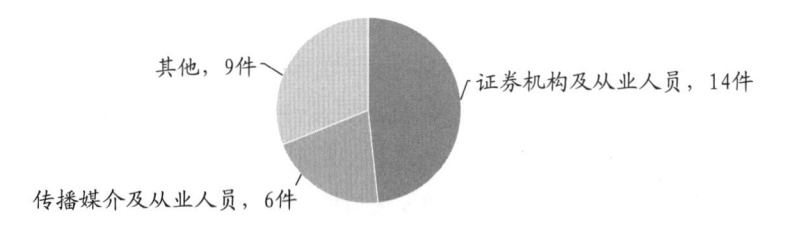

图 5 - 4 因编造、传播虚假信息行政处罚案件主体分布

证券市场是最容易受信息影响的市场,甚至可以说证券市场就是信息市场。证券市场的相关信息是否真实、准确,会对证券市场的波动产生影响。证券市场对违法犯罪行为的监管和打击主要是围绕信息的产生、披露、传播、运用等各个环节展开的。当前,移动互联网、自媒体的不断兴起与发展,使信息传播更为便捷、更为迅速。因此,维护资本市场的信息传播秩序变得尤为重要。法律规定禁止编造、传播虚假信息或误导性信息,就是为了让广大证券市场的主体严肃审慎地对待制造和传播信息的行为,并为自己的言论负起责任。

2019 年修改前的《证券法》规定,禁止国家工作人员、传播媒介从业人员和有关人员编造、传播虚假信息,扰乱证券市场。其规范的是有特定身份的人,不是所有人。但是 2019 年修订后的《证券法》将主体予以扩大,并增加了"误导性信息",规定禁止任何单位和个人编造、传播虚假信息或者误导性信息,扰乱市场。同时,对于证券交易场所、证券公司、证券登记结算机构、证券服务机构及其从业人员,证

业协会、证券监督管理机构及其工作人员、各种传播媒介及其从事证券市场信息报道的工作人员都作出了禁止性的规定。

信息可以分为事实性信息、预测性信息和评论性信息(言论)。事实性信息存在真假,相对容易判断,但是预测性信息和评论性信息则不能简单地论断真假,判断其为误导性信息也需要慎重。有些信息是这几类信息的混合,就更难判断。一般来说,规制证券市场相关事实的信息是可能的,而对预测性信息、评论性信息则应谨慎对待,这涉及言论自由问题。[1]

■ 以案释义

案例1　邓某波、邓某源发布虚假信息并操纵市场案
证监罚字〔2011〕4号

1. 邓某波和邓某源操纵证券市场

邓某波和邓某源均系具有证券投资咨询资格的人员。2008年1月至7月,二人共同采用"先买入股票,再推荐股票,后卖出股票"的行为模式谋求利益,具体过程为:2008年1月10日至7月8日,根据事先沟通和约定,邓某波、邓某源二人同时在东方财富网、中华金融在线等网络媒体上对同一只股票发表观点相同、内容相似的推荐文章36篇。在上述推荐文章公开前,邓某波、邓某源分别通过其代理的证券账户买入二人共同推荐的股票,再在推荐文章公开后卖出该股票。

在上述期间,邓某波通过其代理的杨某祥、杨某法证券账户交易二人共同推荐的"美都控股"等20只股票,最终获利 −1,859,929.42元;邓某源通过其代理的陆某球、万某明和刘某明证券账户交易二人共同推荐的"万家乐"等27只股票,最终获利 −2,478,379.46元。

2. 邓某波和邓某源发布虚假信息

2008年7月8日,邓某波、邓某源二人分别在东方财富网刊载题为《深圳华强:激光新能源　创投新科技》《深圳华强:深圳本地新能源追逐强势大方A》的文章。两篇文章内容基本相同,声称:上市公司深圳华强实业股份有限公司(以下简称深圳华强)与三洋合资成立了深圳三洋华强能源公司,从事新能源开发,三洋公司成功开发出了电池转换效率高达21%的HIT太阳能电池单元,使太阳能发电量提高了50%,深圳华强因此拥有正宗的新能源题材,深圳华强和三洋合作,如果能吸收

---

[1] 参见张兴、刘胜江:《证券法原理》,中国政法大学出版社2023年版,第418页。

到该项技术,将有机会问鼎中国太阳能。

经查,邓某波和邓某源刊载的上述信息系虚假信息。2008年7月10日,深圳华强针对上述两篇文章发布澄清公告,重申"本公司与三洋合资成立的深圳三洋华强能源公司的合资合同已于2006年6月到期,双方股东不再续签合资合同。该公司已于2006年终止经营并进行清算。目前,本公司没有从事新能源开发的相关项目及有关筹划"。

中国证监会最终认定:邓某波和邓某源在推荐股票前买入相关股票,在推荐股票后卖出的行为,违反了2005年《证券法》第77条第1款第4项关于"以其他手段操纵证券市场"的规定,构成了2005年《证券法》第203条所述的"操纵证券市场"的行为。邓某波和邓某源发布虚假信息的行为,违反了2005年《证券法》第78条第3款关于"禁止证券交易所、证券公司、证券登记结算机构、证券服务机构及其从业人员,证券业协会、证券监督管理机构及其工作人员,在证券交易活动中作出虚假陈述或者信息误导"的规定,构成了2005年《证券法》第207条所述"在证券交易活动中作出虚假陈述或者信息误导"的行为。决定:(1)责令邓某波改正违法行为,并处以33万元罚款;(2)责令邓某源改正违法行为,并处以43万元罚款。

| 争议焦点 |

- 证券从业人员编造、传播虚假信息与操纵市场行为竞合的处理

编造、传播虚假信息的行为往往与内幕交易、操纵市场"纠缠"在一起,特别是利用信息操纵市场,主要的方式包括:(1)通过微信、微博等新媒体发布文章,编造传播虚假信息,扰乱证券市场的行为;(2)通过股吧等网络平台编造传播不真实、不准确、不完整的信息误导投资者,影响证券期货交易价格或交易量,伺机进行反向交易谋取相关利益,涉嫌蛊惑交易行为;(3)知名博主提前买入股票,通过微博等平台密集推荐股票后集中卖出获利,涉嫌"抢帽子"交易行为。[1] 显然,第一种行为是典型的编造传播虚假信息,不涉及操纵市场行为,而在后两类行为中,编造传播虚假或者误导性信息是手段,目的是影响股票市场,从而通过交易获利。这就涉及牵连犯的法条竞合问题。牵连犯是指以某种犯罪目的而实施犯罪行为,其手段行为与目的行为分别触犯不同罪名的犯罪形态。该形态要求行为人基于一个目的,其手段行为和目的行为相互独立并各自都违反了法律规定,因行为之间存在必然

---

[1] 参见《证监会部署今年专项执法首批案件 剑指股市"黑嘴"》,载中国证券网,https://news.cnstock.com/news,yw-201805-4220796.htm。

的牵连关系而以目的行为认定处理。所以,本案中,邓某波和邓某源采用"先买入股票,再推荐股票,后卖出股票"的行为模式谋求利益,被中国证监会认定为操纵证券市场的违法行为。这种行为在操纵证券市场理论中,被俗称"抢帽子"交易,详见本书第三章"操纵市场"。而至于《深圳华强:激光新能源　创投新科技》《深圳华强:深圳本地新能源追逐强势大方 A》的文章仅为虚假信息,由于二人没有交易相关股票,按照当时的《证券法》规定,认定为散布误导性信息。

案例2 陈某衡编造、林某全等多人传播虚假信息案
证监罚字〔2019〕84、85、86、87号

2019年1月28日,陈某衡编造了"彭博社讯,新任证监会主席在记者招待会上表示,2018年大批量的上市公司暴雷与不市场化的监管制度有很大关系,2019年主要工作是推行做空机制,完善退市制度,让欺诈发行、财务造假的公司无处藏身,并鼓励保险资金、银行理财资金长线投资股票市场,维护资本市场稳定"的信息,并自当日23时23分起,以其本人微信号发布在"投资界"等9个微信群中。此后该虚假信息在多个QQ群、微信群中被转发、传播。经查,上述信息与客观事实不符:中国证监会时任主席自2019年1月26日就任以来至陈某衡发布该虚假信息期间,并未召开任何记者招待会。上述信息为虚假信息。

林某全实际控制并使用新浪微博账户,其账户截至2019年1月30日有138万粉丝且经新浪认证为"金V账户"。2019年1月29日00时58分,林某全在QQ群"实盘打板"中看到"彭博社:证监会主席召开记者会推行做空机制"的虚假信息后,将上述信息复制到其新浪微博账户上发布,此次发布系上述虚假信息在新浪微博中的首次发布。

王某儒实际控制并使用新浪微博账户,其账户截至2019年1月30日有64.5万粉丝且经新浪认证为"金V账户"。2019年1月29日9时22分,王某儒在微信群中看到群主发布了"彭博社:证监会主席召开记者会推行做空机制"的虚假信息,随即于9时23分将该信息通过其新浪微博账户进行了转载发布。

2019年1月29日晨,新浪财经综合频道新闻编辑吴某章在微信群多次看到涉案虚假信息,又在新浪微博账号中再次看到涉案虚假信息。吴某章在未对信息来源和真实性进行核实的情况下,于当日9时41分利用同事的工作账号,将"据彭博,新任证监会主席在记者招待会上表示……2019年主要工作是推行做空机制"发布在新浪网财经频道的底层消息库中。消息随即被多家主流网络媒体转载,阅读者数量迅速攀升。2019年1月29日9时51分,新浪网财经频道实际管理和运营的新

浪微博账户发布涉案虚假信息。随后,涉案虚假信息被其他网络媒体、新浪微博账户等广泛传播。

2019年1月29日10时41分,新浪微博账户"新浪证券"发布辟谣消息。在中国证监会、官方证券媒体发布辟谣信息后,新浪网财经频道也发布了辟谣新闻,并转载了中国证监会等官方途径发布的辟谣新闻。

2019年1月29日9时56分至10时25分沪深两市指数连续下跌,上证综指累计跌幅1.3%,深证成指累计跌幅1.83%,成交量明显放大。新浪微博账户"新浪证券"在10时41分发布"彭博社辟谣:未发布证监会新闻消息"后,市场跌幅逐步缩小。

中国证监会认定,陈某衡编造传播虚假信息,罚款20万元;林某全、吴某章、王某儒传播虚假信息,各罚款12万元。

争议焦点

- **编造虚假信息与传播虚假信息的处罚程度应有所区别**

编造虚假信息的主观目的是多种多样的,有的是基于影响证券市场价格或交易量,此种情形下往往伴随操纵股价行为;有的则是为了惹人眼球,吸引流量。但是无论何种目的,作为虚假信息的源头,主观恶性和社会危害性要远大于传播者。传播者的过错在于未经核实转发信息,相对于编造者,主观过错较为轻微,单纯的传播者往往没有利用虚假信息扰乱市场的主观故意,没有任何的盈利目的,没有从传播信息中获利,否则就不会单纯地认定为传播虚假信息行为。因此,在对编造者与传播者处罚时,应该给予不同程度的处理。本案中,中国证监会采纳了几名传播者关于主观恶意与编造者的区别,从而给予了相对于编造虚假信息者较轻的处理。

规则解读

《证券法》第五十六条

禁止任何单位和个人编造、传播虚假信息或者误导性信息,扰乱证券市场。

禁止证券交易场所、证券公司、证券登记结算机构、证券服务机构及其从业人员,证券业协会、证券监督管理机构及其工作人员,在证券交易活动中作出虚假陈述或者信息误导。

各种传播媒介传播证券市场信息必须真实、客观,禁止误导。传播媒介及其从事证券市场信息报道的工作人员不得从事与其工作职责发生利益冲突的证券买卖。

编造、传播虚假信息或者误导性信息，扰乱证券市场，给投资者造成损失的，应当依法承担赔偿责任。

解读：禁止的对象是"任何单位和个人"，不仅包括国家工作人员和传播媒介从业人员，也包括一些有较大影响力的自然人、法人和非法人组织。另外，对于禁止证券交易场所、证券公司、证券登记结算机构、证券服务机构及其从业人员，证券业协会、证券监督管理机构及其工作人员，由于其身份特殊，天然地具备信息优势，其编造、传播的信息扩散起来，更快更广，也更容易为大众相信，因此，法律对这些人作出了特别禁止性规定。禁止的行为包括编造、传播虚假信息或误导性信息。所谓虚假信息，是指内容完全不真实的信息。误导性则指内容虽然真实，但是仅陈述了部分事实，容易引发公众错误联想。

《证券法》第一百九十三条

违反本法第五十六条第一款、第三款的规定，编造、传播虚假信息或者误导性信息，扰乱证券市场的，没收违法所得，并处以违法所得一倍以上十倍以下的罚款；没有违法所得或者违法所得不足二十万元的，处以二十万元以上二百万元以下的罚款。

违反本法第五十六条第二款的规定，在证券交易活动中作出虚假陈述或者信息误导的，责令改正，处以二十万元以上二百万元以下的罚款；属于国家工作人员的，还应当依法给予处分。

传播媒介及其从事证券市场信息报道的工作人员违反本法第五十六条第三款的规定，从事与其工作职责发生利益冲突的证券买卖的，没收违法所得，并处以买卖证券等值以下的罚款。

解读：本条内容是自2014年《证券法》第206条、第207条整合修改而来的。一是提高了罚款幅度，在有违法所得的情况下，除了没收违法所得，由原来的1倍以上5倍以下罚款，提高到1倍以上10倍以下罚款，在没有违法所得的情况下，由原来的3万元以上20万元以下罚款，提高到20万元以上200万元以下罚款。二是增添了第3款内容，传播媒介及其从事证券市场信息报道的工作人员违反《证券法》第56条第3款的规定，从事与其工作职责发生利益冲突的证券买卖的，没收违法所得，并处以买卖证券等值以下的罚款。

第五节 非法经营证券业务

■ 案例数据

金融行业的风险往往具有涉众型、系统性、传导性等特点,一旦发生风险,容易引发社会群体性事件,不仅影响经济稳定,也影响社会稳定。因此,各国一般将金融行业列为特许行业,即未经有关监管部门批准或履行一定的手续,不得开展相关金融业务。通过特许管理设立一定准入门槛可以保证金融行业的专业水准和特殊的职业要求,从而保证从业人员的基本素质和职业操守,通过对执业者的合规要求和日常监管可以有效防止非法金融活动,督促相关机构和从业人员依法合规开展业务,有利于促进行业规范发展。特许管理制度的建立,也会激发获得从业资格的人员的内在动力和职业尊荣感,有利于保持依法合规、勤勉尽责的职业操守。

笔者选择了部分典型非法经营案例列举如表 5-1 所示。2016 年中国证监会查处的杭州恒生网络技术服务有限公司(以下简称恒生网络)开发经营的 HOMS 系统系列非法经营案件比较有代表性,对互联网技术类服务公司比较有警示作用。[1] 另外,随着移动互联网的兴盛,催生了许多分析股市行情、推荐股票等微信公众号、视频号,以及股市自媒体、财经类账号,有些通过编造、传播虚假信息或误导性信息,影响股票价格,甚至操纵市场等牟取非法利益,扰乱市场正常秩序。其中不乏通过吸引流量获客,进而提供所谓投资咨询服务的非法经营行为。

表 5-1 证券非法经营行政处罚案例列举

案号	主体	违法行为	处理结果
证监罚字〔2008〕16 号	个人	在不具备证券投资咨询业务执业资格的情况下,开立"深圳红岭证券投资基金"网站,以收取会员费,向会员推荐股票等形式,非法从事证券投资咨询业务;在网站公开非法出售股票基金产品	处以 30 万元的罚款

---

[1] 对该系列案件的分析参见中国证监会行政处罚委员会编:《证券期货行政处罚案例解析》(第 2 辑),法律出版社 2019 年版,"第八章"。

续表

案号	主体	违法行为	处理结果
证监罚字〔2009〕20号	深圳市金股之王科技有限公司	向公众经营销售股票软件、荐股	以涉嫌非法经营罪追究刑事责任
证监罚字〔2016〕123号	恒生网络	恒生网络开发运营的HOMS系统,包含子账户开立、提供委托交易、存储、查询、清算等多种证券业务属性的功能。恒生网络明知客户经营方式,仍向不具有经营证券业务资质的客户销售该系统,提供相关服务,并获取收益	没收恒生网络违法所得109亿元,并处以329亿元罚款
证监罚字〔2016〕124号	浙江核新同花顺网络信息股份有限公司(以下简称同花顺公司)	同花顺公司开发运营的资产管理系统,包含子账户开立、提供委托交易、存储、查询、清算等多种具有证券业务属性的功能。同花顺公司明知其客户经营方式,仍向不具有经营证券业务资质的客户销售该系统,提供相关服务,并获取收益	没收同花顺公司违法所得2,176,997.22元,并处以6,530,991.66元罚款
证监罚字〔2016〕125号	上海铭创软件技术有限公司(以下简称铭创公司)	铭创公司开发运营的FPRC系统,包含子账户开立、传输交易指令、登记、查询、清算等多种证券业务属性的功能。铭创公司明知客户经营方式,仍向不具有经营证券业务资质的客户销售该系统,提供相关服务,并获取收益	没收铭创公司违法所得9,493,698.53元,并处以28,481,095.59元罚款
证监罚字〔2016〕130号	湖北福诚澜海资产管理有限公司(以下简称福诚澜海)	2013年10月14日至2015年9月2日,福诚澜海使用恒生网络HOMS系统、铭创公司FPRC系统为客户提供账户开立、证券委托交易、清算、查询等证券交易服务,且按照证券交易量的一定比例收取费用,获取非法收入1,642,909.37元	没收福诚澜海违法所得1,642,909.37元,并处以4,928,728.11元罚款
证监罚字〔2016〕131号	南京致臻达资产管理有限公司(以下简称南京致臻达)	2014年10月14日至2015年5月15日,南京致臻达以其法定代表人马某名义认购伞形信托劣后级产品获得资金,通过恒生网络HOMS系统、铭创公司FPRC系统为客户提供账户开立、证券委托交易、清算、查询等证券交易服务,且按照证券交易量的一定比例收取费用	对南京致臻达处以60万元罚款

续表

案号	主体	违法行为	处理结果
证监罚字〔2016〕132号	浙江丰范资本管理有限公司（以下简称浙江丰范）	2015年4月至8月，浙江丰范使用恒生网络HOMS系统招揽客户，为客户提供账户开立、证券委托交易、清算、查询等证券交易服务，且按照证券交易量的一定比例收取费用，获取非法收入12,126,000.42元	没收浙江丰范违法所得12,126,000.42元，并处以36,378,001.26元罚款
证监罚字〔2016〕133号	臣乾金融信息服务（上海）有限公司（以下简称臣乾金融）	2014年4月30日至2015年7月31日，臣乾金融通过网站"赢在投资"，使用恒生网络HOMS系统招揽客户，为客户提供账户开立、证券委托交易、清算、查询等证券交易服务，且按照证券交易量的一定比例收取费用，获取非法收入2,964,090元	没收臣乾金融违法所得2,964,090元，并处以8,892,270元罚款
证监罚字〔2016〕134号	个人	2015年7月15日至8月31日，黄某爽通过福建鑫石金融服务外包有限公司（以下简称鑫石外包），使用恒生网络HOMS系统为客户提供账户开立、证券委托交易、清算、查询等证券交易服务，且按照证券交易量的一定比例收取费用，获取非法收入267,058.14元	没收黄某爽违法所得267,058.14元，并处以60万元罚款
证监罚字〔2016〕135号	杭州米云科技有限公司（以下简称杭州米云）	2014年9月8日至2015年7月12日，杭州米云通过运营米牛网，使用恒生网络HOMS系统招揽客户，为客户提供账户开立、证券委托交易、清算、查询等证券交易服务，且按照证券交易量的一定比例收取费用，获取非法收入15,493,446.29元	没收杭州米云违法所得15,493,446.29元，并处以46,480,338.87元罚款
证监罚字〔2019〕103号	个人	2015年10月至2018年9月11日，马某亚、王某洁通过微博等方式招揽客户收取会费，再提供股票投资品种选择和买卖时机建议等证券投资咨询服务，共获取非法收入2,686,419元	没收马某亚、王某洁违法所得2,686,419元，并处以2,686,419元罚款
证监罚字〔2021〕62号	广东金融高新区股权交易中心有限公司（以下简称粤股交）	粤股交为"侨兴债"擅自公开发行提供备案审核、承销、登记、托管、结算服务的情况，收取服务费400万元	没收违法所得400万元，罚款400万元
证监罚字〔2021〕64号	上海招财宝金融信息服务有限公司	协助承销商粤股交进行了产品销售推介、协助投资者在线开户、申购和配售等，收取服务费100万元	没收违法所得100万元，罚款100万元

■ 以案释义

案例 马某亚、王某洁非法经营证券投资咨询业务
证监罚字〔2019〕103号

2015年10月至2018年9月11日，马某亚、王某洁陆续通过自己注册、淘宝购买等方式取得"财经—老陈""老马说股票"等23个实名认证微博账号，并使用上述微博账号公开提供股票投资品种选择和买卖时机等证券投资建议。投资者被微博公开提供的证券投资建议吸引注意后，通过微博所公开的微信、QQ账号，与马某亚、王某洁或其雇佣人员建立联络。此外，马某亚、王某洁或其雇佣人员还通过马某亚所获取的投资者手机号码与潜在客户建立联络。

在与潜在客户建立联络后，马某亚、王某洁及其雇佣人员即进行证券投资咨询业务推广和客户招揽行为，从而通过向客户提供证券投资建议的方式收取费用。在客户交纳咨询费或会员费后，马某亚、王某洁通过微信、QQ等网络平台向缴费会员提供股票投资品种选择和买卖时机建议等证券投资咨询服务，服务期限根据客户缴费数额确定。

马某亚、王某洁二人系夫妻关系，马某亚实际控制23个微博账号，负责所推荐的具体股票的分析、筛选工作，形成证券投资建议；王某洁协助马某亚在淘宝网站购买业务推广所用实名认证的带粉丝微博账号，负责受雇人员招聘、日常考勤及工资发放，承担部分微博和微信账号的维护和为缴费客户提供后续服务等管理工作。二人在实施上述行为的过程中分工协作，相互配合，通过提供证券投资咨询服务共获取非法收入2,686,419元。

经查，马某亚、王某洁未取得证券投资咨询业务许可。

中国证监会调查后认为，马某亚、王某洁的上述行为违反了2014年《证券法》第122条关于"未经国务院证券监督管理机构批准，任何单位和个人不得经营证券业务"规定，构成2014年《证券法》第197条所述的"未经批准，擅自设立证券公司或者非法经营证券业务的"行为。决定没收马某亚、王某洁违法所得2,686,419元，并处以2,686,419元罚款。

| 争议焦点 |

- **投资咨询机构非法经营**

投资咨询业务是基础性的资本市场中介服务，在消除资本市场信息不对称、促进中介机构专业化分工、加强投资者教育等方面具有积极作用。同时，由于不像律

师事务所、会计师事务所、保荐机构有明确的牌照要求，投资咨询业务的进入门槛偏低，再加上互联网时代自媒体的兴起，个人或组织也可以对股市行情发表自己的见解。这就为非法从事证券投资咨询业务提供了"温床"。根据《证券法》第160条第2款的规定，从事证券投资咨询服务业务，应当经国务院证券监督管理机构核准；未经核准，不得为证券的交易及相关活动提供服务。中国证监会计划在未来制定"证券基金投资咨询业务管理办法"，从目前公布的征求意见稿来看，在大幅提高准入门槛的基础上，重启证券基金投资咨询机构的准入，鼓励支持治理规范、适应监管、资本实力强的机构合法持牌经营，与此同时，整合更新行为监管和功能监管规则，对出借转让牌照、股份代持、违规承诺收益、误导性宣传等突出违法违规行为予以明确禁止。此外，未经中国证监会核准或者注册，任何单位和个人不得从事或者变相从事证券基金投资咨询业务，不得使用"证券投资咨询""基金投资咨询""证券投资顾问""基金投资顾问"等字样或者近似名称开展经营性活动。虽然此类案件在现实中并不少见，但是由于非法从事投资咨询业务的并非合法的证券服务机构，实践中被中国证监会调查处理的案例较少，以非法经营罪被公安机关追究刑事责任的较多。

■ 规则解读

《证券法》第一百六十条第二款

从事证券投资咨询服务业务，应当经国务院证券监督管理机构核准；未经核准，不得为证券的交易及相关活动提供服务。从事其他证券服务业务，应当报国务院证券监督管理机构和国务院有关主管部门备案。

解读： 本条内容改革了证券服务机构进入证券服务市场提供服务的机制，除对证券投资咨询机构实施核准制度外，其他服务机构均采取备案制。

《证券法》第一百二十条第四款

除证券公司外，任何单位和个人不得从事证券承销、证券保荐、证券经纪和证券融资融券业务。

解读： 本条规定是新法的新增条款，明确了证券承销、保荐、经纪、融资融券业务是证券公司的特许专属业务，其他任何单位和个人不能开展。

《证券法》第二百零二条

违反本法第一百一十八条、第一百二十条第一款、第四款的规定，擅自设立证券公司、非法经营证券业务或者未经批准以证券公司名义开展证券业务活动的，责令改正，没收违法所得，并处以违法所得一倍以上十倍以下的罚款；没有违法所得或者违法所得不足一百万元的，处以一百万元以上一千万元以下的罚款。对直接负责的主管人员和其他直接责任人员给予警告，并处以二十万元以上二百万元以下的罚款。对擅自设立的证券公司，由国务院证券监督管理机构予以取缔。

证券公司违反本法第一百二十条第五款规定提供证券融资融券服务的，没收违法所得，并处以融资融券等值以下的罚款；情节严重的，禁止其在一定期限内从事证券融资融券业务。对直接负责的主管人员和其他直接责任人员给予警告，并处以二十万元以上二百万元以下的罚款。

解读： 本条第 1 款是擅自设立证券公司、非法经营证券业务或者未经批准以证券公司名义开展证券业务活动的法律责任，并提高了处罚幅度，增加了"对擅自设立的证券公司，由国务院证券监督管理机构予以取缔"的规定。对于有违法所得的，由原来的 1 倍以上 5 倍以下罚款，提高到 1 倍以上 10 倍以下罚款；对于没有违法所得或违法所得较少的，由原来的 30 万元以上 60 万元以下罚款，提高到 100 万元以上 1000 万元以下罚款。对于直接责任人员，由原来的 3 万元以上 30 万元以下罚款，提高到 20 万元以上 200 万元以下罚款。第 2 款规定的是违法提供融资融券服务的行政责任，加大了处罚力度，删除了"撤销任职资格或者证券从业资格"，由原来的 3 万元以上 30 万元以下罚款，提高到 20 万元以上 200 万元以下。

下篇
证券犯罪刑事司法

第六章　欺诈发行证券罪

欺诈发行罪,是指单位或自然人在招股说明书、认股书、公司、企业债券募集办法等发行文件中隐瞒重要事实或者编造重大虚假内容,发行股票或者公司、企业债券、存托凭证或者国务院依法认定的其他证券,数额巨大、后果严重或者有其他严重情节的行为。《刑法》对本罪规定了5年以上的有期徒刑,且有巨额的罚金刑。本罪名对应的是《证券法》第24条、第181条。

■ 案例数据

笔者搜索发现,司法机关通过裁判文书网、人民法院案例库、《刑事审判参考》等多种渠道公开的欺诈发行罪生效判决案例共10例。(见表6-1)

表6-1　欺诈发行刑事犯罪案例

案号	简要犯罪事实	是否单位犯罪与罚金数额	涉案自然人处罚结果
昆明市中级人民法院(2012)昆刑一初字第73号	云南绿大地公司发行股票并上市时,虚构交易业务、虚增资产7000余万元、虚增收入2.9亿元。首次发行股票并上市,非法募集资金达3.4629亿元	是,罚金1000万元	判处董事长何某葵有期徒刑3年;财务总监蒋某西有期徒刑3年;财务顾问庞某星有期徒刑2年、赵某丽有期徒刑2年、赵某艳有期徒刑2年
上海市第一中级人民法院(2017)沪01刑初112号	中恒通(福建)机械制造有限公司发行私募债时,虚增营业收入5.13亿余元、虚增利润总额1.31亿余元、虚增资本公积6555万余元,隐瞒外债2025万元。募集资金共计1亿元,到期无力偿付,造成投资人重大经济损失	是,罚金300万元	判处董事长卢某旺有期徒刑3年6个月;财务总监卢某光有期徒刑2年6个月;法定代表人卢某煊有期徒刑2年,缓刑2年

续表

案号	简要犯罪事实	是否单位犯罪与罚金数额	涉案自然人处罚结果
江苏省高级人民法院（2017）苏刑终334号	江苏中显集团在企业发行私募债中隐瞒亏损，虚报所有者权益1亿元，募集资金4000万元	是，罚金60万元	判处法定代表人袁某胜拘役6个月；财务主管夏某龙拘役5个月
江苏省高级人民法院（2018）苏刑终205号	东飞马佐里公司在发行中小企业私募债券募集说明书中变造担保材料发债2.6亿元，到期后未能再按期还本付息	是，罚金800万元	法定代表人朱某被判处有期徒刑3年，缓刑5年
上海市第一中级人民法院（2018）沪01刑初58号	致富公司发行中小企业私募债券过程中，虚增营业收入677亿元，虚增净利润1.03亿元，募集资金1.5亿元	是，罚金450万元	判处总经理、财务总监林某敏判处有期徒刑3年；财务经理叶某有期徒刑2年，缓刑2年；会计从业人员王某刚有期徒刑1年6个月
上海市第一中级人民法院（2018）沪01刑初66号、（2019）沪01刑初29号	中某物流公司发行中小企业私募债券过程中，虚增营业收入6.7亿余元、虚增利润1.4亿余元、虚增资本公积金6517万余元，募集资金0.9亿元，到期后，无力偿还本金	否	判处董事长陈某华有期徒刑3年6个月；总经理关某有期徒刑3年；财务经理周某有期徒刑2年；外聘财务公司负责人刘某明有期徒刑2年
滨州市沾化区人民法院（2019）鲁1603刑初16号	电力集团公司发行企业私募债券过程中，伪造担保材料、虚构事实，募集资金10亿元	是，罚金1000万元	判处控股股东董事长赵某水有期徒刑2年；控股股东副总裁杨某凯有期徒刑1年6个月
无锡市中级人民法院（2018）苏02刑初49号	北极皓天公司企业发行中小企业私募债过程中隐瞒尚未建成的事实，提供虚假审计报告、纳税材料，募集资金2700万元，到期后无力偿还	是，罚金100万元	判处法定代表人杨某甲有期徒刑1年3个月
成都市中级人民法院（2020）川01刑初323号	金亚科技公司在创业板IPO过程中，财务造假，成功上市募集资金3.9186亿元	是，罚金392万元	判处实控人周某辉有期徒刑2年；财务总监花某国有期徒刑1年6个月，缓刑3年；销售大区经理郑某强有期徒刑1年6个月，缓刑3年

续表

案号	简要犯罪事实	是否单位犯罪与罚金数额	涉案自然人处罚结果
辽宁省丹东市中级人民法院（2017）辽06刑初11号	欣泰电气公司在创业板IPO过程中，财务造假，成功上市募集资金2.57亿元	是，罚金832万元	判处董事长温某乙有期徒刑3年；财务总监刘某胜有期徒刑2年

以上10个案例均发生在2020年《刑法修正案（十一）》之前，因此适用的是1997年《刑法》的规定。依据当时的法律和司法解释，笔者重点关注当时的发生领域、追诉标准、刑期、罚金数额以及适用缓刑比例。

根据2010年最高人民检察院、公安部《关于公安机关管辖的刑事案件立案追诉标准的规定（二）》（现已失效）第5条规定，在招股说明书、认购书、公司、企业债券募集办法中隐瞒重要事实或者编造重大虚假内容，发行股票或公司、企业债券，涉嫌下列情形之一的，应予立案追诉：（1）发行数额在500万元以上的；（2）伪造、变造国家机关公文、有效证明文件或者相关凭证、单据的；（3）利用募集的资金进行违法活动的；（4）转移或者隐瞒所募集资金的；（5）其他后果严重或有其他严重情节的情形。

从发生领域来看，有3例是公司IPO过程在招股说明书等文件中欺诈发行，7例是企业在发行企业债券过程中有欺诈行为。（见图6-1）

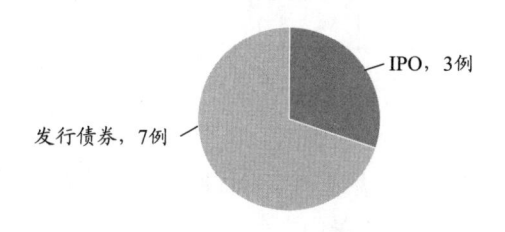

图6-1 欺诈发行刑事案例领域分布

前述案例中的犯罪事实均达到了2010年《关于公安机关管辖的刑事案件立案追诉标准的规定（二）》第5条第1项的认定标准，即发行数额在500万元以上，被司法机关追究刑事责任，尚未发现有因触犯其他款项被追诉的事实。

从刑期和罚金数额来看，1997年《刑法》第160条只规定了一个量刑档次，即构成本罪的，处5年以下有期徒刑或者拘役，并处或者单处非法募集资金金额1%以上5%以下罚金。从这10个案例来看，被追究刑事责任的自然人个人共26人，刑期在3年以上(不含3年)的2人,3年以下(含3年)的24人,轻刑化占92.3%;适用缓刑的5人,适用缓刑率为19.2%。(见图6-2)

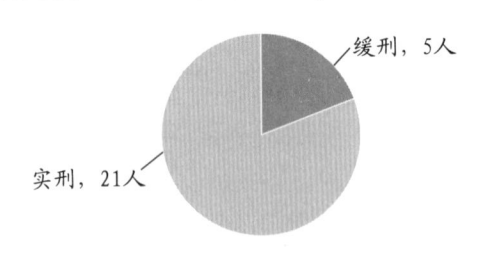

缓刑,5人
实刑,21人

图6-2 欺诈发行刑事案例适用缓刑比例

针对罚金刑,笔者对比非法募集资金金额和处罚金额,发现有两例适用募集资金的1%作为处罚金额,多数都在3%上下,最高的一例为3.7%。而且并不是非法募集资金越高,罚金比例就越高,两者并没有形成正比关系,甚至出现反比关系,如非法募集资金最高的10亿元,罚金比例为1%;非法募集资金最低的2700万元,罚金比例反而最高为3.7%。(见表6-2)这说明在罚金刑上,法官自由裁量权较大,也为罚金刑的辩护留下了空间。

表6-2 欺诈发行刑事案例罚金刑与募集资金关系

项目	募集资金/元							
	3.46亿	1亿	4000万	2.6亿	1.5亿	10亿	2700万	3.92亿	2.57亿
罚金金额/元	1000万	300万	60万	800万	450万	1000万	100万	392万	832万
比例/%	2.8	3.0	1.5	3.1	3.0	1.0	3.7	1.0	3.2

■ **以案释义**

• **中小企业发行私募债券属于欺诈发行证券罪的规制对象**

在前述10个案例中,有7例是因为在发行中小企业私募债券过程中存在欺诈行为而被定罪的。根据《证券法》规定,按照发行方式是否公开,将证券分为公开发行和非公开发行,非公开发行又称为私募。发行私募债券是解决中小企业融资难的一种方式。根据《上海证券交易所中小企业私募债券业务试点办法》《深圳证券交易所中小企业私募债券业务试点办法》(均已失效)规定,中小企业私募债券,"是指中小微型企业在中国境内以非公开方式发行和转让,约定在一定期限还本付息的公司债券"。私募债券虽然是非公开发行,但是本质上仍然是"依照法定程序发行,约定在一定期限内还本付息"的公司债券。《刑法》对于公司企业债券,并没有区分公开与非公开发行，从法益保护的角度，欺诈发行证券罪保护的是国家对证券市场的管理秩序与投资者的合法权益，在发行私募债券过程中隐瞒重要事实或者编造重大虚假内容，仍然会侵害前述法益，因此，理应成为欺诈发行罪的规制对象。

- **对"隐瞒重要事实与编造重大虚假内容"的理解**

通过对已有案例的总结，所谓的"隐瞒重要事实或者编造重大虚假内容"主要包括：(1)虚增收入或利润、编造假的项目收入；(2)隐瞒债务、隐瞒重要项目尚未建成投产的事实；(3)通过伪造合同、伪造印章等方式编造假的担保材料。由于发行私募债券也必须符合法律对企业实际经营状况的要求，涉案企业在不符合条件的情况下，基于不同的目的急于融资，往往就通过造假的方式以达到发行债券的要求，从而触犯刑法。2020年《刑法》实施后，最高人民检察院、公安部于2022年修订的《关于公安机关管辖的刑事案件立案追诉标准的规定(二)》第5条对欺诈发行罪的立案追诉标准作出了新的规定，对于本罪的行为类型作了丰富，具体见下文"规则解读"部分。从法理上理解，无论采取什么方式达到欺诈发行的目的，对于"隐瞒重要事实与编造重大虚假内容"的理解，其本质在于判断该事实或内容，是否足以与相关法律法规规定的证券发行条件密切相关，是否足以造成核准发行的监管机构以及投资者的错误认识。

- **欺诈发行罪与其他犯罪竞合的处理**

欺诈发行证券罪的客观要件行为中，常见的类型包括伪造项目虚增收入和利润，此时行为人往往就有虚开增值税发票、伪造公司印章等多种犯罪的竞合情况出现。在IPO欺诈发行案件中，也有企业在上市后持续造假多年从而涉嫌触犯违规披露、不披露重要信息罪的可能，在多种罪名竞合的情况下应该如何处理颇有争议。对此笔者认为：

第一种情况，对于通过伪造合同进而虚开增值税发票的形式虚增业绩、收入、利润，由于其主观目的不是骗取国家增值税税款，其虚开行为只是一种手段，根据2024年《关于办理危害税收征管刑事案件适用法律若干问题的解释》第10条第2款的规定，为虚增业绩、融资、贷款等不以骗抵税款为目的，没有因抵扣造成税款被骗损失的，不以本罪论处，构成其他犯罪的，依法以其他犯罪追究刑事责任。因此，不应再认定为虚开增值税专用发票罪。

第二种情况，对于伪造其他公司印章进而伪造担保材料，其伪造公司印章的行为即便符合《刑法》第280条伪造公司、企业印章罪的立案追诉标准，也因为是手段行为,其目的是欺诈发行,构成手段行为与目的行为的牵连犯,应择一重罪处罚,不再单独评价为伪造公司印章罪。

第三种情况,IPO欺诈发行后,连续多年信息披露违法,是否应该以欺诈发行证券罪与违规披露、不披露重要信息罪并罚,关键看上市发行后的违规披露行为目的是什么。如果上市发行后的违规披露重要信息是为了掩盖和维系股票上市发行,与之前的行为系手段与目的的牵连关系,应该择一重罪处罚;如果上市发行后的违规披露重要信息与此前的欺诈发行没有牵连关系,是基于其他目的违规披露,就应该数罪并罚。以丹东市中级人民法院(2017)辽06刑初11号欣泰电气欺诈发行、违规披露案为例,司法机关裁判要旨认为:公司通过财务造假获准上市后又多次违规披露虚假财务信息,上市前后的财务造假行为相互独立,分别侵犯国家股票发行管理制度、上市公司信息披露管理制度,触犯欺诈发行股票罪、违规披露重要信息罪。主管人员和其他直接责任人员先后参与上市前后的财务造假行为,应予以数罪并罚。

- **欺诈发行证券中外部人员的刑事责任认定**

在欺诈发行案件中,存在外部人员如公司外部聘请的财务顾问或审计人员参与犯罪过程的现象,对于这些外部人员是以欺诈发行罪的共犯处理,还是单独另行定为提供虚假证明文件罪或出具证明文件重大失实罪,理论界与实务界都有争议。在上海市第一中级人民法院(2018)沪01刑初58号、(2019)沪01刑初29号两起案件中,对于外部财务人员,是认定为欺诈发行罪的共犯处理。在上海市第一中级人民法院(2017)沪01刑初112号案件中,对于会计师,则认定为出具证明文件重大失实罪。对此,笔者认为首先应注意外部人员的主体身份,如果系以证券服务机构的特殊身份承接了证券业务,在证券服务过程中参与欺诈发行,其欺诈行为本质是基于其特殊身份的违背勤勉职责行为,在法律已经对证券服务机构及其从业人员在履职过程中的行为设置了特定的罪名,而且这一罪名项下的主客观行为与欺诈发行罪共犯的主客观行为基本一致,或者难以作出区分的情况下,就应该以特殊罪名认定,即根据主观是故意或者过失,分别认定为提供虚假证明文件罪或出具证明文件重大失实罪。如果外部人员并非基于证券服务机构承接的证券服务项目,而仅仅是基于其财会专业知识,为公司提供一般的咨询服务等,由于其主体身份不符合提供虚假证明文件罪或出具证明文件重大失实罪的主体要件,则应该认定为欺诈发行罪的共同犯罪。

规则解读

《刑法》第一百六十条　【欺诈发行证券罪】

在招股说明书、认股书、公司、企业债券募集办法等发行文件中隐瞒重要事实或者编造重大虚假内容，发行股票或者公司、企业债券、存托凭证或者国务院依法认定的其他证券，数额巨大、后果严重或者有其他严重情节的，处五年以下有期徒刑或者拘役，并处或者单处罚金；数额特别巨大、后果特别严重或者有其他特别严重情节的，处五年以上有期徒刑，并处罚金。

控股股东、实际控制人组织、指使实施前款行为的，处五年以下有期徒刑或者拘役，并处或者单处非法募集资金金额百分之二十以上一倍以下罚金；数额特别巨大、后果特别严重或者有其他特别严重情节的，处五年以上有期徒刑，并处非法募集资金金额百分之二十以上一倍以下罚金。

单位犯前两款罪的，对单位判处非法募集资金金额百分之二十以上一倍以下罚金，并对其直接负责的主管人员和其他直接责任人员，依照第一款的规定处罚。

解读：本罪名设置于1997年《刑法》，直至2020年公布、2021年生效的《刑法修正案(十一)》作出了修订。（见表6-3）

表6-3　欺诈发行罪新旧法律规定对比

对比项	1997年《刑法》	2020年《刑法》
罪名	欺诈发行股票、债券罪	欺诈发行证券罪
法条内容	第一百六十条　在招股说明书、认股书、公司、企业债券募集办法中隐瞒重要事实或者编造重大虚假内容，发行股票或者公司、企业债券，数额巨大、后果严重或者有其他严重情节的，处五年以下有期徒刑或者拘役，并处或者单处非法募集资金金额百分之一以上百分之五以下罚金。 单位犯前款罪的，对单位判处罚金，并对其直接负责的主管人员和其他直接责任人员，处五年以下有期徒刑或者拘役	第一百六十条　在招股说明书、认股书、公司、企业债券募集办法等发行文件中隐瞒重要事实或者编造重大虚假内容，发行股票或者公司、企业债券、存托凭证或者国务院依法认定的其他证券，数额巨大、后果严重或者有其他严重情节的，处五年以下有期徒刑或者拘役，并处或者单处罚金；数额特别巨大、后果特别严重或者有其他特别严重情节的，处五年以上有期徒刑，并处罚金。 控股股东、实际控制人组织、指使实施前款行为的，处五年以下有期徒刑或者拘役，并处或者单处非法募集资金金额百分之二十以上一倍以下罚金；数额特别巨大、后果特别严重或者有其他特别严重情节的，处五年以上有期徒刑，并处非法募集资金金额百分之二十以上一倍以下罚金

续表

对比项	1997年《刑法》	2020年《刑法》
		单位犯前两款罪的,对单位判处非法募集资金金额百分之二十以上一倍以下罚金,并对其直接负责的主管人员和其他直接责任人员,依照第一款的规定处罚

从修订内容来看,主要有以下几个方面:

首先,拓宽了本罪适用的发生领域。新法条将"招股说明书、认股书、公司、企业债券募集办法"扩展为"招股说明书、认股书、公司、企业债券募集办法等发行文件",将"发行股票或者公司、企业债券"的场域扩展为"发行股票或者公司、企业债券、存托凭证或者国务院依法认定的其他证券等发行文件"的兜底性设置,为新型欺诈发行入罪提供了法律依据。至于这里的"发行文件"包括哪些,《证券法》没有作出明确规定。从刑事司法角度来说,这里的"发行文件"应该与"招股说明书、认股书、债券募集办法"在发行中起到的作用具有相当性,也就意味着不是所有发行过程中提交的材料都可以适用本罪。《证券法》规定的证券主要类型包括股票、债券、证券投资基金份额和证券衍生品种,以及国务院认定的其他证券。"存托凭证"是指在一国证券市场流通的代表外国公司有价证券的可转让凭证,其本质是一种证明文件,用于证明存托人对外国股票等基础证券所享有的权益。"国务院认定的其他证券"作为兜底条款,与《证券法》相一致,完善了刑事体系。

其次,在适用主体方面,增加了第2款,对"控股股东、实际控制人组织、指使实施欺诈行为"作出了专门规定,这是基于实践案例的现实考虑,从已有的案例来看,所有欺诈发行案例都由实控人或控股股东组织实施。

最后,提高了刑罚幅度。在自由刑上,从原来的"五年以下有期徒刑"一个档次,增加了"数额特别巨大、后果特别严重或者有其他特别严重情节的,处五年以上有期徒刑";在罚金刑上,从原来的"非法募集资金金额百分之一以上百分之五以下罚金"提高到"非法募集资金金额百分之二十以上一倍以下罚金",大大提高了犯罪成本。

为与2020年《刑法修正案(十一)》相适应,最高人民检察院、公安部于2022年发布生效的《关于公安机关管辖的刑事案件立案追诉标准的规定(二)》第5条对欺诈发行罪的立案追诉标准作出了新的规定,废止了2010年的同类型规定。(见表6-4)

表 6-4 欺诈发行罪立案追诉标准新旧对比

对比项	2010年《关于公安机关管辖的刑事案件立案追诉标准的规定(二)》	2022年《关于公安机关管辖的刑事案件立案追诉标准的规定(二)》
内容	第五条 在招股说明书、认股书、公司、企业债券募集办法中隐瞒重要事实或者编造重大虚假内容，发行股票或者公司、企业债券，涉嫌下列情形之一的，应予立案追诉： （一）发行数额在五百万元以上的； （二）伪造、变造国家机关公文、有效证明文件或者相关凭证、单据的； （三）利用募集的资金进行违法活动的； （四）转移或者隐瞒所募集资金的； （五）其他后果严重或者有其他严重情节的情形	第五条 在招股说明书、认股书、公司、企业债券募集办法等发行文件中隐瞒重要事实或者编造重大虚假内容，发行股票或者公司、企业债券、存托凭证或者国务院依法认定的其他证券，涉嫌下列情形之一的，应予立案追诉： （一）非法募集资金金额在一千万元以上的； （二）虚增或者虚减资产达到当期资产总额百分之三十以上的； （三）虚增或者虚减营业收入达到当期营业收入总额百分之三十以上的； （四）虚增或者虚减利润达到当期利润总额百分之三十以上的； （五）隐瞒或者编造的重大诉讼、仲裁、担保、关联交易或者其他重大事项所涉及的数额或者连续十二个月的累计数额达到最近一期披露的净资产百分之五十以上的； （六）造成投资者直接经济损失数额累计在一百万元以上的； （七）为欺诈发行证券而伪造、变造国家机关公文、有效证明文件或者相关凭证、单据的； （八）为欺诈发行证券向负有金融监督管理职责的单位或者人员行贿的； （九）募集的资金全部或者主要用于违法犯罪活动的； （十）其他后果严重或者有其他严重情节的情形

根据新的立案标准，非法募集资金数额的追诉条件从500万元提高到1000万元；增加了"造成投资者直接经济损失数额累计在一百万元以上"的入罪标准；增加了"为欺诈发行证券向负有金融监督管理职责的单位或者人员行贿"的入罪类型。

对于何为"隐瞒重要事实或编造重大虚假内容"，新规列举了以下几种具体形式：虚增或者虚减资产达到当期资产总额30%以上的；虚增或者虚减营业收入达到当期营业收入总额30%以上的；虚增或者虚减利润达到当期利润总额30%以上的；

隐瞒或者编造的重大诉讼、仲裁、担保、关联交易或者其他重大事项所涉及的数额或者连续12个月的累计数额达到最近一期披露的净资产50%以上的;为欺诈发行证券而伪造、变造国家机关公文、有效证明文件或者相关凭证、单据的。

对于募集资金的流向,删除了"转移或者隐瞒所募集资金的",代之以"募集的资金全部或者主要用于违法犯罪活动的",更加符合法理和常理。

第七章 违规披露、不披露重要信息罪

违规披露、不披露重要信息罪,是指依法负有信息披露义务的公司、企业,向股东和社会公众提供虚假的或者隐瞒重要事实的财务会计报告,或者对依法应当披露的其他重要信息不按规定披露,严重损害股东或者其他人利益,或者有其他严重情节的行为,或者依法负有信息披露义务的公司、企业的控股股东、实际控制人实施或者组织、指使实施前述行为,或者隐瞒相关事项导致前述情形发生的行为。《刑法》第161条规定了本罪最高10年的有期徒刑。本罪对应《证券法》第五章"信息披露"、第十三章"法律责任"中第197条"信息披露义务人的法律责任"。

■ 案例数据

笔者搜索发现,司法机关通过裁判文书网、人民法院案例库、《刑事审判参考》等多种渠道公开的违规披露、不披露重要信息罪生效判决案例共8例,对相关案件内容列举如表7-1所示。

表7-1 违规披露、不披露重要信息罪案例

案号	简要犯罪事实	处罚结果
扬州市邗江区人民法院(2012)扬邗刑初字第0005号	江苏琼花,证券代码为002002,2006年11月至2008年11月,为明显不具有清偿能力的控股股东琼花集团等关联方提供担保24笔,金额计16,035万元,占江苏琼花2008年12月31日经审计的净资产的比例为101.29%。其中2007年11月1日至2008年10月31日连续12个月的担保累计数额为12,005万元,占江苏琼花2008年12月31日经审计的净资产的比例为75.83%。江苏琼花对上述担保事项未按规定履行临时公告披露义务,也未在2006年报、2007年报、2008年半年报中进行披露。截至2009年12月31日,琼花集团通过以股抵债或用减持股票款向债权人偿还的方式,清偿了全部债务,解除了担保人江苏琼花的保证责任	判处实控人于某青拘役3个月,缓刑6个月,罚金20万元

续表

案号	简要犯罪事实	处罚结果
珠海市中级人民法院（2016）粤04刑初131号	博元公司（股票代码为600656）为达到实现股票上市流通的目的，掩盖没有完成3.84亿元股改业绩承诺款缴纳的事实，通过借款、循环转账、制造购买理财产品等假象，置换虚假银行承兑汇票等方式，制作虚假财务报表，致使博元公司披露的2011年至2014年的半年报、年报中虚增资产金额或者虚构利润均达到了当期披露的资产总额或利润总额的30%以上。上海证券交易所于2015年5月15日对该公司的股票实施停牌，同月28日对该公司的股票暂停上市，于2016年3月21日对该公司股票作出终止上市的决定	判处董事长余某妮有期徒刑1年7个月，罚金10万元；财务总监伍某清有期徒刑8个月，缓刑1年，罚金5万元；财务经理张某萍有期徒刑7个月，缓刑1年，罚金4万元；总经理陈某拘役6个月，缓刑6个月，罚金3万元；出纳罗某元拘役3个月，缓刑4个月，罚金2万元
北京市第一中级人民法院（2016）京01刑初135号	2011年1月，华锐风电在上海证券交易所发行上市。当年，华锐风电业绩大幅下滑。为粉饰上市首年业绩，在董事长兼总裁韩某良的组织指挥下，通过虚构销售数据、隐瞒成本、提前确认收入等方式，虚增公司经营利润。其间，财务总监陶某曾就提前确认收入违反了财务规定向韩某良提出异议，但在韩某良的要求下，仍指示财务部门按照虚假数据确认经营收入。经查证，华锐风电在2011年度财务会计报告中，以提前确认收入等方式虚增利润2.58亿余元，占该年年度报告披露的利润总额的34.99%	判处董事长韩某良有期徒刑11个月，罚金10万元；财务总监陶某拘役4个月，缓刑6个月，罚金5万元（二审对陶某免予刑事处罚）
辽宁省丹东市中级人民法院（2017）辽06刑初11号	2011年至2013年6月，被告人温某乙、刘某胜合谋决定采取虚减应收账款、少计提坏账准备等手段，虚构有关财务数据，并在向中国证监会报送的首次公开发行股票并在创业板上市申请文件的定期财务报告中载入重大虚假内容。2014年1月3日，中国证监会核准欣泰电气公司在创业板上市。随后欣泰电气公司在首次公开发行股票并在创业板上市招股说明书中亦载入了具有重大虚假内容的财务报告。2014年1月27日，欣泰电气公司股票在深圳证券交易所创业板挂牌上市，首次以每股发行价16.31元的价格向社会公众公开发行1577.8万股，共募集资金2.57亿元。被告单位欣泰电气公司上市后，被告人温某乙、刘某胜继续沿用前述手段进行财务造假，向公众披露了具有重大虚假内容的2013年年度报告、2014年半年度报告、2014年年度报告等重要信息。2017年7月，深圳证券交易所决定欣泰电气公司退市、摘牌	判处董事长温某乙有期徒刑1年，罚金10万元；财务总监刘某胜有期徒刑6个月，罚金8万元

续表

案号	简要犯罪事实	处罚结果
上海市第三中级人民法院（2020）沪03刑初4号	2015年10月，上海中毅达股份有限公司系上海证券交易所上市公司（A股代码为600610），依法负有信息披露义务。为虚增业绩，时任公司副董事长、总经理任某某决定将实际未开展项目中已由其他企业完工的约80%工程收入违规计入公司三季报，具体由公司副总经理、财务总监林某2、公司财务经理秦某某、厦门中毅达副总经理盛某实施。盛某安排厦门中毅达提供虚假的工程、财务数据，秦某某依据上述数据编制上海中毅达三季度财务报表，交林某2签字确认。后对外披露。经鉴定，虚增主营收入人民币72,670,000.00元，占同期披露主营收入总额的50.24%；虚增利润10,638,888.00元，占同期披露利润总额的81.35%；虚增净利润7,979,166.00元，将亏损披露为盈利	判处董事长、总经理任某某有期徒刑1年，缓刑1年，罚金20万元；财务总监林某2有期徒刑6个月，缓刑1年，罚金10万元；子公司总经理盛某拘役3个月，缓刑3个月，罚金5万元；财务经理秦某某拘役3个月，缓刑3个月，罚金5万元
上海第三中级人民法院（2020）沪03刑初57号	上海普天系上海证券交易所上市公司（股票代码为600680，2019年5月18日终止上市），依法负有信息披露义务。2014年，被告人郑某某（时任上海普天副董事长、总经理）为实现上海普天年度报告盈利，授意被告人陆某2（时任上海普天总会计师）、沈某某（时任能源公司总经理）等人虚增利润。经鉴定，上海普天共计虚增主营业务收入12,295.28万元，虚增利润1,810.35万元，虚增利润占当期披露利润总额的133.61%，将亏损披露为盈利	判处副董事长、总经理郑某某有期徒刑1年2个月，缓刑1年2个月，罚金20万元；公司总会计师陆某2有期徒刑8个月，缓刑1年，罚金10万元；子公司总经理沈某某有期徒刑7个月，罚金10万元；财务总经理高某某拘役4个月，缓刑4个月，罚金5万元；子公司副总经理顾某某拘役3个月，缓刑3个月，罚金5万元；采购中心负责人王某2拘役2个月，缓刑2个月，罚金3万元
杭州市拱墅区人民法院（2020）浙0105刑初255号	2013年至2015年，九好集团通过与其他公司签订虚假业务合同、虚开增值税专用发票、普通发票、利用资金循环虚构银行交易流水、改变业务性质等多种方式虚增服务费收入共计264,897,668.7元，虚增2015年贸易收入574,786.32元，在账面上虚增货币资金3亿余元，购买银行3000万元半年期定期存单，并以该存单为其他公司开具的共计3000万元银行承兑汇票提供质押担保。后九好集团在与鞍重股份重大资产重组过程中，向鞍重股份提供了含有上述虚假信息的财务报表，鞍重股份于2016年4月23日公开披露了含有虚假	判处法定代表人、董事长郭某某有期徒刑2年3个月，并处罚金100,000元；董事、总裁宋某某有期徒刑2年，缓刑3年，并处罚金50,000元；股东杜某某有期徒刑2年，缓刑3年，并处罚金50,000元；财务副总监王某有期徒刑1年，缓刑2年，并处罚金20,000元

续表

案号	简要犯罪事实	处罚结果
	内容的《浙江九好办公服务集团有限公司审计报告(2013至2015年)》《鞍山重型矿山机器股份有限公司重大资产重组置换及发行股份购买资产并募集配套资金暨关联交易报告书》,其中披露了重组对象九好集团含有虚假内容的最近3年主要财务数据	
成都市中级人民法院(2022)川01刑初27号	某深圳证券交易所创业板上市公司,未按照规定披露的关联交易,累计占该公司2017年年度报告净资产绝对值的146.55%,占2018年年度报告净资产绝对值的1605.78%	公司实际控制人、总经理邓某1、邓某2被认定为直接负责的主管人员,通过合规整改,免予刑事处罚

以上8个案例均发生在2006年《刑法修正案(六)》以后、2020年《刑法修正案(十一)》之前,因此适用的是2006年《刑法》的规定。依据当时的法律和司法解释,笔者重点关注刑期、罚金数额以及适用缓刑比例。

从刑期和罚金数额来看,2006年《刑法》第161条只规定了一个量刑档次,即构成本罪的,处3年以下有期徒刑或者拘役,并处或者单处2万元以上20万元以下罚金,本身即属于轻型犯罪。从这8个案例来看,被追究刑事责任的自然人个人共26人,其中3人被免予刑事处罚,被判处自由刑的23人。适用缓刑的有17人,适用缓刑率为74%;其他未适用缓刑的6人中有3人系因为同时触犯其他罪名而被数罪并罚,从而没有适用缓刑。因此,本罪的缓刑适用率是非常高的。(见图7-1)

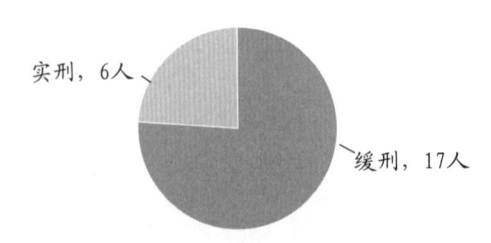

图7-1 违规披露、不披露重要信息罪缓刑与实刑适用分布

针对罚金刑,法定的幅度是2万元到20万元,其中顶格判处20万元罚金的3人,底格判处2万元罚金的2人,判处罚金3万元的2人,判处4万元的1人,判处8万元的1人,判处10万元的7人,判处5万元的7人。对于罚金刑多少,似乎也没有明确的标准,法官自由裁量权较大。

以案释义

• **对本罪构成单位犯罪及其处罚的准确理解与适用**

从现行法律规定看,违规披露、不披露重要信息罪的主体包括两类:一类是"依法负有信息披露义务的公司、企业";另一类是公司、企业的"控股股东、实际控制人"。

第一类主体显然是单位。我国刑法通常对单位犯罪实行"双罚制",根据《刑法》第31条规定,单位犯罪的,对单位判处罚金,并对单位直接负责的主管人员和其他直接责任人员判处刑罚。但是《刑法》分则和其他法律另有规定的,依照规定。而本罪就属于特殊规定。按照《刑法》第161条的规定,本罪属于单罚制,仅对"直接负责的主管人员和其他直接责任人员"进行刑事处罚。原因在于当公司、企业,特别是上市公司作为信息披露义务主体时,因其违规披露、不披露行为再接受处罚,往往会损害公司利益,进而损害其他股民,特别是中小股民的利益。为了避免中小股民利益遭受双重打击,刑法规定本罪适用单罚制,不再对单位进行刑事处罚。

第二类主体既可能是单位,也可能是自然人。从已有的案例来看,公司、企业的控股股东、实际控制人往往在违规信息披露过程中起到组织、操控的地位和作用,更有甚者在作案过程中对公司其他董事、监事、高级管理人员威逼利诱。基于控股股东、实际控制人的地位和影响,公司其他董事、监事、高级管理人员很难对控股股东、实际控制人的违法行为予以阻止。因此,《刑法修正案(十一)》在对本罪法律进行修订时,增加一款将"控股股东、实际控制人"纳入本罪主体,符合现实需要。"控股股东、实际控制人"为单位的,在构成本罪的情况下,适用双罚制,即对单位判处罚金,同时追究直接负责的主管人员和其他直接责任人员的刑事责任。

• **司法机关是否可以对未受行政处罚处理的行为人追究刑事责任**

证券违法犯罪领域的行政与刑事衔接问题,历来是存在争议较多的。在违规信息披露、不披露重要信息罪中,此类问题也经常出现。以上海市第三中级人民法院两个案件为例,其均出现了涉案行为人在中国证监会行政处罚过程中没有被处理,而被公安机关移送刑事处理的现象。(2020)沪03刑初4号案件中的财务经理秦某某、(2020)沪03刑初57号案件中的财务总经理高某某,在中国证监会作出行政处罚决定时均没有承担行政责任。公安移送刑事后,当事人也都以未被追究行政责任,不具有行政违法性作为刑事抗辩理由。但是,司法机关最终都追究了二人的刑事责任。对此,存有争议。

一种意见认为,证券领域犯罪属于典型的行政犯,在程序上先由证券监管部门作行政处罚,构成犯罪的再移送刑事司法。证券监管部门调查后未作出行政处罚的,说明不具有行政处罚性,移送刑事处罚就更没有必要,按照刑事谦抑性原则,司法机关应该认可行政前置程序的处理结果,不再追究刑事责任。另一种意见认为,刑事司法与行政处理具有各自独立性。是否追究刑事责任应该严格遵循刑事司法的理念,根据《刑法》《刑事诉讼法》的规定依法公正裁判,没有接受行政处罚不能成为抗辩刑事追究的理由。

对此,笔者认为应该视行政处理阶段不予处罚的理由不同,作出不同处理。

一种情况,证券监管部门基于证据不足对当事人作出不处理的决定,但是到了刑事阶段,基于公安阶段的继续侦查,有充分的证据证明当事人构成犯罪。此种情况下,由于证据发生了变化,刑事司法不仅可以追究当事人的刑事责任,而且可以再将查清的案件事实移送证券监管部门,建议证券监管部门作出行政处罚。另一种情况,证券监管部门作出不处理的决定是基于查清了事实,认为没有行政处罚必要,而且这一事实在刑事阶段没有发生变化。此种情况下,刑事司法就不宜再追究刑事责任。如果不构成犯罪就应该作无罪处理;如果构成犯罪但是情节显著轻微,就应该作不起诉或免予刑事处罚处理。

- **本罪与背信损害上市公司利益罪的区分**

在违规披露、不披露重要信息罪中,往往存在财务造假的多种手段和方式,难免有的方式会给上市公司造成损失。这就涉及本罪与《刑法》第 169 条之一背信损害上市公司利益罪的区分和竞合问题。从已有案例来看,扬州市邗江区人民法院(2012)扬邗刑初字第 0005 号案件、珠海市中级人民法院(2016)粤 04 刑初 131 号案件,检察机关起诉罪名包括违规披露、不披露重要信息罪和背信损害上市公司利益罪两个罪名,后审判机关均否定了对背信损害上市公司利益罪的起诉,只认定违规披露、不披露重要信息罪。

首先,背信损害上市公司利益罪是结果犯,具体的危害结果"致使上市公司利益遭受重大损失"必须符合《关于公安机关管辖的刑事案件立案追诉标准的规定(二)》第 13 条所列举的情形才构成犯罪。扬州市邗江区人民法院(2012)扬邗刑初字第 0005 号案件中,被告人虽然有操纵上市公司向明显不具有清偿能力的关联企业提供担保的行为,但是在公安机关立案前,当事人就以股抵债或用减持股票款向债权人偿还的方式,清偿了全部债务,解除了担保人江苏琼花的保证责任。因此,在不具备实际损害结果的情况下,法院认为其不构成背信损害上市公司利益罪。

其次,如果行为人的行为造成了上市公司的利益损失,也应该具体区分造成这种损失的原因是市场经济的正常风险,还是行为人滥用权力、违背忠实义务。如果没有证据证明行为人存在恶意掏空上市公司或者损害上市公司利益的主观目的,客观上也不是基于滥用权力、违背忠实义务,而是正常的经营行为或者基于为上市公司利益的冒险性的投机行为,其本质是对市场的错误判断或决策失误,也就不存在"背信",都不能认定为背信损害上市公司利益罪。在珠海市中级人民法院(2016)粤04刑初131号案件中,法院认为本罪的行为应该限制在其他通过与关联公司不正当交易"掏空"上市公司的行为,而非所有损害公司利益的行为都可以认定构成本罪。

最后,如果行为人基于恶意行为造成了上市公司重大利益损失,则应该以违规披露、不披露重要信息罪与背信损害上市公司利益罪数罪并罚。理由是违规信息披露的行为与背信损害行为是两个行为。前者行为的本质是违背"披露义务",侵害的法益是公众知情权;后者行为的本质是违背"忠实义务",侵害的是上市公司的财产等权益,两者没有牵连关系。

■ 规则解读

《刑法》第一百六十一条 【违规披露、不披露重要信息罪】

依法负有信息披露义务的公司、企业向股东和社会公众提供虚假的或者隐瞒重要事实的财务会计报告,或者对依法应当披露的其他重要信息不按照规定披露,严重损害股东或者其他人利益,或者有其他严重情节的,对其直接负责的主管人员和其他直接责任人员,处五年以下有期徒刑或者拘役,并处或者单处罚金;情节特别严重的,处五年以上十年以下有期徒刑,并处罚金。

前款规定的公司、企业的控股股东、实际控制人实施或者组织、指使实施前款行为的,或者隐瞒相关事项导致前款规定的情形发生的,依照前款的规定处罚。

犯前款罪的控股股东、实际控制人是单位的,对单位判处罚金,并对其直接负责的主管人员和其他直接责任人员,依照第一款的规定处罚。

解读: 违规披露、不披露重要信息罪设置于1997年,当时的罪名叫提供虚假财会报告罪,后经2006年《刑法修正案(六)》、2019年《刑法修正案(十一)》两次修改,形成现行有效的《刑法》第161条规定。(见表7-2)

表7-2 违规披露、不披露重要信息罪新旧法律对比

对比项	1997年《刑法》第161条	2006年《刑法》第161条	现行《刑法》第161条
罪名	提供虚假财会报告罪	违规披露、不披露重要信息罪	违规披露、不披露重要信息罪
条文内容	公司向股东和社会公众提供虚假的或者隐瞒重要事实的财务会计报告，严重损害股东或者其他人利益的，对其直接负责的主管人员和其他直接责任人员，处三年以下有期徒刑或者拘役，并处或单处二万元以上二十万元以下罚金	依法负有信息披露义务的公司、企业向股东和社会公众提供虚假的或者隐瞒重要事实的财务会计报告，或者对依法应当披露的其他重要信息不按照规定披露，严重损害股东或者其他人利益，或者有其他严重情节的，对其直接负责的主管人员和其他直接责任人员，处三年以下有期徒刑或者拘役，并处或者单处二万元以上二十万元以下罚金	依法负有信息披露义务的公司、企业向股东和社会公众提供虚假的或者隐瞒重要事实的财务会计报告，或者对依法应当披露的其他重要信息不按照规定披露，严重损害股东或者其他人利益，或者有其他严重情节的，对其直接负责的主管人员和其他直接责任人员，处五年以下有期徒刑或者拘役，并处或者单处罚金；情节特别严重的，处五年以上十年以下有期徒刑，并处罚金。前款规定的公司、企业的控股股东、实际控制人实施或者组织、指使实施前款行为的，或者隐瞒相关事项导致前款规定的情形发生的，依照前款的规定处罚。犯前款罪的控股股东、实际控制人是单位的，对单位判处罚金，并对其直接负责的主管人员和其他直接责任人员，依照第一款的规定处罚

1997年《刑法》的提供虚假财会报告罪，将本罪的主体规定为公司，将对象限定为财务会计报告，将犯罪后果规定为严重损害股东或者其他人利益。《刑法修正案（六）》将犯罪主体扩大为所有依法负有信息披露义务的公司、企业，具体范围应该依据《公司法》《证券法》等法律法规的要求；将对象从财务会计报告扩大到依法应当披露的其他重要信息；将犯罪后果从严重损害股东或他人利益扩大到有其他严重情节。《刑法修正案（十一）》继续扩大了犯罪主体的范围，增加了公司、企业的控

股股东和实际控制人,并加大了刑罚处罚力度,由原来的一个量刑档次,增加到两档"情节特别严重的,处五年以上十年以下有期徒刑,并处罚金",最高刑期达到10年,将罚金刑的20万元最高限度增加到不设限。

为与《刑法修正案(十一)》相适应,最高人民检察院、公安部于2022年发布生效的《关于公安机关管辖的刑事案件立案追诉标准的规定(二)》第6条对本罪的立案追诉标准作出了新的规定,废止了2010年的同类型规定。(见表7-3)

表7-3 违规披露、不披露重要信息罪立案追诉标准新旧对比

对比项	2010年《关于公安机关管辖的刑事案件立案追诉标准的规定(二)》	2022年《关于公安机关管辖的刑事案件立案追诉标准的规定(二)》
内容	第六条 依法负有信息披露义务的公司、企业向股东和社会公众提供虚假、或者隐瞒重要事实的财务会计报告,或者对依法应当披露的其他重要信息不按照规定披露,涉嫌下列情形之一的,应予立案追诉: (一)造成股东、债权人或者其他人直接经济损失数额累计在五十万元以上的; (二)虚增或者虚减资产达到当期披露的资产总额百分之三十以上的; (三)虚增或者虚减利润达到当期披露的利润总额百分之三十以上的; (四)未按照规定披露的重大诉讼、仲裁、担保、关联交易或者其他重大事项所涉及的数额或者连续十二个月的累计数额占净资产百分之五十以上的; (五)致使公司发行的股票、公司债券或者国务院依法认定的其他证券被终止上市交易或者多次被暂停上市交易的; (六)致使不符合发行条件的公司、企业骗取发行核准并且上市交易的; (七)在公司财务会计报告中将亏损披露为盈利,或者将盈利披露为亏损的; (八)多次提供虚假的或者隐瞒重要事实的财务会计报告,或者多次对依法应当披露的其他重要信息不按照规定披露的;	第六条 依法负有信息披露义务的公司、企业向股东和社会公众提供虚假或者隐瞒重要事实的财务会计报告,或者对依法应当披露的其他重要信息不按照规定披露,涉嫌下列情形之一的,应予立案追诉: (一)造成股东、债权人或者其他人直接经济损失数额累计在一百万元以上的; (二)虚增或者虚减资产达到当期披露的资产总额百分之三十以上的; (三)虚增或者虚减营业收入达到当期披露的营业收入总额百分之三十以上的; (四)虚增或者虚减利润达到当期披露的利润总额百分之三十以上的; (五)未按照规定披露的重大诉讼、仲裁、担保、关联交易或者其他重大事项所涉及的数额或者连续十二个月的累计数额达到最近一期披露的净资产百分之五十以上的; (六)致使不符合发行条件的公司、企业骗取发行核准或者注册并且上市交易的; (七)致使公司、企业发行的股票或者公司、企业债券、存托凭证或者国务院依法认定的其他证券被终止上市交易的; (八)在公司财务会计报告中将亏损披露为盈利,或者将盈利披露为亏损的;

续表

对比项	2010年《关于公安机关管辖的刑事案件立案追诉标准的规定(二)》	2022年《关于公安机关管辖的刑事案件立案追诉标准的规定(二)》
	(九)其他严重损害股东、债权人或者其他人利益,或者有其他严重情节的情形	(九)多次提供虚假的或者隐瞒重要事实的财务会计报告,或者多次对依法应当披露的其他重要信息不按照规定披露的; (十)其他严重损害股东、债权人或者其他人利益,或者有其他严重情节的情形

对比新旧两个立案追诉规定,新规定有几个方面的修正:第一,将造成股东、债权人或者其他人直接经济损失数额从50万元提升至100万元;第二,增加了"虚增或者虚减资产达到当期披露的资产总额百分之三十以上的"的入罪情形;第三,将未按照规定披露重大事项所涉及的数额达到净资产的比重明确为最近一期披露的净资产;第四,删除了"股票多次被暂停上市交易的"情形,确定终止上市为唯一标准。另外,新的追诉规定只规定了入罪门槛,并没有规定"情节特别严重的,处五年以上十年以下有期徒刑"的跳档标准,有待进一步明确。在未明确之前,实践中一般不太会作跳档处理。

第八章　背信损害上市公司利益罪

背信损害上市公司利益罪,是指上市公司的董事、监事、高级管理人员违背对公司的忠实义务,利用职务便利,操纵上市公司从事损害上市公司利益的活动,致使上市公司利益遭受重大损失的行为,以及上市公司的控股股东或者实际控制人,指使上市公司董事、监事、高级管理人员从事损害上市公司利益的活动,致使上市公司利益遭受重大损失的行为。《刑法》第169条之一规定了本罪最高7年的有期徒刑。

■ 案例数据

在中国裁判文书网等公开渠道,笔者共收集到4份背信损害上市公司利益罪生效判决,另外有3起案例是检察机关起诉了背信损害上市公司利益罪,但没有获得法院支持。(见表8-1)

表8-1　背信损害上市公司利益罪案例列举

案号	主体身份	具体行为	处理结果	备注
上海市原卢湾区人民法院(2010)卢刑初字142号	董事长	操纵抬高被收购企业价值,操纵上市公司高价收购该企业,损失2400余万元;将上市公司资金用虚假交易形式转出再用于收购上市公司股权,造成损失5650万元	判处有期徒刑3年,缓刑5年,罚金50万元	
芜湖市三山区人民法院(2017)皖0208刑初10号	总经理、董事长	操作、指使上市公司高价采购关系企业产品,导致损失1800余万元	判处有期徒刑10个月,罚金10万元	与国家工作人员滥用职权、受贿案关联

续表

案号	主体身份	具体行为	处理结果	备注
上海市高级人民法院（2019）沪刑终110号	实控人、董事长	采用伪造工程分包商签名、制作虚假的资金支付审批表等方式，以工程款、往来款等名义将上市公司转至子公司资金中的1.2亿元，通过工程承包商、分包商账户划入其控制的多个公司、个人账户内。其中2360万元被其用于理财和买卖股票，未归还	判处有期徒刑2年8个月，罚金180万元	与操纵证券市场罪一起起诉，数罪并罚
克拉玛依市克拉玛依区人民法院（2020）新0203刑初98号	董事长	操纵上市公司从事虚假借贷高额资金4000万元或从上市公司借支高额备用金2750万元用于其实际控制公司及其关联公司，致损失70余万元	判处有期徒刑2年10个月，缓刑3年，罚金10万元	起诉挪用资金罪，判决背信损害上市公司利益罪
扬州市邗江区人民法院（2012）扬邗刑初字第0005号	董事长	为明显不具有清偿能力的控股股东等关联方提供担保24笔，金额计16,035万元，占上市公司2008年12月31日经审计的净资产的比例为101.29%。对上述担保事项未按规定履行临时公告披露义务，也未在2006年报、2007年报、2008年半年报中进行披露。后通过以股抵债或用减持股票款向债权人偿还的方式，清偿了全部债务，解除了担保人保证责任	构成违规披露、不披露重要信息罪，判处拘役3个月缓刑6个月，罚金20万元	起诉背信损害上市公司利益罪，未获法院支持判决。不认定背信损害上市公司罪理由：未实际造成上市公司利益损失
珠海市中级人民法院（2016）粤04刑初131号	实控人、董事长	博元公司为达到实现股票上市流通的目的，掩盖没有完成3.84亿元股改业绩承诺款缴纳的事实，通过借款、循环转账、制造购买理财产品等假象，置换虚假银行承兑汇票等方式，制作虚假财务报表，致使博元公司披露的2011年至2014年的半年报、年报中虚增资产金额或者虚构利润均达到了当期披露的资产总额或利润总额的30%以上。上海证券交易所于2015年5月15日对该公司的股票实施停牌，同月28日对该公司的股票暂停上市，于2016年3月21日对该公司股票作出终止上市的决定	认定违规披露、不披露重要信息罪	起诉背信损害上市公司利益罪，未获法院支持判决。不认定背信损害上市公司利益罪的理由：本案行为人的行为不具有与本罪规定的"掏空"上市公司行为的相当性

续表

案号	主体身份	具体行为	处理结果	备注
北京市第三中级人民法院（2020）京03刑初170号	董事长	上市公司与出卖方签订购房合同,并支付购房款1.4亿元,后行为人将购房款抽走2300万元,导致房屋买卖合同未履行,上市公司违约,造成定金损失3500万元	未认定此事实构成背信损害上市公司利益罪	起诉背信损害上市公司利益罪,未获法院支持判决。未认定理由:没有证据证明行为人系基于损害上市公司利益的主观目的故意造成房屋买卖违约

从4个定罪生效判决看,刑期均在3年以下,有2个案件适用了缓刑。这与当前司法解释并没有规定适用3年以上7年以下刑期的具体金额标准有关,从有利于被告人和刑事谦抑性出发,均在第一档量刑。

从犯罪主体来看,所有案件的犯罪主体均是上市公司董事长,有的是实控人,这与其在上市公司的地位和影响有关,也只有对上市公司具有实际影响力和控制力的特殊身份主体,才对某些非常规行为有决定权。

从案件的起因来看,几乎所有涉案人员触犯或牵连其他犯罪事实,背信损害上市公司利益罪似乎具有兜底性质,多与钱权交易、操纵市场、挪用资金等犯罪相关联,也就导致本罪的适用可能与其他犯罪存在竞合,从而增加了实践中认定本罪的难度。

从3个没有认定构成本罪的案例来看,出罪的理由分为客观与主观两个方向。从客观上来看,本罪是结果犯,没有具体的经济损失不能认定本罪。即便有了经济损失,也要具体分析客观行为与经济损失结果之间是否具备刑法上本罪的因果关系,具体来说如果该行为是正当的决策、经营行为,只是对市场判断错误、决策失误导致了经济损失,就不能认定构成本罪。从主观上来看,构成本罪必须是基于"背信"的故意,即行为人是在故意"掏空"(损害)上市公司利益的支配下,实施了损害行为。如前所述,如果行为人只是基于市场判断错误或决策失误,就不具备本罪的犯罪故意,也就不能认定构成本罪。

以案释义

- **对兜底性条款"采用其他方式损害上市公司利益"的适用**

刑法中的兜底条款通常以"其他……"作为内容进行概括性表述。兜底条款具有模糊性、不确定性，而罪刑法定原则强调确定性，两者之间存在一定的张力，为避免法律解释和适用的随意性，就要求兜底条款的司法适用应有相对明确的准则和依据。一般认为，应该采用同类解释并坚持刑法谦抑性原则。

同类解释要求兜底条款的解释应限于与已明确列举的事项系属同类的情形。"同类"的判断经常采用"相当性"标准，即只有案件涉及的主客观行为与刑法已明确列举的情形在性质、程度、后果上相当时，才能适用兜底条款。兜底条款适用的深层逻辑是对已列举式条款的类型化解释，将已列举的情形所具有的共同特征或内在实质归纳总结，抽象一般性标准，再适用于非列举的情形。这种解释既要借助列举式条款来明确，以实现语义上的一致和体系上的统一；又需要受到列举式条款的限制，以保障相关行为与后果的可预测性，此时要尤其注意避免客观归罪的问题，坚持主客观一致的认定原则。

兜底条款的适用还应坚持刑法谦抑性原则。特别是在涉及罪与非罪、此罪与彼罪时，不应该轻率、贸然地在不利于被告人的情况下适用兜底条款，应该从罪刑法定原则和罪责刑相适应原则出发，将本身具有一定自由裁量空间的兜底条款规制在相对确定性的边界范围内。

从兜底条款的适用规则出发可知，刑法对背信损害上市公司利益罪虽然明确规定了形式不同的五种犯罪行为，但这些行为都具有共同的特征，即特殊主体利用经营管理身份，操纵上市公司，从事明显有违等价有偿等市场规律的活动，致使上市公司利益遭受重大损失。从经验上看，特殊主体之所以会作出这类行为通常是为了向其他企业、个人等输送利益，为此才不惜损害上市公司本身的利益。因此，"采用其他方式损害上市公司利益的"情形亦应符合这一共同特征。在珠海市中级人民法院(2016)粤04刑初131号案例中，检察机关起诉了背信损害上市公司利益罪，但是法院认为本案行为人的行为不具有与本罪规定的"掏空"上市公司行为的相当性，因此没有认定构成本罪。

在具体行为的判断上，则应坚持主客观相一致原则。主观上应考察行为人是否从公司利益出发；客观上则应考察行为人作出的经营管理行为是否符合法律与公司的规定及决策流程，还要考察其中是否掺杂行为人本人的自我利益或是否向其他人输送利益。此时,既要将本罪的犯罪情形与开展正常经营活动但因市场风险而产生公司损失的情形区别开来,又要注意鉴别被"合法程序"外表所掩盖的实质上由个人意志主导的"掏空"上市公司的行为。

以北京市第三中级人民法院(2020)京03刑初170号案件为例,案件承办法官认为,该案中被告人高某确有真实的购房意愿且该意愿是为了让某上市公司获利而非损害某上市公司利益,未以明显有违等价有偿等市场规律的价格或条件购买涉案房产,也没有故意制造违约以致某上市公司损失巨额定金。上市公司最后定金的损失是多种因素共同作用的结果,与最初高某通过董事会决议购买涉案房产没有刑法上的因果关系。在案证据也不能证明该房产交易中掺杂了高某个人利益或存在向其他企业、个人输送利益的情况。此外,从刑法谦抑性精神的角度来看,"背信"所强调的忠诚义务是指上市公司的董事、监事、高级管理人员应从公司利益出发,善意地开展经营管理活动,但并不要求特殊主体从事的一切经营管理活动都不能造成损失。在认定相关行为是否构成背信损害上市公司利益罪的"采用其他方式损害上市公司利益的"情形时,司法人员应将具体行为与经济活动客观存在的市场风险相结合,考察行为是否符合背信损害上市公司利益罪的危害实质,是否从主客观两方面都侵犯了国家对上市公司的管理制度以及上市公司、股东的合法权益,审慎适用刑法中的兜底条款,以彰显刑法的谦抑精神,将兜底条款赋予的自由裁量空间控制在恰当的范围内。综上所述,法院作出被告人高某的行为不构成背信损害上市公司利益罪的判决。[1]

- **背信损害上市公司利益罪与其他犯罪的竞合处理**

实践中,本罪案例之所以很少,并不是实践中符合本罪构成的犯罪事实少,而是因为本罪往往与职务侵占、挪用资金等其他财产型犯罪有竞合关系,而认定为其他罪名。原因是背信损害上市公司利益罪多数情形下是一种财产型犯罪,其列举的六种犯罪行为,最终目的往往是"掏空"上市公司,导致财产损失。对于上市公司来说,其财产的损失又可以表现为财产或权益的转移、财产处于不确定的风险状态等情况。

在无偿向其他单位或者个人提供资金、商品、服务或者其他资产的;以明显不公平的条件,提供或者接受资金、商品、服务或者其他资产的;向明显不具有清偿能力的单位或者个人提供资金、商品、服务或者其他资产的;无正当理由放弃债权、承

---

[1] 参见王海广、杨隽男:《高某被诉背信损害上市公司利益案》,载最高人民法院刑事审判第一、二、三、四、五庭编:《刑事审判参考》总第138辑,人民法院出版社2024年版,第14—20页。

担债务等情况下,就产生了财产的转移,如果财产转移的对象是行为人本人或者其特定关系人,就可能构成职务侵占罪(涉及国有资产和国家工作人员特殊身份时可能构成贪污罪),此时职务侵占罪(贪污罪)与背信损害上市公司利益罪应该是想象竞合关系,应择一重罪处罚,认定为职务侵占罪(贪污罪)可能性较大。如果财产并没有发生所有权的转移,又往往涉及挪用资金(挪用公款)的问题,从一重罪处断为挪用资金罪(挪用公款罪)的可能性较大。

国有上市公司的董事、监事、高级管理人员利用职务便利,将本单位的盈利业务交由自己的亲友进行经营,或者以明显高于市场的价格向自己的亲友经营管理的单位采购商品或者以明显低于市场价格向自己的亲友经营管理的单位销售商品,或者向自己的亲友经营管理的单位采购不合格的商品,使上市公司利益遭受重大损失的行为,又触犯了《刑法》第166条从而认定为亲友非法牟利罪。由于两个罪名刑期相同,因此就应该比照触犯法条的严重程度选择罪名。

另外,从前述的生效判决案例来看,本罪的认定往往与其他犯罪相关,如权钱交易下的贿赂犯罪、操纵证券市场等,这是因为损害上市公司利益的具体行为本身可能只是一种手段行为,在其他犯罪目的支配下实施了该行为,客观上造成了上市公司利益受损的结果。从主客观一致的角度出发,认定其他犯罪更为合理。只有在认定其他犯罪有障碍的情形下,才考虑认定为背信损害上市公司利益罪。因此,立法者在设立本罪时,似乎更多是从对上市公司保护的角度,而并没有体系性地考虑与其他罪名的竞合问题。这是本罪适用率并不高的原因。

■ **规则解读**

《刑法》第一百六十九条之一 【背信损害上市公司利益罪】

上市公司的董事、监事、高级管理人员违背对公司的忠实义务,利用职务便利,操纵上市公司从事下列行为之一,致使上市公司利益遭受重大损失的,处三年以下有期徒刑或者拘役,并处或者单处罚金;致使上市公司利益遭受特别重大损失的,处三年以上七年以下有期徒刑,并处罚金:

(一)无偿向其他单位或者个人提供资金、商品、服务或者其他资产的;

(二)以明显不公平的条件,提供或者接受资金、商品、服务或者其他资产的;

(三)向明显不具有清偿能力的单位或者个人提供资金、商品、服务或者其他资产的;

(四)为明显不具有清偿能力的单位或者个人提供担保,或者无正当理由为其他单位或者个人提供担保的；

（五）无正当理由放弃债权、承担债务的；

（六）采用其他方式损害上市公司利益的。

上市公司的控股股东或者实际控制人，指使上市公司董事、监事、高级管理人员实施前款行为的，依照前款的规定处罚。

犯前款罪的上市公司的控股股东或者实际控制人是单位的，对单位判处罚金，并对其直接负责的主管人员和其他直接责任人员，依照第一款的规定处罚。

解读： 本罪名是2006年《刑法修正案（六）》在原第169条徇私舞弊低价折股、出售国有资产罪基础上增加而来的。该条自1997年《刑法》设立以来还未作过修改。原第169条徇私舞弊低价折股、出售国有资产罪是指国有公司、企业或者其上级主管部门直接负责人、主管人员，徇私舞弊，将国有资产低价折股或者低价出售，致使国家利益遭受重大损失的行为。这一规定显然具有时代特征，即我国对国有资产特殊保护的观念。随着市场经济的不断发展，以及对市场经济条件下多种所有制共同发展的共识，对非公有制经济的保护也变得日益重要。同时，随着资本市场的不断发展壮大，非国有上市公司的董事、监事、高级管理人员侵害上市公司利益的行为也越来越多。因此，为回应这一社会变化，《刑法修正案（六）》增设了这一罪名，给予上市公司同等的保护。从客观行为上来说，两个罪名没有本质的区别。

针对这一罪名的入罪标准，最高人民检察院、公安部在2010年发布、2022年修订的《关于公安机关管辖的刑事案件立案追诉标准的规定（二）》都作了具体规定，后者对前者略有修改，在第6项情形中删除了"致使公司发行的股票、公司债券或者国务院依法认定的其他证券多次被暂停上市交易的"，只保留了"致使……被终止上市交易"。（见表8-2）从这一规定来看，只要通过法律所列举的行为造成上市公司经济损失达到150万元以上或者导致被终止上市交易的，就可以被追究刑事责任，刑期在3年以下有期徒刑或者拘役，并处或单处罚金。至于"特别重大损失"的标准是多少，司法解释并没有规定，实践中往往从有利于被告人和刑事谦抑性出发，在没有具体规定的情况下，不作跳档处理。

表8-2 背信损害上市公司利益罪立案追诉标准新旧对比

对比项	2010年《关于公安机关管辖的刑事案件立案追诉标准的规定（二）》	2022年《关于公安机关管辖的刑事案件立案追诉标准的规定（二）》
内容	第十八条　上市公司的董事、监事、高级管理人员违背对公司的忠实义务，利用职务便利，操纵上市公司从事损害上市公司利益的行为，以及上市公司的控股股东或者实际控制人，指使上市公司董事、监事、高级管理人员实施损害上市公司利益的行为，涉嫌下列情形之一的，应予立案追诉： （一）无偿向其他单位或者个人提供资金、商品、服务或者其他资产，致使上市公司直接经济损失数额在一百五十万元以上的； （二）以明显不公平的条件，提供或者接受资金、商品、服务或者其他资产，致使上市公司直接经济损失数额在一百五十万元以上的； （三）向明显不具有清偿能力的单位或者个人提供资金、商品、服务或者其他资产，致使上市公司直接经济损失数额在一百五十万元以上的； （四）为明显不具有清偿能力的单位或者个人提供担保，或者无正当理由为其他单位或者个人提供担保，致使上市公司直接经济损失数额在一百五十万元以上的； （五）无正当理由放弃债权、承担债务，致使上市公司直接经济损失数额在一百五十万元以上的； （六）致使公司发行的股票、公司债券或者国务院依法认定的其他证券被终止上市交易或者多次被暂停上市交易的； （七）其他致使上市公司利益遭受重大损失的情形	第十三条　上市公司的董事、监事、高级管理人员违背对公司的忠实义务，利用职务便利，操纵上市公司从事损害上市公司利益的行为，以及上市公司的控股股东或者实际控制人，指使上市公司董事、监事、高级管理人员实施损害上市公司利益的行为，涉嫌下列情形之一的，应予立案追诉： （一）无偿向其他单位或者个人提供资金、商品、服务或者其他资产，致使上市公司直接经济损失数额在一百五十万元以上的； （二）以明显不公平的条件，提供或者接受资金、商品、服务或者其他资产，致使上市公司直接经济损失数额在一百五十万元以上的； （三）向明显不具有清偿能力的单位或者个人提供资金、商品、服务或者其他资产，致使上市公司直接经济损失数额在一百五十万元以上的； （四）为明显不具有清偿能力的单位或者个人提供担保，或者无正当理由为其他单位或者个人提供担保，致使上市公司直接经济损失数额在一百五十万元以上的； （五）无正当理由放弃债权、承担债务，致使上市公司直接经济损失数额在一百五十万元以上的； （六）致使公司、企业发行的股票或者公司、企业债券、存托凭证或者国务院依法认定的其他证券被终止上市交易的； （七）其他致使上市公司利益遭受重大损失的情形

第九章　擅自发行股票、公司、企业债券罪

擅自发行股票、公司、企业债券罪，是指自然人或者单位未经国家有关主管部门（一般指中国证监会）批准，擅自发行股票或者公司、企业债券，数额巨大、后果严重或者有其他严重情节的行为。《刑法》第179条规定了本罪最高刑期为5年，并有非法募集资金金额1%至5%的罚金刑。本罪对应《证券法》第9条、第180条。

■ 案例数据

笔者搜索发现，司法机关通过裁判文书网、人民法院案例库、《刑事审判参考》等多种渠道公开的擅自发行股票、公司、企业债券罪生效判决案例共7例，对相关案件列举如表9-1所示。

表9-1　擅自发行股票、公司、企业债券罪案例列举

案号	简要犯罪事实	是否单位犯罪	适用情形	处理结果
西安市新城区人民法院（2010）新刑初字第00056号	被告人卫某在担任陕西金岭光固化材料股份有限公司总经理期间，于2008年1月至6月，在陕西金岭光固化材料股份有限公司已停产的情况下，伙同吴某森（另处）等人未经国家有关主管部门批准，在网络上发布销售陕西金岭光固化材料股份有限公司股东刘某军股权的虚假信息。被害人何某阳、刘某武等人获取此虚假信息后，先后向被告人卫某及吴某森等人设立的银行账号内汇入现金达5,170,000余元，后被告人卫某及吴某森等人将此款提取，致广大股民受损	否	未经国家有关主管部门批准，擅自向社会不特定对象以转让股权等方式变相发行股票，数额巨大	被告人卫某犯擅自发行股票罪，判处有期徒刑4年，并处罚金15万元

续表

案号	简要犯罪事实	是否单位犯罪	适用情形	处理结果
上海市静安区人民法院(2015)闸刑初字第666号	2003年至2005年,被告人张某在未经证券行政管理部门批准的情况下,擅自通过上海晨某投资咨询有限公司、上海东某产权经纪有限公司向社会公众转让自己持有的挂靠在股东王某某名下的上海致某信息产业股份有限公司股权共计41.14万股,获得股权转让款人民币98万余元。同期,被告人张某又接受致某信息公司股东王某某、樊某某等人的委托,代为办理转让该些股东持有的致某信息公司股权,张某仍通过上海晨某投资咨询有限公司向社会公众转让致某信息公司股权近200万股,获得转让款共计人民币400余万元。张某从中获取好处费数十万元	否	未经国家有关主管部门批准,擅自向社会不特定对象以转让股权等方式变相发行股票,数额巨大	被告人张某犯擅自发行股票罪,判处有期徒刑2年,缓刑2年,并处罚金人民币10万元
武汉市武昌区人民法院(2016)鄂0106刑初590号	被告人黄某某在担任被告单位东方天琪公司法定代表人期间,于2007年1月至11月,在未经政府主管部门批准的情况下,通过湖北大唐产权经纪有限公司,委托上海林增资产管理有限公司等中介公司,对外虚假宣传被告单位东方天琪公司即将上市,并在中国工商银行武昌区中北路支行开设银行账户,以每股人民币2元至4元的价格,向社会公众转让被告单位东方天琪公司股东黄某、李某甲的股权,共计向社会公众郭某、从某某等30余人转让股票127.2万余股,共计人民币390万余元	是	未经有关部门批准的情况下,擅自发行股票,数额巨大	被告单位东方天琪公司犯擅自发行股票罪,判处罚金人民币10万元;被告人黄某某犯擅自发行股票罪,判处有期徒刑1年6个月
西安市雁塔区人民法院(2018)陕0113刑初373号	2004年起,被告人邓某某作为陕西鑫盛世纪农业科技股份有限公司(以下简称鑫盛公司)实际控制人,在未向中国证监会及陕西监管局递交公开发行股票申请材料的情况下,在该公司成立证券部,组织业务人员以公司准备在新加坡上市为由,向不特定	是	未经有关部门批准的情况下,擅自发行股票,数额巨大	未对公司处罚;被告人邓某某犯擅自发行股票罪,判处有期徒刑1年6个月

续表

案号	简要犯罪事实	是否单位犯罪	适用情形	处理结果
	公众宣传,并吸引公众购买该公司的原始股。之后购股群众无法交易,亦无法联系鑫盛公司,遂陆续报案。经鉴定,报案人数131人,报案购股金额5,698,419.56元,报案实际缴纳金额5,698,419.56元,报案分红金额2530元,报案损失为5,667,389.56元,涉及股票数量2,145,688股			
上海市第一中级人民法院(2019)沪01刑初40号	2015年6月,被告单位江苏奥海船舶配件有限公司(以下简称奥海公司)法定代表人兼总经理被告人张某某决定通过委托中介机构对外公开出售公司股权等方式非法募集资金。2015年7月至2016年7月,奥海公司未经国家有关主管部门批准,以即将在新三板挂牌,投资人可获取高额回报为由,采用电话推销、口口相传等手段,公开招揽131名投资人合计出资人民币1.48亿余元购买奥海公司股权	是	未经国家有关主管部门批准,擅自向社会不特定对象以转让股权等方式变相发行股票,数额巨大	被告单位奥海公司犯擅自发行股票罪,判处罚金人民币450万元;被告人张某某犯擅自发行股票罪,判处有期徒刑4年
长春市南关区人民法院(2019)吉0102刑初464号	中国人参控股有限公司副总经理张某某于2010年1月至2011年12月,未经中国证监会批准,以公司计划在美国纳斯达克PK板块升至OTCBB板块上市,购买公司原始股票上市后可以获得高额回报为名,召集、组成销售团队,采用通过电话联系、"口口相传"、开多场股票推介会,介绍、洽谈增发股票业务,并采取播放宣传片夸大收益及发放宣传手册等公开、变相公开方式向社会不特定对象以每股3.6元的股价出售公司股票。投资者通过银行转账、缴纳现金等方式支付购买股票款项后,与中国人参控股有限公司签订《购买股票协议书》《股权确认书》,作为投资者认购、持有公司股	否	未经中国证监会批准,擅自公开发行股票,发行数额巨大	被告人张某某犯擅自发行股票罪,判处有期徒刑4年,并处罚金人民币100万元

续表

案号	简要犯罪事实	是否单位犯罪	适用情形	处理结果
	票的证明。其间,共向224名投资者发行股票990万股,收取投资者股本金人民币2935.26万元。其中,查某、陈某等130名投资者为不特定对象,共购买股票628万股,总金额2267.47万元。所得赃款均被挥霍			
牡丹江市中级人民法院(2019)黑10刑终28号	2014年被告单位友邦公司为筹集公司发展资金,在未经国务院证监部门批准的情况下,由公司法定代表人、董事长赵某某提出,经公司股东王某1、王某2、李某某研究决定,面向社会公众以发行原股股(原始股权证)的名义募集资金。2014年8月至案发期间,赵某某谎称公司即将上市,上市后股票能翻几倍、几十倍价格,以每股1元至3元不等的价格共计向71名不特定社会公众发行印有"中国—牡丹江友邦食用菌(木耳)集团有限公司""原始股权证"字样的原始股票,股数139.9万股,合计金额261.7万元	是	未经中国证监会批准,擅自公开发行股票,发行数额巨大	被告单位友邦公司犯擅自发行股票罪,判处罚金5万元;被告人赵某某犯擅自发行股票罪,判处有期徒刑1年6个月

上述7起案件中,有3起案件是向社会不特定对象发行、转让股权的变相发行,其余4起为典型的未经国家主管部门批准擅自发行股票。其中,4起案件构成单位犯罪。

从量刑来看,法律规定,处5年以下有期徒刑或者拘役,并处或者单处非法募集资金金额1%以上5%以下罚金,笔者总结如表9-2所示。

表9-2 擅自发行股票、公司、企业债券罪刑罚适用情况

项目	非法募集资金/元						
	517万	500万	390万	570万	1.48亿	2200万	261万
罚金/元	15万	10万	10万	未罚	150万	100万	5万
比例/%	2.9	2	2.6		1	4.5	1.9
刑期	4年	2年,缓刑2年	1年6个月	1年6个月	4年	4年	1年6个月

以案释义

● 对本罪罚金刑的准确适用

《刑法》第 179 条关于本罪，规定了两款。第 1 款是自然人犯罪，其法定刑为 5 年以下有期徒刑或者拘役，并处或者单处非法募集资金金额 1% 以上 5% 以下罚金。第 2 款为单位犯罪，即单位构成本罪的，对单位判处罚金，并对其直接负责的主管人员和其他直接责任人员，处 5 年以下有期徒刑或者拘役。这是典型的双罚制。在笔者看来，对此的准确适用应该是：如果只构成自然人犯罪，就要么对自然人单处罚金，要么在判处自由刑的前提下并处罚金，只判处自由刑不判处罚金是错误的；如果构成单位犯罪，就首先必须对单位判处罚金，同时对直接负责的主管人员和其他直接责任人员判处自由刑，但是不再判处罚金。在本罪单位犯罪的情况下，对单位不处罚金，只对责任人判处自由刑是错误的，或者只对责任人判处自由刑并适用罚金刑也是错误的。西安市雁塔区人民法院（2018）陕 0113 刑初 373 号案件，在判决书中法院认定"被告人邓某某在担任鑫盛公司总经理期间负责该公司上市事宜，该公司在未经有关部门批准的情况下，擅自发行股票，且数额巨大，鑫盛公司的行为已构成擅自发行股票罪，邓某某作为鑫盛公司的直接责任人，其行为亦构成擅自发行股票罪"。但最后邓某某个人被判处了自由刑，也没有适用罚金，显然是适用法律错误。

● 合法出售、转让股权与本罪的区分

根据 2022 年修正后的最高人民法院《关于审理非法集资刑事案件具体应用法律若干问题的解释》第 10 条，最高人民检察院、公安部《关于公安机关管辖的刑事案件立案追诉标准的规定（二）》第 29 条的规定，未经国家有关主管部门批准，向社会不特定对象发行、转让股权等方式变相发行股票或者公司、企业债券，或者向特定对象发行、变相发行股票或者公司、企业债券累计超过 200 人的，应当以擅自发行股票、公司、企业债券罪追究刑事责任。

总结归纳司法解释的上述规定，对于"擅自发行股票、公司、企业债券罪"的理解，我们可以把握两个标准，一是对象的不特定性，二是发行形式是直接发行股票、债券还是发行、转让股权。发行股票或者公司、企业债券，自然是希望赢得广大投资者的青睐，从而获得不特定对象的投资。而本罪的本质是"擅自"，即未经国家监管部门的核准，在没有监管的情形下发行股票或公司、企业债券，也正因如此，本罪侵害的法益是国家的金融管理秩序。根据《公司法》规定，我国股份有限公司的发起人人数上限为 200 人，超过 200 人，就有了向不特定对象发展的趋势。因而，在上

述司法解释中,立法者似乎将200人作为区分刑法上特定或者不特定的标准。首先,正常的发行、转让股权应该是针对特定对象,而且是200人以内,如果是针对不特定对象,或者看似是特定对象,但是人数超过200人,名义上是发行、转让股权,实质上却已经是变相公开发行股票或公司、企业债券。其次,在直接发行股票或公司、企业债券的形式下,发行对象必须超过200人,在没有超过200人的情况下,就不可以认定本罪。

- **本罪与非法吸收公众存款罪、集资诈骗罪的区分**

擅自发行股票、公司、企业债券的目的往往是融资,这就容易与《刑法》规定的其他非法融资方式犯罪相竞合,最典型的罪名是非法吸收公众存款罪与集资诈骗罪。根据2008年1月2日最高人民法院、最高人民检察院、公安部、中国证监会发布的《关于整治非法证券活动有关问题的通知》的规定,未经依法核准,擅自发行证券,构成犯罪的,以擅自发行股票、公司、企业债券罪追究刑事责任。未经依法核准,以发行证券为幌子,实施非法证券活动,涉嫌犯罪的,以非法吸收公众存款罪、集资诈骗罪追究刑事责任。

擅自发行股票、公司、企业债券罪与非法吸收公众存款罪的本质区别在于是否真实发行股票或公司、企业债券。根据最高人民法院《关于审理非法集资刑事案件具体应用法律若干问题的解释》第2条第5项规定,不具有发行股票、债券的真实内容,以虚假转让股权、发售虚构债券等方式非法吸收资金的,以非法吸收公众存款罪追究刑事责任。因此,对于违法但真实发行股票、债券或者变相发行股票、债券的情形,应该认定为擅自发行股票、公司、企业债券罪,对于不具有发行或变相发行股票、债券的真实内容,以虚假转让股权、发售虚构债券等方式非法吸收资金的,构成非法吸收公众存款罪。

擅自发行股票、公司、企业债券罪与集资诈骗罪的本质区别在于是否以非法占有为目的。两个罪名虽然都属于非法集资类犯罪,但是又区别明显。集资诈骗罪是以非法占有为目的,使用诈骗方法非法集资数额较大的行为;而擅自发行罪破坏的是金融管理秩序,主观上不具有非法占有的目的。实践中,如果行为人虽然在发行或变相发行股票、公司、企业债券过程中,使用了编造事实、隐瞒真相等手段,如财务造假、虚假承诺、伪造担保等,最终获得了投资者的信任与资金,但是没有证据证明募集资金用于肆意挥霍、携款潜逃等,甚至把资金用于企业的正常经营活动,则不宜认定为集资诈骗,而只能认定为擅自发行股票、公司、企业债券罪。相反,即便以发行股票、公司、企业债券的方式募集资金,但是有证据证明资金去向是以归为己有、肆意挥霍等非法占有为目的的,就应该认定为集资诈骗罪。首先,对行为人发行股票的行为应作实质认定,只要行为人以非法占有为目的,使用诈骗方法实施了非法集资行为,无论采取何种名义和方式,都应认定为集资诈骗罪;其次,擅自发行股票、公司、企业债券罪的法定刑仅有5年以下一档,将以非法占有为目的,通过发行股票形式募集资金定性为擅自发行股票、公司、企业债券罪,无法完全评价行为的法益损害种类,也不符合罪责刑相适应的原则。[1] 基于此,前述列表中西安市新城区人民法院(2010)新刑初字第00056号、长春市南关区人民法院(2019)吉0102刑初464号案件中,行为人所得募集资金均用于挥霍,笔者认为认定为集资诈骗罪更合适。

■ 规则解读

《刑法》第一百七十九条 【擅自发行股票、公司、企业债券罪】

未经国家有关主管部门批准,擅自发行股票或者公司、企业债券,数额巨大、后果严重或者有其他严重情节的,处五年以下有期徒刑或者拘役,并处或者单处非法募集资金金额百分之一以上百分之五以下罚金。

单位犯前款罪的,对单位判处罚金,并对其直接负责的主管人员和其他直接责任人员,处五年以下有期徒刑或者拘役。

《关于公安机关管辖的刑事案件立案追诉标准的规定(二)》第二十九条

未经国家有关主管部门批准或者注册,擅自发行股票或者公司、企业债券,涉嫌下列情形之一的,应予立案追诉:

(一)非法募集资金金额在一百万元以上的;

(二)造成投资者直接经济损失数额累计在五十万元以上的;

(三)募集的资金全部或者主要用于违法犯罪活动的;

(四)其他后果严重或者有其他严重情节的情形。

本条规定的"擅自发行股票或者公司、企业债券",是指向社会不特定对象发行、以转让股权等方式变相发行股票或者公司、企业债券,或者向特定对象发行、变相发行股票或者公司、企业债券累计超过二百人的行为。

---

[1] 参见上海市人民检察院编:《证券期货领域犯罪典型案例与司法观点》,中国检察出版社2022年版,第170页。

解读：本罪名是 1997 年《刑法》设置的，迄今未作过任何修改。曾有一段时间，对于"擅自发行"具体行为方式存在理解分歧。特别是对于以出售、转让股权等形式变相发行股票、债券是否属于擅自发行股票、债券的行为以及应该以何罪名追究刑事责任存在顾虑。2014 年《证券法》规定，公开发行证券必须符合法律、行政法规规定的条件，并依法报经国务院证券监督管理机构或者国务院授权的部门核准；未经依法核准，任何单位和个人不得公开发行证券。向不特定对象发行证券或向特定对象发行证券累计超过 200 人的属于公开发行。现行《证券法》顺应注册制改革，规定公开发行证券必须符合法律、行政法规规定的条件，并依法报经国务院证券监督管理机构或者国务院授权的部门注册。未经注册，任何单位和个人不得公开发行证券。证券发行注册制的具体范围、实施步骤，由国务院规定。有下列情形之一的，为公开发行：(1)向不特定对象发行证券；(2)向特定对象发行累计超过 200 人，但依法实施员工持股计划的员工人数不计算在内；(3)法律规定的其他发行行为。非公开发行，不得采用广告、公开劝诱和变相公开方式。2006 年国务院办公厅印发的《关于严厉打击非法发行股票和非法经营证券业务有关问题的通知》第 3 条规定，严禁擅自公开发行股票。向不特定对象发行股票或向特定对象发行股票后股东累计超过 200 人的，为公开发行，应依法报经证监会核准。未经核准擅自发行的，属于非法发行股票。严禁变相公开发行股票。向特定对象发行股票后股东累计不超过 200 人的，为非公开发行。非公开发行股票及其股权转让，不得采用广告、公告、广播、电话、传真、信函、推介会、说明会、网络、短信、公开劝诱等公开方式或变相公开方式向社会公众发行。严禁任何公司股东自行或委托他人以公开方式向社会公众转让股票。向特定对象转让股票，未依法报经证监会核准的，转让后，公司股东累计不得超过 200 人。

根据 2022 年修正后的最高人民法院《关于审理非法集资刑事案件具体应用法律若干问题的解释》第 10 条，最高人民检察院、公安部《关于公安机关管辖的刑事案件立案追诉标准的规定(二)》第 29 条的规定，未经国家有关主管部门批准，向社会不特定对象发行、转让股权等方式变相发行股票或者公司、企业债券，或者向特定对象发行、变相发行股票或者公司、企业债券累计超过 200 人的，应当以擅自发行股票、公司、企业债券罪追究刑事责任。同时，对于入罪标准，《关于公安机关管辖的刑事案件立案追诉标准的规定(二)》第 29 条还规定了：(1)非法募集资金金额在 100 万元以上的；(2)造成投资者直接经济损失数额累计在 50 万元以上的；(3)募集的资金全部或者主要用于违法犯罪活动的；(4)其他后果严重或者有其他严重情节的情形。对此,笔者理解未经国家有关主管部门批准,向社会不特定对象发行、转让股权等方式变相发行股票或者公司、企业债券,没有人数限制,但必须符合这4项数额要求。对于向特定对象发行、变相发行股票或者公司、企业债券的,有超过200人的人数要求,如果超过了200人,又达到了这4项数额要求,自然构成犯罪。如果向特定对象发行、变相发行股票或者公司、企业债券的人数不到200人,但是又符合前述4项数额要求,笔者认为不应该被立案追诉。因为,这种情况本质上是合法地出售股权。

第十章 内幕交易、泄露内幕信息罪

内幕交易、泄露内幕信息罪是指证券交易内幕信息的知情人员或者非法获取证券交易内幕信息的人员,在涉及证券的发行,证券交易或者其他对证券交易价格有重大影响的信息尚未公开前,买入或者卖出该证券,或者泄露该信息,或者明示、暗示他人从事上述交易活动,情节严重的行为。《刑法》第180条规定了本罪最高10年的有期徒刑和罚金刑。本罪对应的是《证券法》第50条、第191条。

■ **案例数据**

笔者收集到的中国裁判文书网、威科先行、人民法院案例库等多种渠道公开的内幕交易、泄露内幕信息罪生效判决案例共77例,以下从不同角度进行多种数据分析。

1. 从时间分布来看,最早的案例见于2009年,2016年开始案件数量大幅度上升。2022年、2023年数量看上去明显下降,但可能与有些案件尚未被公开有关。(见图10-1)

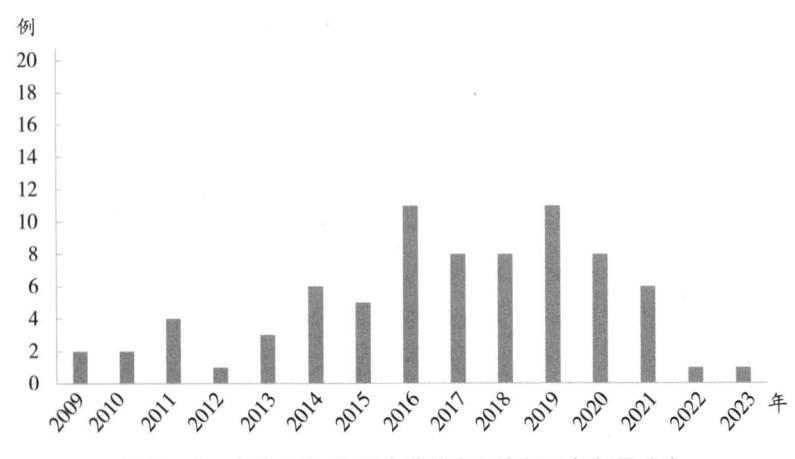

图10-1 内幕交易、泄露内幕信息罪案例历年数量分布

2. 从犯罪主体来看,根据最高人民检察院、最高人民法院《关于办理内幕交易、泄露内幕信息刑事案件具体应用法律若干问题的解释》的规定,"证券内幕信息的知情人员"是指《证券法》第 51 条规定的人员,总共包括 9 类(具体见本章"规则解读")。在已有的 77 个案例中,涉及"内幕信息知情人"的案例 69 个(其余案件系内幕交易人员自行非法获取内幕信息)。其中,第"(四)""(五)""(六)"类最多,即由于所任公司职务或者因与公司业务往来可以获取公司有关内幕信息的人员,上市公司收购人或者重大资产交易方及其控股股东、实际控制人、董事、监事和高级管理人员,因职务、工作可以获取内幕信息的证券交易场所、证券公司、证券登记结算机构、证券服务机构的有关人员,具体数据如表 10-1 所示。

表 10-1 证券内幕信息的知情人员类型分布

内幕信息知情人员种类	数量/个
(一)发行人及其董事、监事、高级管理人员	9
(二)持有公司百分之五以上股份的股东及其董事、监事、高级管理人员,公司的实际控制人及其董事、监事、高级管理人员	4
(三)发行人控股或者实际控制的公司及其董事、监事、高级管理人员	1
(四)由于所任公司职务或者因与公司业务往来可以获取公司有关内幕信息的人员	17
(五)上市公司收购人或者重大资产交易方及其控股股东、实际控制人、董事、监事和高级管理人员	12
(六)因职务、工作可以获取内幕信息的证券交易场所、证券公司、证券登记结算机构、证券服务机构的有关人员	13
(七)因职责、工作可以获取内幕信息的证券监督管理机构工作人员	0
(八)因法定职责对证券的发行、交易或者对上市公司及其收购、重大资产交易进行管理可以获取内幕信息的有关主管部门、监管机构的工作人员	2
(九)国务院证券监督管理机构规定的可以获取内幕信息的其他人员	11

3. 从内幕信息种类来看,根据最高人民法院《关于办理内幕交易、泄露内幕信息刑事案件具体应用法律若干问题的解释》的规定,内幕信息是指《证券法》第 80 条规定的重大事件,具体有 12 类(具体见本章"规则解读")。在统计的 77 个案例中,绝大多数涉案"内幕信息"为第 2 类公司重大投资行为和第 9 类即公司分配股利、增资的计划,公司股权结构的重要变化,公司减资、合并、分立、解散及申请破产的决定,或者依法进入破产程序、被责令关闭。其中以公司分配股利、增资计划、由

并购重组引发的股权结构发生重要变化为主。另有1例内幕信息内容为第11类即公司涉嫌犯罪被依法立案调查,公司的控股股东、实际控制人、董事、监事、高级管理人员涉嫌犯罪被依法采取强制措施,1例为第1类即公司的经营方针和经营范围的重大变化;1例为公司有重大债务和未能清偿到期债务的违约情况;还有1例极为特殊,内容为某上市医药公司在新冠疫情期间发明的抗新冠创新药研发成功,可以归类为法律规定的第12类,即国务院证券监督管理机构规定的其他事项。具体数据如表10-2所示。

表10-2 内幕信息内容类型分布

内幕信息种类	数量/例
(一)公司的经营方针和经营范围的重大变化	1
(二)公司的重大投资行为; (九)公司分配股利、增资的计划,公司股权结构的重要变化等	70
(四)公司有重大债务和未能清偿到期债务的违约情况	1
(十一)公司董事长被刑事拘留	1
(十二)其他事项	1

4. 本罪规定了单位犯罪,从数量结构来看,被认定为单位犯罪的案件数量共9件,占比12%。这类单位犯罪主要是在内幕交易时,由单位负责人决策,使用单位资金进行股票交易,利益最终归属于单位。(见图10-2)

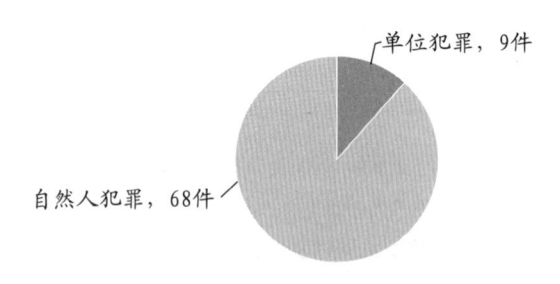

图10-2 内幕交易刑事案件单位犯罪、自然人犯罪数量分布

5. 从法定刑来看,本罪规定了5年以下与5年以上两个档次。在77个案件中涉及自然人共120人。其中有1人被宣判无罪;有1人被免予刑事处罚;有2人被单处罚金。对于其他116人,笔者将刑期分为3年以下(含3年)、3年以上至5年以下(含5年)、5年以上至10年三个标准。其中,第一档次3年以下(含3年)84人,占比最大接近72.4%,如果再加上被免予刑事处罚、单处罚金的三个案件,此比

例接近74%;第二档次22人,占比为19%;第三档次10人,占比为8.6%。可见本罪在实践处理上具备轻刑化特点。(见图10-3)

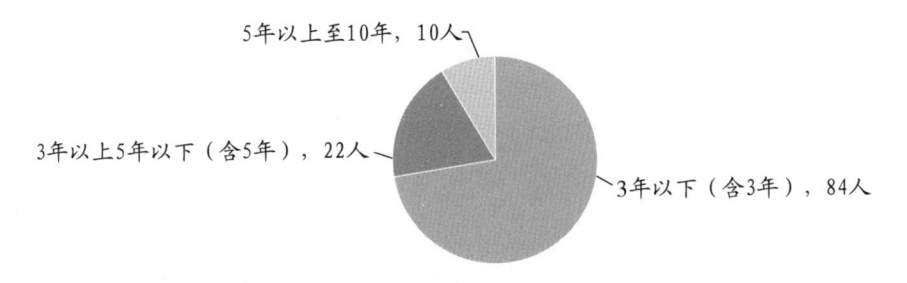

图10-3 内幕交易刑事案件刑期分布

6. 在所有判处3年以下(含3年)的轻型化案例中,适用缓刑的共71人。以3年以下(含3年)为基数,缓刑适用率高达85%;以全体被判处自由刑罚的人为基础,缓刑适用率也高达61%。总体来看,本罪的缓刑适用率远高于其他刑事犯罪。(见图10-4)

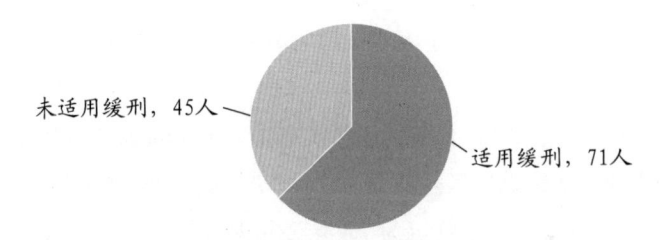

图10-4 内幕交易刑事案件缓刑适用情况分布

■ **以案释义**

关于内幕交易、泄露内幕信息罪的争议焦点可以大致分为5个方向,即主体范畴(知情人与交易人的认定)、内幕信息(是不是内幕信息、敏感期起止时间认定)、客观行为(泄露行为、获取行为、交易异常行为)、违法所得计算以及法定抗辩事由。(见图10-5)

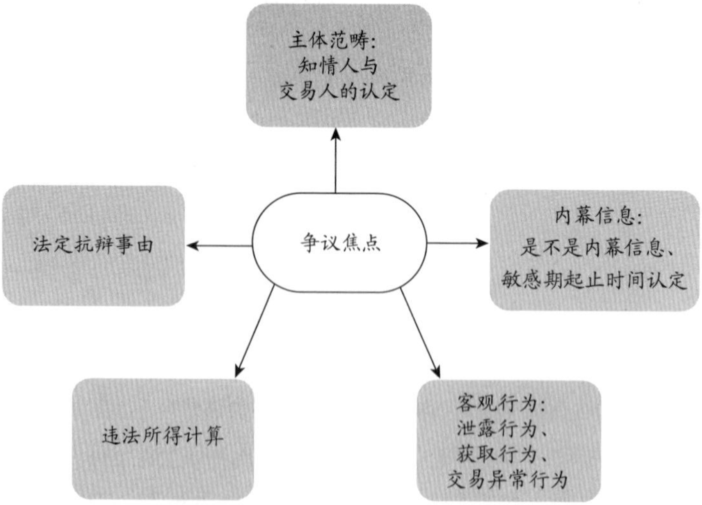

图 10-5　内幕交易、泄露内幕信息罪的争议焦点

- **内幕交易主体认定主要争议问题**

从行政法立法层面来看，对于内幕交易的主体有一个从"身份中心主义"向"信息中心主义"演变的过程。1998 年《证券法》对于内幕交易的主体仅仅规定为"证券交易内幕信息的知情人员"，此后为了将市场上一些通过非法途径获取内幕信息的人，以及法人和其他组织从事内幕交易的情况纳入法律规制范围，2005 年《证券法》第 73 条将内幕交易的主体规定为"证券交易内幕信息的知情人和非法获取内幕信息的人"，一直沿用至今。这一规定将"形式上的特殊主体"（特殊身份和非法手段）转向"实质上的一般主体"（任何实际知悉内幕信息的主体）。作为刑事法律的前置法律，《证券法》的这一立法规定，为刑事法律中认定内幕交易、泄露内幕信息罪的主体奠定了基础。根据《刑法》的规定，本罪中知情人员的范围，依照法律、行政法规的规定确定，也就是要依据《证券法》等规定予以确定。《证券法》对于知情人以列举方式进行了明确。这就使在刑事法律规则中对于知情人的认定基本上不存在争议。存有争议的往往是"非法获取"后的实际"交易"主体。

1. 被动型获取内幕信息的人能否认定为本罪主体

必须明确两个前提：第一，此处被动型获取内幕信息的人员必须是内幕信息知情人员的近亲属或者与其关系密切的人之外的人，如果是内幕信息知情人员的近亲属或者与其关系密切的人，则无论是主动获取还是被动获取内幕信息，均属于非法获取内幕信息的人员；第二，被动型获取内幕信息的人员主观上必须是明知，一是明知信息的性质,即明知信息是内幕信息,二是明知信息的来源,即明知信息是内幕信息的知情人员泄露的或者明知信息是他人非法获取的。

在具备上述两个前提下,被动型获取内幕信息的人员应否认定为非法获取内幕信息的人员,主要存在两种观点。

一种观点认为,根据《刑法》的规定,内幕交易、泄露内幕信息罪的主体只有两类,即内幕信息的知情人员和非法获取内幕信息的人员。被动获取内幕信息的人员不具有保密内幕信息的义务,其行为手段也不具有非法性,因此不能认定为非法获取内幕信息的人员。

另一种观点认为,内幕交易、泄露内幕信息罪保护的法益是证券、期货交易的管理制度和投资者的合法权益,被动获取内幕信息的人员应否认定为非法获取内幕信息的人员,关键要看被动获取内幕信息的人员有无利用内幕信息侵害这些法益的目的。一些国家对被动型获取内幕信息的人员都保留了追究刑事责任的空间。例如,美国是最早对内幕交易进行立法的国家,美国证券交易委员会制定的"14e-3号规则"规定:"当任何人已采取主要步骤进行公开收购或收购已正式展开时,其他取得与该公开收购有关的重要消息,且明知或可知此消息未公开,并明知该消息来自公开收购人或目标公司或其职员、内部人、代表进行公开收购之人,不得买进或卖出该公司之股份。"英国对内幕交易的现行立法主要体现在《1993年刑事审判法》。《1993年刑事审判法》第五章第57条规定了内幕人的认定条件:一是消息本身属于内幕信息或行为人知道其属于内幕信息;二是行为人从内部渠道获取的信息,或者知道该信息来自内部。欧盟关于内幕交易和市场操纵(市场滥用)2003/6号指令第4条明确,任何人如果知道或应当知道自己所掌握的信息是内幕信息,则不得从事与该内幕信息有关的证券、期货交易。日本将内幕交易罪的主体扩展到情报受领人,即包括从公司关系人处直接获悉的与上市公司内部业务相关的重要情报的人员。该观点认为,可以参考此类做法,有条件地将被动型获取内幕信息的人员认定为非法获取内幕信息的人员。

上述两种观点均有一定道理,考虑到我国证券、期货市场的现有特点,被动型获取内幕信息的人员从事内幕交易或者泄露内幕信息的情形又十分复杂,实践中难以准确把握,出于审慎,目前我国的立法和司法解释等规则尚未将被动型获取内幕信息的人员明确规定为非法获取内幕信息的人员。值得强调的是,如果被动获取内幕信息的人员与传递信息的人员具有犯意联络,则可能构成内幕交易、泄露内幕信息罪的共犯。在(2018)沪02刑初22号和(2018)沪02刑初99号案中,法院并没有肯定被动知悉的方式。在该案中,法院只认定二被告人与范某某共同犯罪部分,对二被告人在知悉内幕信息后自行买卖的事实不予评判。

2. 对二手以上的内幕信息传递行为是否追究刑事责任

一种观点认为,应当采取信息内容为主,传递身份为辅模式。对多级传递内幕信息行为的认定,首先看被传递人是否明知其接受的信息为内幕信息,其次考虑传递人与被传递人之间的关系。但从当前司法现状出发,对二手以上的内幕信息传递行为,原则上不应追究刑事责任,否则打击面过大。如欧盟采取的是传递身份模式,对二手以下的传递者仅给予行政处罚,而日本对二手以下的传递者则不追究任何责任。

另一种观点认为,对于内幕交易、泄露内幕信息行为的认定,关键在于内幕信息传递人主观上是否明知。如果属于明知是内幕信息而予以传递,即表明行为人在传递时具有主观恶性,属于恶意侵犯法益,无论是第几手传递内幕信息,都应当追究刑事责任。当前,世界各国对内幕信息多级传递行为的认定模式存在一定差别。

经研究认为,并非所有存在二传、三传的案件都难以认定泄露内幕信息人员的责任,即便难以认定,在能够认定的限度内也应追究泄露内幕信息人员的责任。对于泄露内幕信息行为,即如二传、三传不是从内幕信息知情人员那里获悉信息,但如果泄露内幕信息人员知晓有二传、三传乃至之后的人在利用其泄露的内幕信息进行交易而不加制止或未有效制止,那么其就应当对这些从事内幕交易的行为承担责任。

- **如何认定客观的"非法获取"与"异常交易"行为**

由于窃取、骗取、套取、窃听、利诱、刺探或者私下交易这些手段本身是非法的,对于非法手段型获取内幕信息人员的认定相对简单。争议的焦点主要是特定身份型、积极联系型人员的"非法获取"认定。

鉴于有关内幕信息的知情人员与其近亲属或者与其关系密切的人之间交流信息的取证十分困难,现行司法解释对特定身份型非法获取内幕信息人员的认定明确了这样一个思路:先由司法机关认定相关交易行为是否明显异常;在确定这一前提下,司法机关必须进而认定相关明显异常交易有无正当理由或者正当信息来源。相关交易人员,明示、暗示人员或者泄露内幕信息的行为人可以就其行为有无正当理由或者正当信息来源提出抗辩;对无正当理由或者无正当信息来源的,应当认定行为人为非法获取内幕信息的人员。有观点认为,上述规定是一种举证责任倒置,而举证责任倒置是无罪推定的例外,应当严格限制,且必须由法律明文规定。但多数观点认为,要求上述人员作出合理解释与举证责任倒置存在显著区别,认定上述人员非法获取内幕信息是基于敏感时期、敏感身份、敏感行为等基础事实所作的一种认定。换言之,根据这些基础事实就基本可以认定上述人员是非法获取内幕信息。"合理解释"本质上属于抗辩条款,发挥的是阻却犯罪事由的功能,体现的是有利被告人原则。由此,认定特殊身份型非法获取行为的关键就落在了"交易行为异常"的认定上。

实践中,对"相关交易行为明显异常"的认定主要综合从交易时间吻合程度、交易背离程度、利益关联程度三个方面进行把握。一是时间吻合程度,即从行为时间与内幕信息形成、变化、公开的时间吻合程度把握。所要比对的时间主要有以下三类:行为人开户、销户、激活资金账户或者指定交易(托管)、撤销指定交易(转托管)时间;资金变化时间;相关证券、期货合约买入或者卖出时间。二是交易背离程度,即从交易行为与正常交易的背离程度把握。正常交易主要体现在以下两点:基于平时交易习惯而采取的交易行为;基于证券、期货公开信息反映的基本面而理应采取的交易行为。三是利益关联程度,即从账户交易资金进出与该内幕信息的知情人员或者非法获取人员有无关联或者利害关系把握。所谓综合把握,是指不能单纯从上述某一个方面认定交易是否明显异常,而必须综合三个方面进行全面分析、论证。

- 关于内幕信息的认定

根据《刑法》的规定,本罪中内幕信息的认定,要根据相关法律、行政法规的规定。《证券法》第52条作了列举式明确规定。因此,对于是不是内幕信息的认定,争议不大,主要争议在于内幕信息的起止时间,也就是敏感期的认定问题。

在司法实践中,一般将《证券法》第80条第2款所列"重大事件"的发生时间认定为内幕信息的形成之时。但是实践中,由于社会生活的多样性和复杂性,不同案件的不同信息的形成时点,如决策主体表达明确意愿、初步方案基本确定、中介机构介入、向主管部门汇报等,需要综合判断。从前述案例数据来看,上市公司的并购重组一直是内幕交易的重灾区。并购重组型内幕信息的形成时点认定也常常成为认定案件的争议焦点。

有观点认为,从内幕信息涉及的民事行为主体不同的角度分类,内幕信息可以分为多方(两方以上)民事行为和单方民事行为。并购重组是典型的多方民事行为,涉及上市公司决策层发起、保荐中介机构推荐、收购对象筛选、初步接触、磋商、初步意向达成、具体条件谈判等环节,涉及各方达成合意的程度,倾向于采用相关重大事项已经进入实质筹划阶段时间,即可认定为内幕信息已经形成。[1] 对此观点,笔者并不完全赞同。任何内幕信息的形成都有一个过程,对于选取这个过程上的哪一个时间点作为内幕信息的形成之时,关键还是要看有关信息是否达到了"重要性"的程度。而认定重要性,标准就是该信息是否足以影响证券交易价格与投资者判断。美国有关判例在解释如何理解美国证监会2000年制定的"规则10b-5"意义上的"重大性"时认为,"并非该公司在销售证券时该信息是否被允许披露,而是对理性投资人的判断是否产生影响。在这个问题上,法院认为被告购买证券时机和买入量是高度相关证据,且是查明重大性的唯一客观证据"[2]。因此,如果某一并购重组计划仅仅是在"动议"阶段,但是其已经足以影响投资人的投资决策,进而影响相关证券价格波动,就可以认定为内幕信息形成,而不需要等到进入实质筹划阶段。

另外,对于能够影响内幕信息形成的特殊身份人员,对其内幕信息敏感期的认定,应当区别于普通的内幕信息的知情人员。如福建陈某某内幕交易案[(2009)厦刑初字第109号]。陈某某是影响"创兴科技实际控制人(陈某某)将其所持有的资产注入上市公司的事项"内幕信息形成的主要决策人,陈某某指使妻子买入相关证券的行为远在内幕信息正式形成之前,按照传统理解,陈某某的大部分行为都不在内幕信息敏感期内,对于该部分行为不能认定为内幕交易、泄露内幕信息的行为。再如江苏刘某内幕交易、泄露内幕信息案[(2010)通中刑二初第0005号]。刘某是南京市经委主任,是牵头重组高淳陶瓷股份有限公司并借壳上市的主要参与人员。在洽谈过程中,刘某指使其妻陈某买入高淳陶瓷股票60余万股,折合430万元,最终获利700多万元。刘某是在重组计划、方案正式形成之前指使其妻从事相关证券交易的,按照传统理解,该部分行为不能认定为内幕交易、泄露内幕信息的行为。然而,此类行为的社会危害性和所体现的行为人的主观恶性比传统内幕交易、泄露内幕信息行为有过之而无不及。因此,对于能够影响内幕信息形成的动议、筹划、决策或者执行人员,应当区别于普通的内幕信息的知情人员,内幕信息的敏感期应当自其动议、筹划、决策或者执行初始时间开始起算。

---

[1] 参见中国证监会行政处罚委员会编:《证券期货行政处罚案例解析》(第1辑),法律出版社2017年版,第99页。

[2] [美]托马斯·李·哈森:《美国证券法》(第12版),崔焕鹏、张剑文、肖岩译,法律出版社2024年版,第159页。

对于内幕信息的公开时间认定问题,实践中存在不同观点。一种观点认为,内幕信息是否公开是以市场是否消化内幕信息作为认定标准的,不以在国务院证券监管机构指定的报刊、媒体发布为要件,在非指定报刊、媒体上发布也应视为内幕信息的公开。另一种观点认为,根据《证券法》的规定,内幕信息必须以在国务院证券监管机构指定的报刊、媒体发布的方式公开。为使广大股民对非指定报刊、媒体披露的信息与指定报刊媒体公开的信息形成区别认识,保持对权威报刊、媒体发布内幕信息的信赖程度,刑事司法解释根据相关法律规定,明确内幕信息必须以在国务院证券监管机构指定的报刊、媒体发布的方式公开,强制披露信息人以外的人在非指定报刊、媒体披露内幕信息的,不能认定为内幕信息的公开。

- **关于违法所得计算争议**

"违法所得数额"通常被理解为"获利数额"。然而,证券交易是一种高风险的投资行业,获取内幕信息后,买入行为可能获取暴利,卖出行为可能避免损失。因此,行为人在内幕信息敏感期内卖出证券所避免的损失应当认定为本罪的"违法所得"。如何认定获利或者避免损失数额,是按照实际所得还是按照账面所得,是司法实践中经常遇到的问题。一种观点主张,获利或者避免损失数额应当按照实际所得计算,不能按照账面所得进行计算。另一种观点认为,获利或者避免损失数额应当按照账面所得进行计算。

实践中各类情况复杂多变,在有的案件中,股票仅卖出一部分;在有的案件中,行为人为逃避处罚通常选择以明显不合理低价卖出;而在有的案件中,对未抛售的涉案股票可能需要进行应急处理,根据具体股市行情决定是否抛售。考虑到实际情况纷繁多变,很难对获利或者避免损失数额的认定确立一个总的原则。实践中比较倾向的观点是,对已抛售的股票按照实际所得计算,对未抛售的股票按照账面所得计算,但对为逃避处罚而低价卖出的股票,应当按照账面所得计算。对于涉案股票暂不宜抛售的,在认定获利或者避免损失数额时,应当按照查封股票账户时的账面所得计算,但在具体追缴财产或退赔财产时,可按最终实际所得认定获利或者避免损失数额。

另一个复杂的难题是关于计算违法所得的时间段,即内幕信息公开当日或股票复盘当日并没有全部卖出。例如,内幕信息公开当日或股票复盘当日仅抛出部分和经过一段长时间持有后再抛出的情形。那么,鉴于股票自身具有较大的"波动性"和此时已经掺入了很多其他因素,因内幕消息而获得的利益就很难与之区分和计算。有的行政处罚案例中,监管机关直接以实际卖出时的价格减去买入时的价格之间的差额作为违法所得。如辽宁监管局行政处罚决定书〔2024〕1号案中，内幕信息形成时间不晚于2020年6月2日，公开于2020年10月29日。2020年6月15日，赵某某利用自有资金买入案涉股票207,000股，买入金额381,140元。自2021年4月26日起，赵某某开始卖出股票，截至2021年7月26日，累计卖出207,000股，累计卖出金额4,712,470.03元，获利为4,323,306.71元。笔者认为有欠妥当，特别是在刑事司法中更不宜如此简单粗暴地认定违法所得数额。考虑刑法上的因果关系理论，内幕信息只在公开前可能对股票价格产生直接影响，在信息公开后，尤其是持续了很长时间后，股票价格的波动与此前的涉案内幕信息没有刑法上的因果关系。因此，后两种情形下以内幕消息公开当日/股票复盘当日作为认定违法所得的基准日是比较合理的。

此外，关于企业分红能否计入获利数额？一种观点认为，企业分红与内幕交易行为无关，不应计入获利数额；另一种观点认为，企业分红与买进的股票数量成正比，而买进的股票数量直接与内幕信息的影响力有关，因此企业分红应当计入获利数额。实践中比较倾向的做法是，将交易过程中的企业分红计入获利数额。具体又分两种情况：一是企业业绩、分红本身是内幕信息，行为人获取该信息后，买进大量股票。该情形下，将企业分红计入获利数额没有任何争议。二是企业业绩、分红与内幕信息无关，只不过在行为人买进大量股票后，企业分发了红利。由于内幕信息的影响力主要体现在证券、期货交易量、交易价格的变化上，而交易量与企业分红数额直接成正比，即买进的股票越多，企业分红就越多。因此，企业分红多少与知情内幕信息之间具有刑法上的因果关系，应当将企业分红计入获利数额。

- **关于内幕交易法定犯罪阻却事由的理解**

2012年最高人民法院、最高人民检察院《关于办理内幕交易、泄露内幕信息刑事案件具体应用法律若干问题的解释》第4条，列举了4类法定的犯罪阻却事由：(1)持有或者通过协议、其他安排与他人共同持有上市公司5%以上股份的自然人、法人或者其他组织收购该上市公司股份的；(2)按照事先订立的书面合同、指令、计划从事相关证券、期货交易的；(3)依据已被他人披露的信息而交易的；(4)交易具有其他正当理由或者正当信息来源的。其中第4项属于兜底性条款，取决于实践中的复杂情况。前3项则属于内容明确具体的法定阻却事由。

第1项规定的"持有或者通过协议、其他安排与他人共同持有上市公司百分之五以上股份的自然人、法人或者其他组织收购该上市公司股份的"援引了《证券法》第53条第2款前半部分的规定。有观点提出，《证券法》同时规定了"本法另有规定的,适用其规定",因此只有在排除适用证券法其他相关规定的前提下,才可将"持有或者通过协议、其他安排与他人共同持有上市公司百分之五以上股份的自然人、法人或者其他组织收购该上市公司股份的"行为认定为内幕交易犯罪的阻却事由。经研究认为,上述观点是对《证券法》第53条第2款的误读。该款行为无须附加任何其他条件,就应当认定为内幕交易犯罪的阻却事由。《证券法》第53条第1款是禁止性规定,第2款相当于除外规定,第2款中的"本法另有规定"所明确的正是该类行为属于正当、合法交易。

司法实践中,出现了不少以收购上市公司股份为由而实际从事内幕交易的案件,如何准确理解和适用第1项,直接影响罪与非罪的认定。根据相关规定,上市公司5%以上股份的自然人、法人或者其他组织收购该上市公司股份的,必须向交易所报备,并在2天内不能再买卖该上市公司股票。拟收购30%以上股份的,还必须发出要约公告,经中国证监会批准,也可以获取豁免权,即在不发出要约公告的条件下继续收购。上述信息无疑会严重影响股票的价格,对于收购人而言,属于强制披露的信息;对于收购人以外的人而言,属于禁止知悉的信息。由于收购信息与收购过程密不可分,为了鼓励、维护公司之间正常的收购,应当允许上市公司5%以上股份的自然人、法人或者其他组织,在该重大收购信息尚未公开前,利用该信息收购该上市公司股份。收购决议如果是经两个以上收购人商议通过的,收购行为被称为"一致行动",收购人被称为"一致行动人"。

对第1项的适用,要注意以下三个方面问题:一是关于收购人的把握。如果是单独持有上市公司5%以上的股份,收购人仅限单独持有人。如果是共同持有上市公司5%以上的股份,则收购人仅限共同持有人。二是关于收购信息的把握。如果是单独持有,收购信息指的是单独持有人拟收购上市公司的信息。如果是共同持有,则收购信息指的是共同持有人之间达成的拟收购上市公司的信息。三是关于收购行为的把握。只有收购人利用收购信息收购上市公司股票的,才能适用第1项的规定。收购人以外或者收购人利用收购信息以外的信息的,不能适用该项规定。如B公司拟收购A上市公司,A上市公司持股5%以上的股东曹某获知此消息后,利用其控制的账户购入大量A上市公司股票。曹某与B公司显然不是一致行动,B公司拟收购A公司的信息属于曹某收购A公司股份信息之外的信息,因此曹某的行为不能适用第1项的规定。

关于第2项,如何理解按照事先订立的书面合同、指令、计划从事相关交易作为一种阻却事由。从域外资本市场相关法律规定来看,美国、欧盟、日本等均有关于此项条款的规定,通常被称为"预设交易"。美国《1934年证券交易法》设立了一个"安全港",按照该规则,如果交易实质上是按照在占有未公开信息之前就已经制定的善意交易计划进行的,则不承担责任。[1] 美国证监会在2000年制定的"规则10b5-1"第c条进一步明确规定,以下情形不构成内幕交易,即内幕人在知悉内幕信息前:(1)已经签订证券交易合同;(2)已经指示他人为自己买卖证券;(3)已经制定证券交易的书面计划。"合同、指示或计划"应当确定了证券交易的数量、价格和日期或者用以确定证券交易数量、价格和日期的书面公示、算法或计算机程序,并不得对证券交易的方式、实践或是否买卖施加任何后续影响。欧盟第2003/6/EC号市场滥用行为指令第2(3)条规定:本条款(本指令第2条第1、2款关于利用内幕信息的禁止)不适用于因履行取得或者转让金融工具的约定义务而进行的交易,在此情况下,该义务需产生于相关人取得内幕信息之前缔结的协议。日本《金融商品交易法》第166条第6款规定,在知道重要事实之前就已经签订合同,因履行合同而进行的证券买卖,不属于内幕交易。[2] 除此之外,英国、澳大利亚、新西兰的证券规则也都有类似设置。[3] 有观点认为,内幕交易人往往会制作虚假的书面合同、指令以及计划,用作规避内幕交易的事由,建议对我国最高人民法院、最高人民检察院《关于办理内幕交易、泄露内幕信息刑事案件具体应用法律若干问题的解释》中的该项内容不作规定。实际上,如果行为人按照事先订立的书面合同、指令、计划从事相关证券、期货交易,则表明其完全是出于正当理由而从事交易。因此,从实体法的角度出发,按照事先订立的书面合同、指令、计划从事相关证券、期货交易,应当作为阻却内幕交易犯罪的事由。至于对该解释该项规定可能引发大量制作虚假合同、指令、计划的担忧,实际涉及的是刑事证据的认定,属于另一层面的问题。

如何理解依据已被他人披露的信息而交易作为一种阻却事由。第3项规定的"他人披露"是指强制披露信息以外的其他人在国务院证券监管机构指定的报刊、媒体以外的报刊、媒体披露相关信息。第3项规定的"依据已被他人披露的信息而交易"是指行为人之所以从事相关股票、期货交易,是因为从非指定报刊、媒体获取了相关信息。换言之,是他人在非指定报刊、媒体披露的信息促使行为人从事相关

---

[1] 参见[美]托马斯·李·哈森:《美国证券法》(第12版),崔焕鹏、张剑文、肖岩译,法律出版社2024年版,第165-166页。
[2] 参见中国证监会行政处罚委员会编:《证券期货行政处罚案例解析》(第2辑),法律出版社2019年版,第68页。
[3] 参见中国证监会行政处罚委员会编:《证券期货行政处罚案例解析》(第1辑),法律出版社2017年版,第34页。

股票、期货交易。广大股民对国务院证券监管机构指定的报刊、媒体披露的信息的信赖程度要远高于非指定报刊、媒体披露的信息。依据非指定报刊、媒体披露的信息从事股票、期货交易,实质上具有很大博弈的成分,所以即便从非指定报刊、媒体获悉的信息与后来指定报刊、媒体公布的内幕信息相同,行为人也可以基于这一事由主张自己的行为不构成犯罪。然而,如果行为人在交易过程中同时从内幕信息的知情人员处获取了内幕信息,且真正促使行为人从事相关证券交易的是行为人对内幕信息知情人员泄露的信息的信赖,则不能适用第3项阻却事由的规定。

■ 规则解读

《刑法》第一百八十条第一、二、三款 【内幕交易、泄露内幕信息罪】

证券、期货交易内幕信息的知情人员或者非法获取证券、期货交易内幕信息的人员,在涉及证券的发行,证券、期货交易或者其他对证券、期货交易价格有重大影响的信息尚未公开前,买入或者卖出该证券,或者从事与该内幕信息有关的期货交易,或者泄露该信息,或者明示、暗示他人从事上述交易活动,情节严重的,处五年以下有期徒刑或者拘役,并处或者单处违法所得一倍以上五倍以下罚金;情节特别严重的,处五年以上十年以下有期徒刑,并处违法所得一倍以上五倍以下罚金。

单位犯前款罪的,对单位判处罚金,并对其直接负责的主管人员和其他直接责任人员,处五年以下有期徒刑或者拘役。

内幕信息、知情人员的范围,依照法律、行政法规的规定确定。

解读:本罪主体系特殊主体,包括证券内幕信息的知情人员或者非法获取证券内幕信息的人员。其中,"知情人员"的范围,根据现行《证券法》第51条规定,包括以下9大类:(1)发行人及其董事、监事、高级管理人员;(2)持有公司5%以上股份的股东及其董事、监事、高级管理人员,公司的实际控制人及其董事、监事、高级管理人员;(3)发行人控股或者实际控制的公司及其董事、监事、高级管理人员;(4)由于所任公司职务或者因与公司业务往来可以获取公司有关内幕信息的人员;(5)上市公司收购人或者重大资产交易方及其控股股东、实际控制人、董事、监事和高级管理人员;(6)因职务、工作可以获取内幕信息的证券交易场所、证券公司、证券登记结算机构、证券服务机构的有关人员;(7)因职责、工作可以获取内幕信息的证券监督管理机构工作人员;(8)因法定职责对证券的发行、交易或者对上市公司及其收购、重大资产交易进行管理可以获取内幕信息的有关主管部门、监管机构的工作人员;(9)国务院证券监督管理机构规定的可以获取内幕信息的其他人员。

总结来看,"知情人员"是由于持有发行人的证券,或者在相关公司中担任董事、监事、高级管理人员,或者由于其会员地位、管理地位、监管地位或者职业地位,或者作为雇员、专业顾问履行职务,能够接触或者获得内幕信息的人员。由于第9类兜底条款的存在,可以将本罪主体作实质性理解,即只要是基于正当原因可以获取内幕信息的人员就可以成为本罪主体。而对于那些通过非合法途径获取内幕信息的人员,则可以认定为"非法获取内幕信息的人员"。

关于"非法获取"的理解,按照最高人民法院、最高人民检察院《关于办理内幕交易、泄露内幕信息刑事案件具体应用法律若干问题的解释》第2条规定,非法获取内幕信息的人可以分为三类:一类是利用窃取、骗取、套取、窃听、利诱、刺探或者私下交易等手段获取内幕信息的人;二类是内幕信息知情人员的近亲属或者其他与内幕信息知情人员关系密切的人员,在内幕信息敏感期内,从事或明示、暗示他人从事,或者泄露内幕信息导致他人从事与该内幕信息有关的证券、期货交易,相关交易行为明显异常,且无正当理由或者正当信息来源;三类是在内幕信息敏感期内,与内幕信息知情人员联络接触,从事或明示、暗示他人从事,或者泄露内幕信息导致他人从事与该内幕信息有关的证券、期货交易,相关交易行为明显异常,且无正当理由或者正当信息来源。

从上述司法解释的三种类型来看,对于"非法获取"的理解可以从两个方面理解:第一个方面是获取手段的"非法性",即"窃取、骗取、套取、窃听、利诱、刺探或者私下交易等手段"。第二个方面是"交易行为"的非法性。无论是内幕信息知情人员的近亲属或者其他与内幕信息知情人员关系密切的人员,还是内幕信息敏感期内,与内幕信息知情人员联络接触的人员,其本身获取内幕信息的行为并不必然违法,但是如果在获取内幕信息后又从事了明显异常的交易行为,则具备违法性。

关于如何认定"交易行为明显异常"。根据最高人民法院、最高人民检察院《关于办理内幕交易、泄露内幕信息刑事案件具体应用法律若干问题的解释》第3条规定,需要综合以下情形,从时间吻合程度、交易背离程度和利益关联程度予以认定:(1)开户、销户、激活资金账户或者指定交易(托管)、撤销指定交易(转托管)的时间与该内幕信息形成、变化、公开时间基本一致的;(2)资金变化与该内幕信息形成、变化、公开时间基本一致的;(3)买入或者卖出与内幕信息有关的证券时间与内幕信息的形成、变化和公开时间基本一致的;(4)买入或者卖出与内幕信息有关的证券时间与获悉内幕信息的时间基本一致的;(5)买入或者卖出证券行为明显与平时交易习惯不同的;(6)买入或卖出证券行为,或者集中持有证券行为与该证券公开信息反映的基本面明显背离的;(7)账户交易资金进出与该内幕信息知情人员或者非法获取人员有关联或者利害关系的;(8)其他交易行为明显异常情形。

关于"内幕信息"的理解。现行《证券法》第52条规定,"证券交易活动中,涉及发行人的经营、财务或者对该发行人证券的市场价格有重大影响的尚未公开的信息,为内幕信息。本法第八十条第二款、第八十一条第二款所列重大事件属于内幕信息"。据此,有关证券市场的重大事件(内幕信息)包括12大类:(1)公司的经营方针和经营范围的重大变化;(2)公司的重大投资行为,公司在1年内购买、出售重大资产超过公司资产总额30%,或者公司营业用主要资产的抵押、质押、出售或者报废一次超过该资产的30%;(3)公司订立重要合同、提供重大担保或者从事关联交易,可能对公司的资产、负债、权益和经营成果产生重要影响;(4)公司发生重大债务和未能清偿到期重大债务的违约情况;(5)公司发生重大亏损或者重大损失;(6)公司生产经营的外部条件发生的重大变化;(7)公司的董事、1/3以上监事或者经理发生变动,董事长或者经理无法履行职责;(8)持有公司5%以上股份的股东或者实际控制人持有股份或者控制公司的情况发生较大变化,公司的实际控制人及其控制的其他企业从事与公司相同或者相似业务的情况发生较大变化;(9)公司分配股利、增资的计划,公司股权结构的重要变化,公司减资、合并、分立、解散及申请破产的决定,或者依法进入破产程序、被责令关闭;(10)涉及公司的重大诉讼、仲裁,股东大会、董事会决议被依法撤销或者宣告无效;(11)公司涉嫌犯罪被依法立案调查,公司的控股股东、实际控制人、董事、监事、高级管理人员涉嫌犯罪被依法采取强制措施;(12)国务院证券监督管理机构规定的其他事项。

内幕交易行为是在内幕信息敏感期内交易股票,因此内幕信息敏感期如何认定起止时间,既关系到罪与非罪问题,也关系到违法所得金额的计算问题。根据司法解释规定,内幕信息敏感期是指内幕信息自形成至公开的期间。前述12类重大事件的发生时间应当认定为内幕信息的形成之时。影响内幕信息形成的动议、筹划、决策或者执行人员,其动议、筹划、决策或者执行初始时间,应当认定为内幕信息的形成之时。实践中,同类型内幕信息的形成过程极其复杂,因此如何理解"动议、筹划"等内容极具争议性。内幕信息的公开是指内幕信息在国务院证券监管管理机构指定的报刊、网站等媒体披露。

关于犯罪金额以及违法所得的认定,应注意以下几个问题。2次以上实施内幕交易或者泄露内幕信息行为,未经行政处理或者刑事处理的,应当对相关交易数额依法累计计算。同一案件中,成交额、占用保证金额、获利或者避免损失额分别构成情节严重、情节特别严重的,按照处罚较重的数额定罪处罚。构成共同犯罪的,按照共同犯罪行为人的成交总额、占用保证金额、获利或者避免损失总额定罪处罚,但判处各被告人罚金的总额应掌握在获利或者避免损失总额的1倍以上5倍以下。本罪的违法所得,是指通过内幕交易行为所获利或者避免的损失。内幕信息的泄露人或者内幕交易的明示、暗示人员未实际从事内幕交易的,其罚金数额按照因泄露而获悉内幕信息人员或者被明示、暗示人员从事内幕交易的违法所得计算。

关于本案的立案追诉标准,2012年最高人民法院、最高人民检察院《关于办理内幕交易、泄露内幕信息刑事案件具体应用法律若干问题的解释》对"情节严重""情节特别严重"都作出了详细规定;但2022年最高人民检察院、公安部的《关于公安机关管辖的刑事案件立案追诉标准的规定(二)》对"情节严重"标准作了部分修正,对于"情节特别严重"的标准未作规定。(见表10-3)根据新法优于旧法原则,在立案追诉标准上,应该以《关于公安机关管辖的刑事案件立案追诉标准的规定(二)》为准。在认定"情节特别严重"的标准上,既然新的司法解释没有规定,但又提高了入罪门槛,合理推定跳档的门槛也应相应提高。但是在没有明确规定的情况下,笔者认为从有利于被告人的原则出发,尽量不作跳档处罚,至少不宜直接适用旧司法解释的规定。在旧司法解释中,跳档的比例将"情节严重"与"情节特别严重"的量比确定为1:5。因此,在新的司法解释条件下,至少也应该遵循这一量比。

表10-3 内幕交易、泄露内幕信息罪立案追诉标准新旧对比

对比项	《关于办理内幕交易、泄露内幕信息刑事案件具体应用法律若干问题的解释》	《关于公安机关管辖的刑事案件立案追诉标准的规定(二)》
内容	第六条 在内幕信息敏感期内从事或者明示、暗示他人从事或者泄露内幕信息导致他人从事与该内幕信息有关的证券、期货交易,具有下列情形之一的,应当认定为刑法第一百八十条第一款规定的"情节严重": (一)证券交易成交额在五十万元以上的; (二)期货交易占用保证金数额在三十万元以上的;	第三十条 证券、期货交易内幕信息的知情人员、单位或者非法获取证券、期货交易内幕信息的人员、单位,在涉及证券的发行,证券、期货交易或者其他对证券、期货交易价格有重大影响的信息尚未公开前,买入或者卖出该证券,或者从事与该内幕信息有关的期货交易,或者泄露该信息,或者明示、暗示他人从事上述交易活动,涉嫌下列情形之一的,应予立案追诉:

续表

对比项	《关于办理内幕交易、泄露内幕信息刑事案件具体应用法律若干问题的解释》	《关于公安机关管辖的刑事案件立案追诉标准的规定(二)》
	(三)获利或者避免损失数额在十五万元以上的； (四)三次以上的； (五)具有其他严重情节的。 第七条　在内幕信息敏感期内从事或者明示、暗示他人从事或者泄露内幕信息导致他人从事与该内幕信息有关的证券、期货交易,具有下列情形之一的,应当认定为刑法第一百八十条第一款规定的"情节特别严重"： (一)证券交易成交额在二百五十万元以上的； (二)期货交易占用保证金数额在一百五十万元以上的； (三)获利或者避免损失数额在七十五万元以上的； (四)具有其他特别严重情节的	(一)获利或者避免损失数额在五十万元以上的； (二)证券交易成交额在二百万元以上的； (三)期货交易占用保证金数额在一百万元以上的； (四)二年内三次以上实施内幕交易、泄露内幕信息行为的； (五)明示、暗示三人以上从事与内幕信息相关的证券、期货交易活动的； (六)具有其他严重情节的。 内幕交易获利或者避免损失数额在二十五万元以上,或者证券交易成交额在一百万元以上,或者期货交易占用保证金数额在五十万元以上,同时涉嫌下列情形之一的,应予立案追诉： (一)证券法规定的证券交易内幕信息的知情人实施或者与他人共同实施内幕交易行为的； (二)以出售或者变相出售内幕信息等方式,明示、暗示他人从事与该内幕信息相关的交易活动的； (三)因证券、期货犯罪行为受过刑事追究的； (四)二年内因证券、期货违法行为受过行政处罚的； (五)造成其他严重后果的

第十一章 利用未公开信息交易罪

利用未公开信息交易罪是指证券交易所、期货交易所、证券公司、期货经纪公司、基金管理公司、商业银行、保险公司等金融机构的从业人员以及有关监管部门或者行业协会的工作人员,利用因职务便利获取的内幕信息以外的其他未公开的信息,违反规定,从事与该信息相关的证券、期货交易活动,或者明示、暗示他人从事相关交易活动,情节严重的行为,俗称"老鼠仓"。本罪名是2009年《刑法修正案(七)》新增设的罪名,依照内幕交易、泄露内幕信息罪的规定量刑,最高可判处10年有期徒刑、违法所得5倍的罚金。本罪对应的是《证券法》第54条。

■ **案例数据**

笔者收集到的中国裁判文书网、人民法院案例库等多种渠道公开的利用未公开信息交易罪生效判决案例共58例,以下从不同角度进行多种数据分析。

1. 从时间分布来看,最早的案例见于2011年,从2015年开始,案件数量大幅度上升。2021年后数量看上去明显下降,但可能与有些案件尚未被公开有关。(见图11-1)

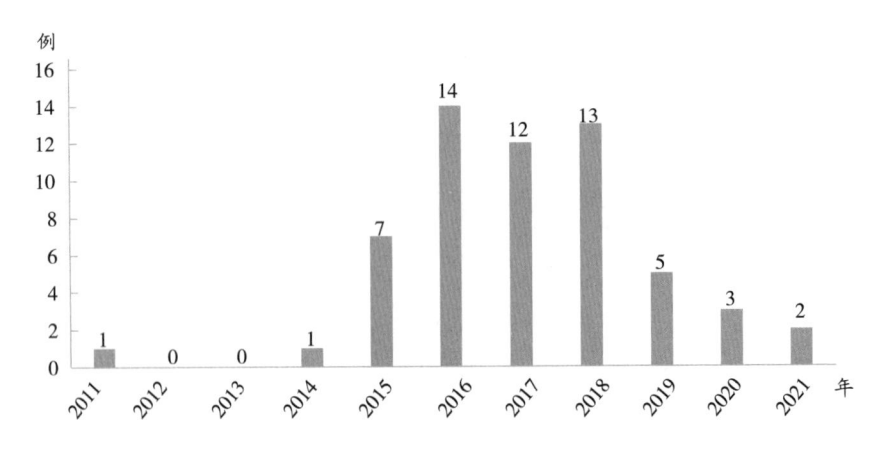

图 11-1 利用未公开信息交易刑事案件历年数量

2. 从犯罪主体来看,本罪的主体为特殊主体,主要以金融机构的从业人员为主。全部 58 个案件中共涉及个人 82 人,其中既包括金融机构从业人员自己利用未公开信息交易,也包括金融机构从业人员将未公开信息泄露给他人,明示、暗示他人从事交易(具体接受信息进行交易的人往往被认定为共犯,这类人往往不具有金融从业人员身份)。经统计,本罪特殊主体中,人数多的分别为金融机构(如保险公司)投资经理 29 人、公募基金经理 25 人,其他包括少量股票交易员、证券研究员等 7 人。少量接受信息进行交易的人员为前列人员的近亲属或朋友关系,他们没有金融从业人员身份。(见图 11-2)

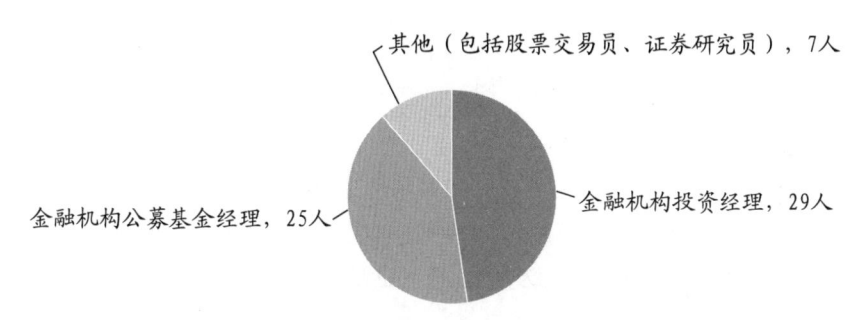

图 11-2 利用未公开信息交易刑事案件主体类型分布

3. 从犯罪的行为来看,本罪主要有两种模式:一种是基金经理等金融从业人员利用职务便利获取的未公开信息,自己操纵他人证券账户进行趋同性股票交易,从中谋利,简称为"自己交易";另一种是基金经理等金融从业人员利用职务便利获取未公开信息后,再明示或暗示他人(往往是亲属或朋友等)进行趋同性股票交易,自己从中分取利益,简称为"他人交易"。经过统计,58 个案例中,第一种模式"自己交易"的有 33 件,第二种模式"他人交易"的有 25 件。(见图 11-3)

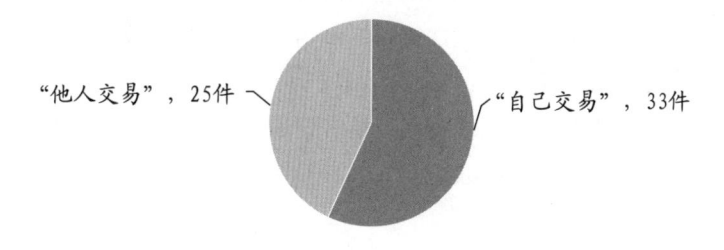

图 11-3 利用未公开信息交易案行为模式分布

4. 从法定刑来看,本罪依照内幕交易、泄露内幕信息罪的量刑进行处罚,因此法定刑分为情节严重判处 5 年以下、情节特别严重处 5 年以上 10 年以下两档。58 个案件中的 82 个自然人,被判处 5 年以上(含 5 年)的 11 人,5 年以下的 71 人。其中判处 3 年以下(含 3 年)的 62 人,3 年至 5 年(不含 5 年)的 9 人,有比较明显的轻刑化特点。(见图 11-4)

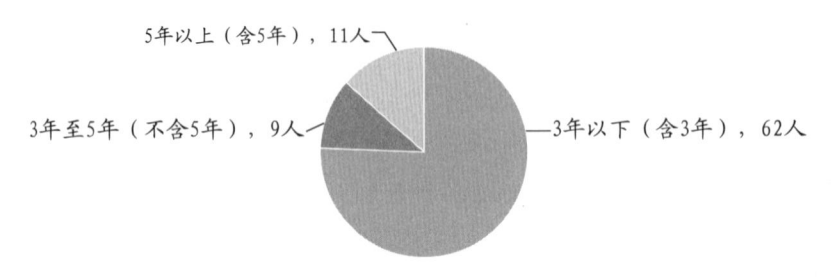

图 11-4 利用未公开信息交易刑事案件刑期分布

5. 从缓刑适用来看,在所有判处 3 年以下(含 3 年)的 62 人中,适用缓刑的 44 人,比例高达 71%;以全部 82 人为基数,比例也高达 54%,缓刑适用率较高。(见图 11-5)

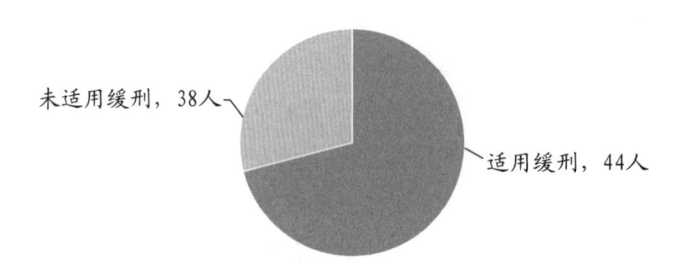

图 11-5 利用未公开信息交易刑事案件缓刑适用

6. 从罚金刑适用情况来看,本罪规定的罚金是违法所得的 1 倍到 5 倍。经统计发现,绝大多数案件的罚金是按违法所得的 1 倍处罚,并取整数,如(2019)渝 01 刑初 71 号案件违法所得 307 万元,判处罚金 310 万元;京(2015)二中刑初 209 号案件违法所得 119 万元,判处罚金 120 万元。笔者搜索到的此类案件中,有 4 个案件的罚金在违法所得的 2 倍以上,如表 11-1 所示。

表 11-1　罚金为违法所得 2 倍以上的案件

单位：万元

案号	违法所得	罚金数额
（2017）京 02 刑初 134 号	4186	9000
（2017）京 02 刑初 111 号	1900	3900
（2020）京 02 刑初 36 号	28	56
（2021）沪 01 刑初 8 号	156.3	400

还有两类特殊情况。一类是交易亏损情况下，判处象征性罚金，说明是否获利不是本罪的构成要件，只要利用职务便利获取未公开信息从事趋同交易达到严重程度就构成犯罪。在笔者搜索到的相关案件中，该类案件有 5 个。（见表 11-2）

表 11-2　交易亏损情况下判处象征性罚金的案件

单位：万元

案号	亏损数额	罚金数额
（2019）沪 01 刑初 61 号	157.19	5
（2018）粤 03 刑初 543 号	394.5	0.1
（2018）粤 03 刑初 604 号	376	50
（2017）沪 01 刑初 83 号	30.8	50
（2016）沪 01 刑初 114 号	32	10

还有一类是在 1 倍以下判处罚金，共 3 个案件。（见表 11-3）此类情况，笔者认为有适用法律不当之嫌。

表 11-3　1 倍以下判处罚金的案件

案号	违法所得	罚金数额
（2020）京 02 刑初 93 号	12.4 万元	10 万元
（2018）粤 03 刑初 681 号	17.2 万元	10 万元
（2016）粤 03 刑初 748 号	456.6 万元	2 名被告人共计罚金 200 万元 （1 人 150 万元，1 人 50 万元）

7. 关于自首的适用。经过对 58 个案件的研究发现，本罪案例中的 82 个自然人，适用自首情节的有 57 人并予以从轻、减轻处罚，适用比例接近 70%。还有案例

(2016)京刑终 60 号在一审阶段未适用自首,2 名被告人分别被判处 6 年、5 年有期徒刑,二审阶段适用自首,改判 3 年有期徒刑缓刑 5 年。(见图 11-6)

未适用自首,25 人
适用自首,57 人

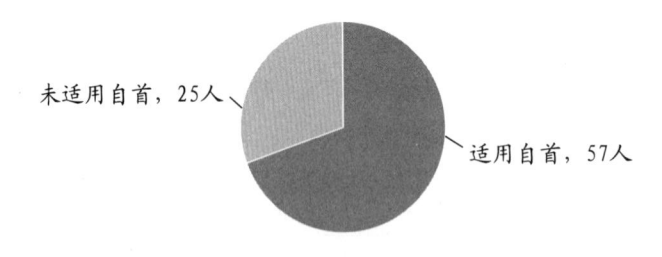

图 11-6 利用未公开信息交易刑事案件自首适用数量

8.二审改判情况分析。在 58 个案件中,经过二审改判的案件有 7 个,抗诉的 1 个,上诉的 6 个。主要改判理由分为二类:一类是对"情节严重""情节特别严重"的认定争议;另一类是二审期间认定立功、自首、积极退缴违法所得、罚金等量刑情节。(见表 11-4)

表 11-4 利用未公开信息交易刑事案件二审改判

生效判决案号	一审结果	改判结果	改判理由
最高人民法院(2015)刑抗字第 1 号	判处马某有期徒刑 3 年,缓刑 5 年,并处罚金人民币 1884 万元	判处有期徒刑 3 年,并处罚金人民币 1913 万元	原审认定非法获利数额计算错误;本案应认定为"情节特别严重",而非"情节严重"
(2019)沪刑终 76 号	判处姜某某有期徒刑 6 年 6 个月;柳某有期徒刑 4 年 6 个月	判处姜某某判处有期徒刑 5 年 9 个月;柳某有期徒刑 4 年	姜某某二审期间有立功表现,继续退赃;柳某继续退赃
(2017)京刑终 153 号	判处李某有期徒刑 5 年,罚金 90 万元	判处李某有期徒刑 2 年,罚金 50 万元	一审认定"情节特别严重",二审改认定为"情节严重"
(2019)鲁刑终 279 号	判处蒋某有期徒刑 6 年 6 个月,并处罚金人民币 1.14 亿元	判处蒋某有期徒刑 5 年,罚金 1.14 亿元	退缴违法所得人民币 3356.250972 万元,缴纳罚金人民币 1.14 亿元

续表

生效判决案号	一审结果	改判结果	改判理由
(2016)京刑终60号	判处罗某1有期徒刑6年,罚金403万元;罗某2有期徒刑5年,罚金557万元	罗某1、罗某2均被判处3年有期徒刑,缓刑5年,罚金不变	一审未认定自首,二审认定自首
(2018)沪刑终95号	判处区某某有期徒刑5年,并处罚金350万元;袁某有期徒刑3年,罚金20万元	判处区某某有期徒刑3年6个月,并处罚金320万元;袁某有期徒刑2年,罚金15万元	一审认定"情节特别严重",二审期间新司法解释对量刑标准作出了新规定,认定为"情节严重"
(2017)渝刑终156号	判处卓某有期徒刑5年3个月,罚金200万元	判处卓某有期徒刑3年6个月,罚金200万元	二审期间有立功表现

■ 以案释义

• 私募基金及其从业人员能否成为本罪主体

关于私募基金及其从业人员设立"老鼠仓"这一违法行为的行政处罚,我国《证券投资基金法》《私募投资基金监督管理条例》作出了明确规定,目前已经没有障碍。[1] 但是在刑事司法领域,私募基金及其从业人员能否成为本罪主体,尚有争议。在前述58个案例中尚未发现对私募从业人员的刑事处罚案例。根据《刑法》第180条第4款规定,本罪的主体是证券交易所、期货交易所、证券公司、期货经纪公司、基金管理公司、商业银行、保险公司等金融机构的从业人员,由此,争议的焦点就在于私募基金机构是否属于金融机构。根据2009年中国人民银行出台的《金融机构编码规范》第3.18条规定,证券投资基金管理公司,是经中国证监会批准,在我国境内设立、从事证券投资基金管理业务的企业法人。据此,私募基金不属于金融机构。但是,根据2017年国家税务总局、财政部、中国人民银行等6部门联合发布的《非居民金融账户涉税信息尽职调查管理办法》第6条规定,证券投资基金、私募投资基金等以投资、再投资或者买卖金融资产为目的而设立的投资实体是金融机构。因此,同样作为部门规章的两个文件规定有冲突。

从法理角度来说,"老鼠仓"行为侵犯的是广大投资者的信义利益,其行为本质是特定从业人员对信义义务的违背,私募基金从业人员利用未公开信息交易,与公

---

[1] 参见本书上篇第二章第三节分析。

募基金从业人员实施同样行为的本质都是一样的,在这一点上,行政处罚与刑事司法没有本质区别。因此,私募基金从业人员的"老鼠仓"行为也应该属于本罪规制的对象。据此,有观点认为,对于本罪名可以作扩大解释,将私募基金从刑事法律上纳入金融机构范畴,从而将私募基金从业人员的"老鼠仓"行为以利用未公开信息罪打击。[1] 然而,笔者不认同此观点。遵循刑事司法罪刑法定和谦抑性的基本原则,在立法尚未明确、相关前置性规定有冲突的情况下,不宜直接从刑事司法角度作扩大解释将私募基金纳入金融机构范畴,而应该从优化升级我国证券资本市场法治的高度,尽快实现立法的完善与统一,具体方式有两种:一种是直接将私募基金规定为金融机构;另一种是将《刑法》第 180 条第 4 款本罪的犯罪主体进行修改,不再局限于金融机构从业人员,而是扩大为金融行业中能够接触未公开信息的所有主体。其理由是,在金融市场从业人员中,非金融机构从业人员同样能够利用职务便利接触未公开信息进而交易。[2] 但是,在立法修改之前,在司法实践中应该坚持严格意义上的"金融机构从业人员"范畴。事实上,实践中有案例涉及私募基金经理,司法机关也作出了谦抑性的解释。

在(2018)沪 01 刑初 30 号判决书中,被告人姜某某是私募基金经理,并通过私募基金从事证券交易;被告人柳某是公募基金经理,负责某公募 A 基金的运营和投资决策。2009 年 4 月至 2013 年 2 月,两被告人频繁接触交流股票投资信息。柳某将利用职务便利获得的某公募 A 基金交易股票的未公开信息透露给姜某某或使用公募基金的资金买卖姜某某向其推荐的股票,并继续与姜某某交流所交易的特定股票,从而泄露相关股票交易的未公开信息,姜某某则利用从柳某处获得的未公开信息,使用其所控制的证券账户进行股票交易。经查,姜某某控制的账户与 A 基金账户趋同交易股票 76 只,趋同买入金额 7.99 亿元,趋同卖出金额 6.08 亿元,获利 4619 万元。司法机关认定姜某某、柳某均构成利用未公开信息交易罪,一审判处姜某某有期徒刑 6 年 6 个月,罚金 4000 万元;柳某有期徒刑 4 年 6 个月,罚金 620 万元。二审期间,姜某某有立功情节,二人均积极退赃,改判姜某某有期徒刑 5 年 9 个月,罚金 4000 万元;柳某有期徒刑 4 年,罚金 620 万元。

办案人员在对本案的解读评析中认为,姜某某与柳某构成利用未公开信息交易罪的共犯。柳某作为公募基金经理,明知姜某某是股票投资的专业人士并直接

---

[1] 参见翟振轶主编:《常见证券犯罪辩护要点实务精解》,中国法制出版社 2023 年版,第 219 - 220 页。

[2] 参见钱列阳、谢杰:《证券期货犯罪十六讲》,法律出版社 2019 年版,第 190 - 191 页。

操控私募基金的股票交易,有关公募基金的投资计划对股价具有重大影响,属于高度敏感性信息。在这种认识状态下,柳某仍与姜某某频繁交易股票,告知姜某某研究结论,特别是柳某在交易时段与姜某某沟通股票实时行情,主观上将未公开信息传递给姜某某及使姜某某据此交易股票,至少具有放任的间接故意,其行为应当认定为"暗示他人从事与该信息有关的证券交易"。需要特别指出的是,本案中所涉信息多是由私募基金经理姜某某的推荐、建议而起的,但私募基金经理提供给公募基金经理的股票建议并不构成刑法意义上的未公开信息,但一旦公募基金经理采纳推荐或建议,其又对公募基金的投资方向具有决策权,投资决策便构成刑法意义上的"未公开信息"。办案人进一步明确,姜某某虽然不具备构罪的特殊主体身份,但其根据公募基金经理获得的未公开信息进行证券交易,是利用未公开信息交易行为的具体实行者,与柳某构成共同犯罪。[1]

- "趋同交易"中的争议问题

"老鼠仓"行为是利用金融机构的未公开信息进行私自交易,其本质是利用时间差、信息差牟取私利,核心是模仿和跟随交易。因而,判断"私自交易"与"未公开信息"之间的关联性是认定"老鼠仓"行为的关键。一般来说,"老鼠仓"行为的典型表现是"抢先交易"(先买先卖),个人私自买入先于基金机构的买入,卖出先于基金机构的卖出。但是实践中的现象极其复杂,并不局限于此单一的行为类型。在我国,还有大量的案例中,个人的交易行为同期甚至略晚于基金机构的交易。针对复杂的实践情况,我国的监管机构和司法机构在认定"老鼠仓"行为上,并不单纯地以"先买先卖"作为唯一的条件,而均采用"趋同交易"理论作为基础,即将个人先于、同期于或者略晚于机构交易的行为都认定为"老鼠仓"行为。这一理论的焦点主要包括期间标准、成交数额认定、违法所得认定等。

关于趋同交易的期间标准,目前实践中普遍采用的是"前5后2"的标准,即"T-5"至"T+2"的时间段,T指的是机构交易日。具体讲,除非行为人有明确的证据证明其交易行为与掌握的未公开信息无关,否则就可以认定行为人在机构交易的前5个交易日至后2个交易日期间内的交易为趋同交易。将机构交易日前5个交易日作为趋同交易起点,是因为通常情况下决策信息产生至执行的普遍期限,如基金经理在决策基金下单某只股票前,需经基金公司研究所、领导审核后方可进入不同等级股票池,入池时间约为5天。将机构交易日后2个交易日作为认定区间终

---

[1] 参见上海市人民检察院编:《证券期货领域犯罪典型案例与司法观点》,中国检察出版社2022年版,第74—78页。

点,则是考虑市场对相关信息的获取、消化和吸收需要一定的时间过程,未公开信息及机构的买入卖出操作在一定时间内对证券交易仍然具有持续性影响,在此期间进行交易仍然能够达到低成本获利或避免损失的效果。严格来讲,这种设定固定期限的标准,并不能充分周延地应对所有案件的复杂情况,从刑事司法角度来说,与证据确凿充分的标准并不一致,但是作为一项应对复杂情形的适用标准,有其合理性,有利于司法适用的统一和司法效率提高。实践中,也并非所有案件均严格采用"前5后2"的标准,如人民法院案例库指导案例(2017)京02刑初134号胡某夫利用未公开信息交易一案,还有(2018)粤03刑初681号白某利用未公开信息交易案均采用了"同日后二"的标准等。

关于趋同交易成交金额的认定,是认定"情节严重""情节特别严重"的重要标准之一。但是,趋同交易成交金额的计算方式向来是司法实践中的难点。趋同交易的形式主要有三种情况,即对同一只股票,行为人买入趋同,但卖出不趋同;行为人买入不趋同,但卖出趋同;行为人买入、卖出均趋同。对此,应如何计算证券交易成交额存在不同观点。

第一种观点认为,计算交易成交额时对这三种情况不作区分,买入成交额与卖出成交额均计算在内。第二种观点认为,计算交易成交额时对这三种情况不作区分,均只计算买入成交额。这种计算标准意在成交额计算标准尚不明确的情况下选择有利被告人的计算方式。第三种观点认为,按趋同交易实际发生额计算,即买入趋同,卖出不趋同,计算买入成交额;买入不趋同,卖出趋同,计算卖出成交额;买入、卖出均趋同,买入、卖出成交额均予以计算。此观点意在说明趋同交易表征犯罪行为,有多少次趋同交易行为就应该计算多少次趋同交易成交额。第四种观点认为,单边趋同的按实际趋同交易额认定,双边趋同的认定交易额较大的一边,即买入趋同,卖出不趋同,计算买入成交额;买入不趋同,卖出趋同,计算卖出成交额;买入、卖出均趋同,计算买入、卖出成交额中大的一边。第五种观点认为,针对同一只股票,行为人买入趋同但卖出不趋同,或者买入不趋同但卖出趋同的,应仅计算实际趋同交易一边的成交额;行为人买入、卖出均趋同,如果两个行为各自存在独立谋利意图,应累计计算成交额;如果卖出行为仅是买入行为的利益变现,并无独立谋利意图,应仅计算成交额较大的一边。[1]

刑事司法应该坚持主观、客观相一致的基本原则,即认定客观的趋同交易是否

---

[1] 参见江奥立:《判断趋同性证券交易行为须结合"谋利意图"》,载《检察日报》2017年5月29日,第3版。

属于本罪打击对象，要看行为人的主观意图。同时，更要避免重复评价。因此，笔者更加认可上述第五种观点。

关于趋同交易违法所得金额的计算问题，司法解释用的是"获利或避免损失数额"的认定方式。一般来说，趋同卖出金额减去趋同买入金额所得的数额，即违法所得。实践中存有争议的是行为人趋同买入股票后尚未趋同卖出即案发，此时是否存在违法所得？有观点认为，将案发后该股票账面金额认定为趋同卖出金额，然后减去趋同买入金额进行计算。笔者不认同此种做法。违法所得必须是实际已经发生的客观情形，在尚没有卖出的情况下，实际并未发生违法所得，获利的数额始终处于不确定的状态，此时不宜以违法所得作为依据入罪追诉，而可以考虑其他标准如趋同交易成交金额。

还有一种趋同交易成交金额、违法所得计算都可能面临的情形，即在基金机构买入前5个交易日内，行为人虽有买入但也卖出了股票；或者在基金机构卖出以后2个交易日内，行为人才买入并卖出股票。这两种情况都存在个人交易行为与机构交易呈现单向交易趋同的特点，第一种情况下买入趋同，但卖出却是反向交易；第二种情况下，卖出趋同，但是买入却是反向交易。因此，是否应该认定为利用未公开信息交易存有争议。一种观点认为，不能认定。其理由是个人股票交易虽然囊括在了"前5后2"的区间内，但是个人买卖的整体行为与基金的交易情况是相反的，反向交易行为没有借助到基金买卖带来的优势，这种情况属于个人账户快买快卖的短线交易行为，将此作为犯罪打击容易误伤个人交易者，不宜认定为本罪。另一种观点认为，应该认定。其理由是基金买入股票前5个交易日内，个人先行买入其已经利用了未公开信息，即使基金是在其卖出后再买入，并不影响其利用未公开信息。同理，在基金交易后的2日内，行为人个人再买入卖出，基于基金买入股票后对股价波动影响的延续性，且后续的买入仍然利用的是之前所知晓的基金买入信息，因此，追买行为仍然属于利用未公开信息。

对此，笔者倾向于认为不宜认定。在基金买入前，行为人已经将股票卖出，或者在基金卖出后，行为人又买入目标股票，不符合本罪的行为模式。"老鼠仓"交易的本质是借助基金大资金优势推动股价的机会，事先埋伏并在基金推动下股价上涨后卖出，从中获利。在基金还没有介入之前，还不存在股价受基金大资金买入从而上涨的事实，此时个人完成的买卖行为，根本没有利用到基金大资金推动股价的机会，因此不宜认定。如果个人事先的买入行为是基于其他内幕信息，则应该认定为内幕交易罪。基金大资金已经卖出股票后，虽说可能对股价仍然有延续性影响，但这是不确定的。"前5后2"的标准本身就是为了司法适用的统一和便利,并不能全面、完整、准确地反映股价波动与基金交易的关联性,因此,再用一种不确定的推测来认定基金卖出后个人的买卖行为与基金买卖行为的关联性,并不具有说服力。因此,也不宜认定。(2019)沪01刑初61号案件中,侦查阶段司法鉴定结果是两个被告人在2015年1月9日至2017年1月15日,符合趋同交易特征的股票共计54只,趋同交易金额为4592万余元,合计亏损162万余元。司法机关将此类行为模式涉及的股票和交易金额予以扣除,最终认定趋同交易股票52只,交易金额4377.73万元,合计亏损157.19万元。

- **"情节特别严重"的认定**

关于本罪"情节特别严重"的认定标准分为三个阶段。

第一个阶段争议在于本罪有没有"情节特别严重"的跳档。2016年之前,根据《刑法》第180条第4款本罪的处罚应该依照第1款即内幕交易罪的规定量刑。内幕交易罪规定了"情节严重"处5年以下有期徒刑,"情节特别严重"处5年以上10年以下有期徒刑。由于没有再进一步明确的规定,许多案件从刑法谦抑性角度理解,没有适用"情节特别严重"的规定。如(2015)沪一中刑初字第17号案例,被告人累计趋同成交额人民币13.42亿余元,获利2861万余元,被认定为情节严重,判处有期徒刑2年9个月。有的案例则适用了"情节特别严重",如(2015)二中刑初字第209号案例中,被告人趋同买入金额共计人民币2.35亿余元,趋同卖出金额共计2.03亿余元,非法获利共计119万余元,被认定为情节特别严重,判处有期徒刑5年。

这种司法适用不统一的情况通过2016年6月30日最高人民法院发布的第十三批指导性案例61号马某利用未公开信息交易案予以纠正统一。在该案中,被告人马某趋同买卖股票76只,累计成交金额10.5亿余元,非法获利1883余万元。一审深圳市中级人民法院(2014)深中法刑二初字第27号刑事判决书认为,被告人马某的行为已构成利用未公开信息交易罪。但《刑法》中并未对利用未公开信息交易罪规定"情节特别严重"的情形,因此只能认定马某的行为属于"情节严重",由于有自首情节,判处有期徒刑3年,缓刑5年。宣判后,深圳市人民检察院提出抗诉认为,被告人马某的行为应认定为犯罪情节特别严重,依照"情节特别严重"的量刑档次处罚。一审判决适用法律错误,量刑明显不当,应当依法改判。广东省高级人民法院(2014)粤高法刑二终字第137号刑事裁定书认为,《刑法》第180条第4款规定,利用未公开信息交易,情节严重的,依照第1款的规定处罚,该条款并未对利用未公开信息交易罪规定有"情节特别严重"情形,故马某利用未公开信息交易,属于犯罪情节严重,应在该量刑幅度内判处刑罚。原审判决量刑适当,抗诉机关的抗诉理由不成立,不予采纳。遂裁定驳回抗诉,维持原判。二审裁定生效后,广东省人民检察院提请最高人民检察院按照审判监督程序向最高人民法院提出抗诉。最高人民检察院抗诉提出,《刑法》第180条第4款属于援引法定刑的情形,应当引用第1款处罚的全部规定。最高人民法院依法组成合议庭对该案直接进行再审,并公开开庭审理了本案。再审查明的事实与原审基本相同,最高人民法院(2015)刑抗字第1号刑事判决书认为,原审被告人马某的行为已构成利用未公开信息交易罪,马某利用未公开信息交易股票76只,累计成交额10.5亿余元,非法获利1912万余元,属于情节特别严重。第一审判决、第二审裁定认定事实清楚,证据确实、充分,定罪准确,但因对法律条文理解错误,导致量刑不当,应予纠正,改判被告人马某有期徒刑3年。

第二个阶段是"情节特别严重"的具体标准问题。2016年6月30日,最高人民法院通过第十三批指导性案例61号案例马某利用未公开信息交易案[1]后,明确了本罪中存在"情节特别严重"的标准,并在具体数额上参照内幕交易罪的标准。据此,此时的立案和量刑标准应该依据2012年3月29日最高人民法院、最高人民检察院公布的《关于办理内幕交易、泄露内幕信息刑事案件具体应用法律若干问题的解释》的规定,证券交易成交额250万元以上的,或者获利、避免损失数额75万元以上的即可认定为"情节特别严重"。但是,实践中笔者发现对"情节特别严重"的理解仍有争议。

如在(2016)京02刑初146号刑事判决书中,被告人李某利用担任建信基金管理有限责任公司基金经理,负责管理该公司"建信优选成长基金"账户而掌握有关投资决策、交易等方面信息的职务便利,违反规定,使用其实际控制的"左某"证券账户,先于或同期于基金账户买入或卖出相同股票103只,买入金额共计人民币8067万余元,卖出金额共计3841万余元,获利金额共计18万余元。在此期间,被告人李某使用"谢某"证券账户,先于或同期于基金账户买入或卖出相同股票102只,买入金额共计1.8亿余元,卖出金额共计9700余万元;使用"邱某生"证券账户,先于或同期于基金账户买入或卖出相同股票24只,买入金额共计2300余万元,卖出金额共计900余万元。一审判决认为被告人李某行为已构成利用未公开信息交易

---

[1] 最高人民法院(2015)刑抗字第1号。

罪,且情节特别严重,判处有期徒刑 5 年。被告人上诉后,二审判决(2017)京刑终 153 号则认为由于尚未发布关于利用未公开信息交易罪"情节特别严重"认定标准的专门规定,但鉴于利用未公开信息交易罪的社会危害性明显小于内幕交易、泄露内幕信息罪,故前者"情节特别严重"的数额标准显然应当高于后者。本案中,虽然李某的证券交易成交额较高,但获利数额相对较小,比照最高人民法院发布的指导案例和中国裁判文书网上所查阅的该罪名的全部生效裁判文书,并结合本案的具体情节、李某的实际获利金额、退赃情况,李某的情形不属于"情节特别严重",改判有期徒刑 2 年。

而在(2016)渝 01 刑初 121 号刑事判决书中,被告人苏某方担任中国人保资产管理股份有限公司股票组合账户投资经理,负责"集团人民币股票一级 AS""一般万能股票一级权 HT""和谐万能股票一级权 AS"等股票组合账户的投资管理。2009 年 5 月 11 日至 2015 年 3 月 24 日,苏某方利用其职务便利知悉的所管理股票组合的交易品种、交易方向、交易数量、交易时间和持仓情况等未公开信息,违反规定,通过其实际控制的名为"苏某 1"的证券账户,先于或同期于中国人保资产管理股份有限公司进行股票交易,累计趋同交易金额人民币 2176.110144 万元,累计股票交易获利人民币 13.4918249 万元。司法机关认为虽然本案获利较少,但是根据《关于办理内幕交易、泄露内幕信息刑事案件具体应用法律若干问题的解释》中有关"情节特别严重"的认定标准,该解释第 7 条明确规定证券交易成交额在 250 万元以上的或获利 75 万元以上的即构成情节特别严重,因此依据交易成交额认定本案构成"情节特别严重"。判处被告人有期徒刑 5 年。

第三个阶段是 2019 年 6 月 27 日最高人民法院、最高人民检察院发布的《关于办理利用未公开信息交易刑事案件适用法律若干问题的解释》对本罪"情节特别严重"的具体标准作出了明确规定:一是利用未公开信息交易,违法所得 1000 万元以上的。二是违法所得 500 万元以上或交易金额 5000 万元以上,同时具有下列情形之一的:(1)以出售或变相出售未公开信息等方式,明示或暗示他人从事相关交易活动;(2)因证券犯罪行为受过刑事追究的;(3)2 年内因证券违法行为受过行政处罚的;(4)造成恶劣社会影响或者其他严重后果的。2022 年 4 月 6 日最高人民检察院、公安部发布的《关于公安机关管辖的刑事案件立案追诉标准的规定(二)》虽然没有对"情节特别严重"的标准作出明确,但是由于其规定的"情节严重"标准与 2019 年 6 月 27 日最高人民法院、最高人民检察院发布的《关于办理利用未公开信息交易刑事案件适用法律若干问题的解释》基本一致,因此,笔者认为"情节特别严重"的标准也应该继续沿用该解释的规定,不应该再存有争议。

- **关于自首的认定**

从统计数据来看,本罪的自首适用率高达70%,而一旦认定自首,法定刑就会大幅度降低。因此,无论是司法机关,还是辩护律师都应该谨慎、客观地对待自首问题。

实践中的证券类犯罪,绝大多数都是由中国证监会先行介入调查,后向公安机关移送涉嫌犯罪线索或者涉案主体,再由公安机关刑事立案。自首问题与行刑衔接问题纠缠在一起往往产生争议。从基本法理出发,认定自首必须满足"自动投案"和"如实供述"两项基本要求。

关于自动投案的争议,往往产生在已被中国证监会调查,甚至作出过行政处罚。当事人对于中国证监会将案件移送公安机关有明确的认识,但是对于公安机关何时立案、何时传唤自己、何时采取措施并不知晓。在此种情况下,当事人主动至公安机关投案,当然可以认定为自动投案。但是如果中国证监会直接带当事人至公安机关或者公安人员主动上门传唤是否属于自动投案呢?笔者认为都应该认定为自动投案。有观点认为,参照2009年3月12日最高人民法院、最高人民检察院发布的《关于办理职务犯罪案件认定自首、立功等量刑情节若干问题的意见》第1条规定,对于被告人没有自动投案,在办案机关调查谈话、采取调查措施期间,如实交代已被掌握的犯罪事实,不能认定为自首。据此,如果相关事实已被中国证监会掌握,就不应该认定自首。笔者对此持不同意见。自首制度设置的初衷是鼓励行为人主动将自己置于公安司法机关控制下,从而节约办案时间和资源。因此,在明知自己可能被追究刑事责任的情况下,无论是被中国证监会送往公安机关,还是公安机关上门传唤,都可以反映出行为人具有主动将自己置于公安司法机关控制下的自愿性。这里特别强调的是,公安机关电话传唤与上门传唤并没有本质的区别。如果公安机关电话传唤可以认定为自动投案,而公安机关上门传唤不认定为自动投案,则无异于将是否自动投案的决定权交予了公安办案人员,而不是行为人本人。这就违背了自首制度设置的初衷,也过分限缩了自首的空间。同时,参考2010年《关于处理自首和立功若干具体问题的意见》"明知他人报警而在现场等待"的认定为自动投案。因此,中国证监会调查后将人移送公安机关的,只要行为人没有逃跑等试图逃避责任追究的行为,就应该被认定为自动投案。

关于如实供述的认定,只要到案后对基本犯罪事实作出如实供述,就可以认定为自首,行为人对行为性质的辩解不影响如实供述的认定。在(2015)一中刑初字第 3029 号一审刑事判决书中，司法机关认为被告人自动投案后只如实供述了部分事实，因此没有认定自首。在二审判决（2016）京刑终 60 号中，司法机关认为，被告人系主动到公安机关投案，投案时即如实供述了基本犯罪事实，亦向公安机关提交了反映案件事实的情况说明书，在一审开庭时被告人亦表示认罪。从被告人的历次供述、情况说明书和庭审笔录来看，均承认基本犯罪事实。二人虽然对于股票交易的具体操作信息，尤其是何时以何价格买卖何种股票的信息细节未做过明确供述，但已成立对基本犯罪事实的供认。而对于"未公开信息"的法律认识和对于自己不属于本罪的犯罪主体的辩解，均系对行为性质的辩解，不影响自首的成立，从而对被告人认定自首，并适用了缓刑处理。

■ 规则解读

> 《刑法》第一百八十条第四款　【利用未公开信息交易罪】
> 　　证券交易所、期货交易所、证券公司、期货经纪公司、基金管理公司、商业银行、保险公司等金融机构的从业人员以及有关监管部门或者行业协会的工作人员，利用因职务便利获取的内幕信息以外的其他未公开的信息，违反规定，从事与该信息相关的证券、期货交易活动，或者明示、暗示他人从事相关交易活动，情节严重的，依照第一款的规定处罚。

　　解读： 本罪俗称"老鼠仓"。公募基金经理等金融机构从业人员利用职务便利获取金融机构股票投资等未公开信息，以自己名义，或假借他人名义，或告知亲属、朋友等，先于、同期于或者稍晚于在他们控制的账户进行买入交易。这些账户就像老鼠将粮食储备在好多个洞里一样，成为"老鼠仓"，然后再借助金融机构的资金拉升股价到高位后，将"老鼠仓"账户率先卖出股票从而获得非法利益，这类利用"老鼠仓"进行股票交易的行为也被约定俗成地称为"老鼠仓"。起初，"老鼠仓"特指基金领域的违法犯罪行为，随后逐渐演变，特别是在我国《证券法》《刑法》的规制规则下，已经演变成金融活动交易的一类违法行为的统称。

　　本罪属于特殊主体，即证券交易所、期货交易所、证券公司、期货经纪公司、基金管理公司、商业银行、保险公司等金融机构的从业人员以及有关监管部门或者行业协会的工作人员。只有这些人员才具备利用职务便利条件获得"未公开性"的条件。因此，本罪行为的本质是金融机构从业人员的"背信"行为。

　　本罪与内幕交易有很大相似性，其本质区别在于内幕信息与未公开信息的不同。因此,本罪是对内幕交易规制的补充。内幕交易之所以被禁止,是因为内幕信息对股价产生了实质影响,而实践中,除了与某一发行人(上市公司)经营重大相关的内幕信息以外,有些信息对股价也会产生实质影响,如政策信息、持股信息、行情信息、宏观经济信息等,而这一类信息往往由特定身份人员掌握,所以对这类人员利用这些未公开信息进行交易的行为也应予以规制。未公开信息既包括将来不会公开的信息,如公募基金证券投资决策信息、证券买卖的品种数量、买卖时间等信息,也包括将来会公开的信息,如政府政策、利率政策、税收政策、金融监管政策等信息。根据2019年最高人民法院、最高人民检察院《关于办理利用未公开信息交易刑事案件适用法律若干问题的解释》第1条的规定,内幕信息以外的未公开信息包括:(1)证券投资决策、交易执行信息;(2)证券持仓数量及变化、资金数量及变化、交易动向信息;(3)其他可能影响证券交易活动的信息。第2条规定,内幕信息以外的其他未公开信息难以认定的,司法机关可以在有关行政主(监)管部门的认定意见的基础上,根据案件事实和法律规定作出认定。例如,2010年8月31日公安部经济犯罪侦查局《关于转证监会〈关于韩×等人涉嫌利用未公开信息交易案有关问题的认定函〉的通知》(公证券〔2010〕86号)指出,本案涉及的"未公开信息",是指韩某担任某基金管理有限公司某证券投资基金经理期间,因管理该基金而掌握的有关投资决策、交易等方面的重要信息,包括某基金投资股票的名称、数量、价格、盈利预期以及投资(买卖)时点等。

在具体行为上,本罪禁止了两类行为:一类是金融机构的从业人员以及有关监管部门或者行业协会的工作人员,利用因职务便利获取的内幕信息以外的其他未公开的信息,违反规定,从事与该信息相关的证券、期货交易活动的行为;另一类是金融机构的从业人员以及有关监管部门或者行业协会的工作人员,利用因职务便利获取的内幕信息以外的其他未公开的信息,违反规定,明示、暗示他人从事相关交易活动的行为。根据2019年最高人民法院、最高人民检察院《关于办理利用未公开信息交易刑事案件适用法律若干问题的解释》第3、4条的规定,这里的"违反规定"是指违反法律、行政法规、部门规章、全国性行业规范有关证券未公开信息的规定,以及行为人所在的金融机构有关信息保密、禁止交易、禁止利益输送等规定。"明示、暗示他人从事相关交易活动"需要综合以下方面进行认定:(1)行为人具有获取未公开信息的职务便利;(2)行为人获取未公开信息的初始时间与他人从事相关交易活动的初始时间具有关联性;(3)行为人与他人之间具有亲友关系、利益关联、交易终端关联等关联关系;(4)他人从事相关交易的证券品种、交易时间与未公开信息所涉证券品种、交易时间等方面基本一致;(5)他人从事的相关交易活动明显不具有符合交易习惯、专业判断等正当理由;(6)行为人对明示、暗示他人从事交易活动没有合理解释。

关于本罪的立案追诉标准,涉及三个司法解释文件。第一个文件是2016年6月30日最高人民法院通过第十三批指导性案例61号马某利用未公开信息交易案明确了本罪援引法定刑的情形,应当是内幕交易、泄露内幕信息罪全部法定刑的引用,即利用未公开信息罪应有"情节严重""情节特别严重"两种情形和两个量刑档次。据此,此时的立案和量刑标准应该依据2012年3月29日最高人民法院、最高人民检察院发布的《关于办理内幕交易、泄露内幕信息刑事案件具体应用法律若干问题的解释》的规定。第二个文件是2019年6月27日最高人民法院、最高人民检察院发布的《关于办理利用未公开信息交易刑事案件适用法律若干问题的解释》,其对本罪作出了具体规定。第三个文件是2022年4月6日最高人民检察院、公安部发布的《关于公安机关管辖的刑事案件立案追诉标准的规定(二)》。(见表11-5)

表11-5 利用未公开信息交易刑事案件立案追诉标准新旧对比

文件名称	情节严重的入罪标准	情节特别严重升档标准
《关于办理内幕交易、泄露内幕信息刑事案件具体应用法律若干问题的解释》	1.证券交易成交额在50万元以上 2.获利或避免损失15万元以上 3.3次以上 4.其他严重情节	1.证券交易成交额在250万元以上 2.获利或避免损失数额75万元以上 3.其他特别严重情节
《关于办理利用未公开信息交易刑事案件适用法律若干问题的解释》	1.违法所得数额100万元以上 2.2年内3次以上 3.明示、暗示3人以上从事相关交易活动 4.违法所得50万元以上或交易金额500万以上同时:(1)以出售或变相出售未公开信息等方式,明示或暗示他人从事相关交易活动;(2)因证券犯罪行为受过刑事追究;(3)2年内因证券违法受过行政处罚;(4)造成恶劣社会影响	1.违法所得1000万元以上 2.违法所得500万元以上或交易金额5000万元以上,同时:(1)以出售或变相出售未公开信息等方式,明示或暗示他人从事相关交易活动;(2)因证券犯罪行为受过刑事追究;(3)2年内因证券违法受过行政处罚;(4)造成恶劣社会影响

续表

文件名称	情节严重的入罪标准	情节特别严重升档标准
《关于公安机关管辖的刑事案件立案追诉标准的规定(二)》	1. 获利或避免损失 100 万元以上 2. 2 年内 3 次以上 3. 明示、暗示 3 人以上从事相关交易活动 4. 获利或避免损失 50 万元以上或交易金额 500 万元以上同时:(1)以出售或变相出售未公开信息等方式,明示或暗示他人从事相关交易活动;(2)因证券犯罪行为受过刑事追究;(3)2 年内因证券违法受过行政处罚;(4)造成其他严重后果	尚未明确

第十二章 编造并传播证券虚假信息罪与诱骗投资者买卖证券罪

编造并传播证券交易虚假信息罪是指编造并且传播影响证券交易的虚假信息,扰乱证券交易市场,造成严重后果的行为。《刑法》第181条第1款规定了该罪最高5年的法定刑和罚金刑。诱骗投资者买卖证券罪,是指证券交易所、期货交易所、证券公司、期货经纪公司的从业人员,证券业协会、期货业协会或者证券期货监督管理部门的工作人员,故意提供虚假信息或者伪造、变造、销毁交易记录,诱骗投资者买卖证券,造成严重后果的行为。《刑法》第181条第2款规定了该罪最高10年的法定刑和罚金刑。《刑法》第181条第3款规定了这两个罪名的单位犯罪,并适用双罚制。本条对应《证券法》第56条、第193条。

■ 案例数据

关于编造并传播证券虚假信息罪与诱骗投资者买卖证券罪,实践中的案例较少。通过公开渠道,笔者收集到编造并传播证券虚假信息罪1例,诱骗投资者买卖证券罪1例。其中,滕某雄、林某山编造并传播证券虚假信息罪,见于中国裁判文书网等;贾某诱骗投资者买卖证券罪见于中央纪委国家监察委网站。之所以此罪名案例较少,笔者分析认为主要是因为实践中单纯的编造传播虚假信息的行为较少,其往往伴随行为人也参与交易,从而通过操纵股价谋取利益,此种情况下,应认定为操纵证券市场罪。因此,信息型操纵证券市场罪将这类行为吸收处理后,单纯的编造并传播虚假证券信息罪与诱骗投资者买卖证券罪就极少了。

以案释义

案例1 滕某雄、林某山编造并传播证券虚假信息罪

海欣股份系深圳证券交易所中小板上市公司，滕某雄系董事长。2015年5月，被告人滕某雄未经股东大会授权，在明知海欣股份不具备实际履约能力的情况下，仍代表海欣股份假意与某银行洽谈协商，并于同月8日违规擅自签订《关于海欣食品股份有限公司与某银行股份有限公司之增资协议》（以下简称《增资协议》），且决定将该虚假信息予以公告发布。2015年5月9日，被告人林某山在明知海欣股份不具备实际履行《增资协议》能力的情况下，仍在被告人滕某雄授意下将该虚假信息以公告的形式予以发布。随后，在原定股东大会召开（5月26日）前3日，又发布公告"中止投资某银行"。

2015年5月11日至22日，海欣股份股价（收盘价）由18.91元涨至30.52元，盘中最高价32.05元。按照收盘价计算，上涨幅度61.4%，同期深综指上涨幅度20.68%，正偏离40.71%。从成交量看，《增资协议》公告前10个交易日海欣股份二级市场累计成交4020万余股，日均成交402万股；公告后首个交易日至中止投资公告发布前最后一个交易日，该股二级市场累计成交8220万股，日均成交量822万股；中止投资公告后10个交易日累计成交6221万股。

公安机关经调查以涉嫌操纵证券罪将滕、林二人移送审查起诉。检察机关经审查后认为在案证据不能证明二人构成操纵证券市场罪，但构成编造并传播虚假证券交易虚假信息罪。法院经审理，以编造并传播证券交易虚假信息罪判处滕某雄有期徒刑3年，缓刑4年，并处罚金人民币10万元；判处林某山有期徒刑1年6个月，缓刑2年，并处罚金人民币10万元。

案例2 某证券公司与贾某诱骗投资者买卖证券罪[1]

某化妆品公司经中国证监会批准上市后，委托某国有证券公司承销。贾某是该证券公司董事长兼总经理。贾某在董事会上提议，通过召开新产品新闻发布会，夸大化妆品公司经营业务和经济实力等办法，鼓动投资者购买股票。一些董事会

---

[1] 参见周振华、朱建峰：《案说101个罪名㊷诱骗投资者买卖证券、期货合约罪》，载中央纪委国家监委网，https://www.ccdi.gov.cn/toutiaon/202202/t20220215_171640.html。

成员对贾某这一主张持反对意见,但贾某及董事会部分骨干成员坚持认为该方案可行。董事会决议形成后,贾某及董事会大部分成员购进大量该股票。事实上,贾某和董事会主要成员已经从某市科技委员会获悉,该化妆品公司新产品开发遇到了现有技术条件无法克服的障碍。但贾某等人仍然决定联合化妆品公司召开新闻发布会。新闻发布会当天,该股价随即上涨了3倍多,大批投资者竞相购买。一个月后,该证券公司又通过本地新闻媒体披露化妆品公司新产品开发失败的消息,导致股价一路狂跌。贾某和董事会部分成员早已趁股价上涨时抛售了股票,并赚取了利益。后经监察委调查后移送刑事司法审判。法院最终认定,某证券公司在明知某化妆品公司所开发的产品不具有开发价值的前提下,为了获取非法利益诱骗投资者购买股票,给投资者造成利益重大损失,构成诱骗投资者买卖证券罪,判处罚金人民币200万元,没收违法所得。贾某构成诱骗投资者买卖证券罪,判处有期徒刑1年,缓刑1年;犯内幕交易罪,判处有期徒刑1年6个月,缓刑2年,合并执行有期徒刑2年,缓刑2年,并处罚金10万元,没收违法所得。同时对某证券公司董事会部分成员违法所得予以没收。

| 争议焦点 |

- **编造并传播证券虚假信息罪与信息型操纵证券市场罪的区分**

根据《刑法》第182条第2款第5项的规定,利用虚假或者不确定的重大信息,诱导投资者进行证券交易,操纵证券市场,影响证券交易价格或者证券交易量,情节严重的行为,认定为操纵证券市场罪。这就产生了编造并传播证券虚假信息罪与信息型操纵证券市场罪的区分问题。两者的共同点在于均有实施编造、传播虚假信息的行为,且该行为都造成证券市场价格或交易量的波动,扰乱了证券市场的秩序。关于两者的区分,笔者认为应该把握两点:

第一,信息型操纵证券市场罪的客观行为中包含了编造并传播虚假信息罪的客观行为。但信息型操纵证券市场罪除了有利用虚假信息诱导投资者进行交易的行为,行为人自己还必须进行交易。如果仅仅是利用虚假信息诱导投资者进行交易,自己没有交易,则应该认定为编造并传播证券虚假信息罪。在案例一滕某雄、林某山编造并传播证券虚假信息案中,公安机关一开始以操纵证券市场罪移送审查起诉。但是检察机关、审判机关都认为没有证据证明二人在发布信息的时候有参与证券交易,因此没有认定操纵证券市场罪,而是认定编造并传播证券虚假信息罪。

第二,从追诉标准来看,《关于公安机关管辖的刑事案件立案追诉标准的规定

(二)》第32条规定了5种情况下应该以编造并传播虚假证券信息罪立案追诉：(1)获利或者避免损失数额在5万元以上的；(2)造成投资者直接经济损失数额在50万元以上的；(3)虽未达到上述数额标准，但多次编造并且传播影响证券、期货交易的虚假信息的；(4)致使交易价格或者交易量异常波动的；(5)造成其他严重后果的。关于信息型操纵证券市场罪，《关于公安机关管辖的刑事案件立案追诉标准的规定(二)》第34条第1款第3、13项规定，利用虚假或不确定重大信息，诱导投资者进行证券交易，行为人进行相关证券交易成交额在1000万元以上的；实施操纵行为，获利或者避免损失在100万元以上的，应以操纵证券市场罪立案追诉。由此，笔者认为，如果行为人利用虚假信息诱导投资者进行了交易，行为人自己也进行了交易，但是其交易成交额未到1000万元，以及获利也不到100万元，就无法认定为操纵证券市场罪，但是如果获利达到了5万元以上，则可以认定为编造并传播虚假证券信息罪。

- **诱骗投资者买卖证券罪与编造并传播证券虚假信息罪的区分**

对于两罪的区别，有观点从主体、主观、客观行为方面进行了对比。笔者认为两罪在犯罪故意与客观行为上并没有本质区别。两罪的区别就在于主体不同。从主观方面来说，两罪均欺骗或诱导投资者买卖证券的故意，没有本质不同，至于犯罪的动机与目的在所不问。从客观行为上来看，两罪均利用了虚假信息，至于诱骗投资者买卖证券罪中规定的"伪造、变造、销毁交易记录"，其本质仍然是编造虚假信息。两罪的根本不同在于犯罪主体。法律特别规定诱骗投资者买卖证券罪，针对的是特定主体即证券交易所、期货交易所、证券公司、期货经纪公司的从业人员，以及证券业协会、期货业协会或者证券期货监督管理部门的工作人员。因为这些从业人员身份的特殊性，其天然具有证券市场的信息优势，证券交易市场本质上是信息市场，信息是投资者决策判断的依据。因此，这些特殊主体向投资者传递何种信息对证券市场的影响不可与普通主体相提并论，其提供虚假信息的行为对证券市场和投资者的危害性更深。因此，法律规定了特殊罪名，并且规定了比普通主体编造传播证券虚假信息罪更严厉的法定刑。

■ 规则解读

《刑法》第一百八十一条 【编造并传播证券、期货交易虚假信息罪】【诱骗投资者买卖证券、期货合约罪】

编造并且传播影响证券、期货交易的虚假信息，扰乱证券、期货交易市场，造成严重后果的,处五年以下有期徒刑或者拘役,并处或者单处一万元以上十万元以下罚金。

证券交易所、期货交易所、证券公司、期货经纪公司的从业人员,证券业协会、期货业协会或者证券期货监督管理部门的工作人员,故意提供虚假信息或者伪造、变造、销毁交易记录,诱骗投资者买卖证券、期货合约,造成严重后果的,处五年以下有期徒刑或者拘役,并处或者单处一万元以上十万元以下罚金;情节特别恶劣的,处五年以上十年以下有期徒刑,并处二万元以上二十万元以下罚金。

单位犯前两款罪的,对单位判处罚金,并对其直接负责的主管人员和其他直接责任人员,处五年以下有期徒刑或者拘役。

解读: 编造是指捏造虚假信息,既包括虚构本来就不存在的信息,也包括篡改、加工、夸大或隐瞒真实的信息。对股市或股票的分析判断与事实相悖,不能认定为编造虚假信息。传播是指使用各种方式导致虚假信息处于他人知悉或有知悉可能性的状态。虽然法条使用了"并"一词,但并不意味着构成本罪必须具备"编造"与"传播"两个实行行为。"编造并且传播"的规定,意在将缺乏故意的传播行为排除在犯罪之外。[1] 针对"编造"与"传播"的交叉情况,可以分为以下两种。第一,只有编造行为,但是没有传播行为,不可能侵害法益,不构成犯罪。第二,甲只有编造行为,乙有传播行为,则首先看甲与乙是否有通谋或意思联络,若有,则甲与乙构成本罪共同犯罪。若两人没有通谋或意思联络,则区分情况。乙并不知道信息虚假,而甲故意或者放任乙传播,此时乙是甲传播的工具,甲有编造与传播的故意,则甲构成本罪,乙不构成本罪。乙如果明知信息系虚假信息仍然传播,已构成本罪,至于甲是否构成本罪,还要看甲是否具有放任乙传播的主观故意。

诱骗不等于欺骗,既包括使投资者产生错误认识的欺骗,也包括诱惑、诱导。在投资者本不打算买卖证券或者犹豫不决时,行为人通过提供虚假信息等手段,使投资者买卖证券的,也属于诱骗。

《关于公安机关管辖的刑事案件立案追诉标准的规定(二)》第三十二条

编造并且传播影响证券、期货交易的虚假信息,扰乱证券、期货交易市场,涉嫌下列情形之一的,应予立案追诉:

(一)获利或者避免损失数额在五万元以上的;

---

[1] 参见张明楷:《刑法分则的解释原理》(第2版)(上),中国人民大学出版社2011年版,第498页。

（二）造成投资者直接经济损失数额在五十万元以上的；

（三）虽未达到上述数额标准，但多次编造并且传播影响证券、期货交易的虚假信息的；

（四）致使交易价格或者交易量异常波动的；

（五）造成其他严重后果的。

第三十三条

证券交易所、期货交易所、证券公司、期货公司的从业人员，证券业协会、期货业协会或者证券期货监督管理部门的工作人员，故意提供虚假信息或者伪造、变造、销毁交易记录，诱骗投资者买卖证券、期货合约，涉嫌下列情形之一的，应予立案追诉：

（一）获利或者避免损失数额在五万元以上的；

（二）造成投资者直接经济损失数额在五十万元以上的；

（三）虽未达到上述数额标准，但多次诱骗投资者买卖证券、期货合约的；

（四）致使交易价格或者交易量异常波动的；

（五）造成其他严重后果的。

解读：2022年《关于公安机关管辖的刑事案件立案追诉标准的规定（二）》从5个方面规定了编造并传播证券虚假信息罪与诱骗投资者买卖证券罪的立案追诉标准，对2010年的追诉标准作了修订。旧的追诉标准规定的5个方面分别为：(1)获利或者避免损失数额累计在5万元以上的；(2)造成投资者直接经济损失数额在5万元以上的；(3)致使交易价格或者交易量异常波动的；(4)虽未达到上述数额标准，但多次编造并传播影响证券、期货交易的虚假信息的；(5)其他造成严重后果的情形。新的追诉标准主要是将造成投资者直接经济损失的金额由5万元提高到了50万元，其他未作改变。

《监察法实施条例》第三十一条

监察机关依法调查公职人员在行使公权力过程中涉及的其他犯罪，包括破坏选举罪，背信损害上市公司利益罪，金融工作人员购买假币、以假币换取货币罪，利用未公开信息交易罪，诱骗投资者买卖证券、期货合约罪，背信运用受托财产罪，违法运用资金罪，违法发放贷款罪，吸收客户资金不入账罪，违规出具金融票证罪，对违法票据承兑、付款、保证罪，非法转让、倒卖土地使用权罪，私自开拆、隐匿、毁弃邮件、电报罪，故意延误投递邮件罪，泄露不应公开的案件信息罪，披露、报道不应公开的案件信息罪,接送不合格兵员罪。

解读: 国家监察体制改革后,对于刑事犯罪的侦查、调查体制也随之变化。对于国家工作人员或者公职人员的违法犯罪,法律作了区分,将其中部分犯罪罪名划归监察机关管辖。其中与证券资本市场有关的罪名包括背信损害上市公司利益罪,利用未公开信息交易罪,诱骗投资者买卖证券、期货合约罪等。案例2中,涉案某证券公司系国有金融机构,董事长贾某系国家公职人员,因此其诱骗投资者买卖证券罪由国家监察机关管辖调查。

第十三章　操纵证券市场罪

操纵证券市场罪是指自然人或者单位，故意操纵证券市场，情节严重的行为。具体的行为表现为下列7种类型：(1)单独或者合谋，集中资金优势、持股或者持仓优势或者利用信息优势联合或者连续买卖的；(2)与他人串通，以事先约定的时间、价格和方式相互进行证券、期货交易的；(3)在自己实际控制的账户之间进行证券交易，或者以自己为交易对象，自买自卖期货合约的；(4)不以成交为目的，频繁或者大量申报买入、卖出证券、期货合约并撤销申报的；(5)利用虚假或者不确定的重大信息，诱导投资者进行证券、期货交易的；(6)对证券、证券发行人、期货交易标的公开作出评价、预测或者投资建议，同时进行反向证券交易或者相关期货交易的；(7)以其他方法操纵证券、期货市场的。《刑法》第182条规定了本罪最高10年的有期徒刑，并处罚金。本罪的实质在于行为人扭曲证券交易价格、影响交易量，诱导投资者盲目跟进操作，既侵犯了证券市场秩序，又侵犯了投资者权益。[1]

■ **案例数据**

笔者收集到的中国裁判文书网、人民法院案例库等多种渠道公开的操纵证券市场罪生效判决案例共20例，从以下不同角度进行多种数据分析。

1. 从时间上来看，本罪名最早的案例发生在1999年，由上海市静安区人民法院判决[(1999)静刑初字211号]。2017年前后高发。近年来案例相对较少，与多数案件未公开有关。(见图13-1)

---

[1] 参见杨万明主编：《〈刑法修正案(十一)〉条文及配套〈罪名补充规定(七)〉理解与适用》，人民法院出版社2021年版，第145页。

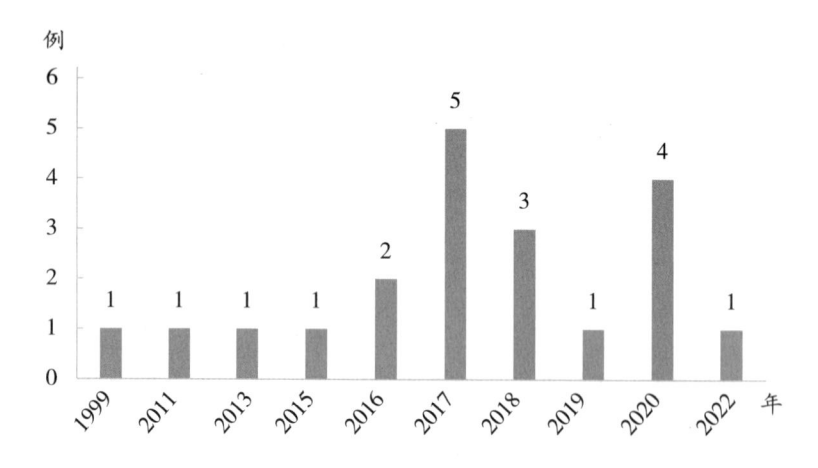

图 13-1 操纵证券市场刑事案件历年数量

2. 从犯罪主体来看，20 个案例中共涉及自然人 46 人，其中证券从业人员 11 人，上市公司相关人员（股东、实控人或管理人员）14 人，其他人员 21 人。（见图 13-2）

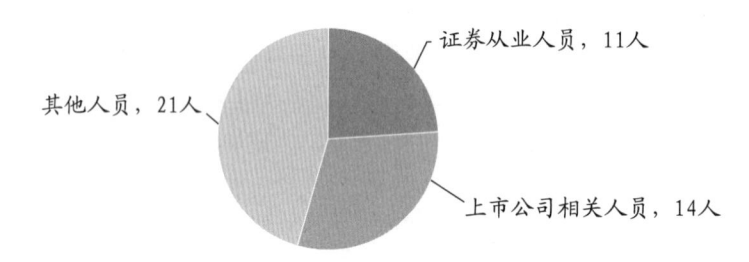

图 13-2 操纵证券市场刑事案件主体分布

3. 从行为模式来看，本罪规定了 7 种类型，在 20 多个案例中，多数都是多种行为类型交织在一起，行为人并不局限于某一行为模式。涉及最多的是利用资金优势或信息优势连续买卖，其次是对倒交易、对敲交易，再次是"黑哨"反向交易，最后是集中申报撤单等其他类型。具体类型分布见图 13-3。有一个案例（1999）静刑初字 211 号涉及《刑法》规定的第 7 种"其他方法"兜底条款，其具体行为类型是通过非法侵入信托公司证券交易的计算机信息系统，并修改委托数据来影响股价。

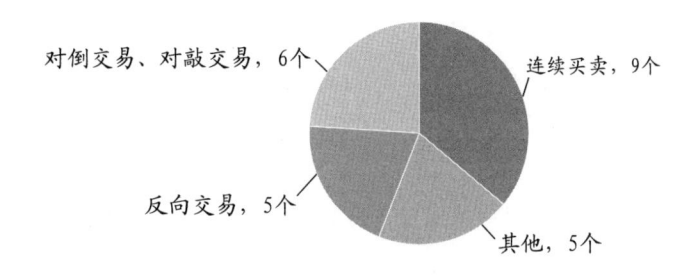

图 13-3　操纵证券市场刑事案件行为类型分布

4. 从判处刑期来看,本罪法定刑分为情节严重判处5年以下、情节特别严重处5年以上10年以下两档。20个案件中的46个自然人,被判处5年以上(含5年)的9人,5年以下的35人,另有2人单处罚金。其中判处3年以下(含3年)的28人,3年至5年(不含5年)的7人,有比较明显的轻刑化特点。(见图13-4)

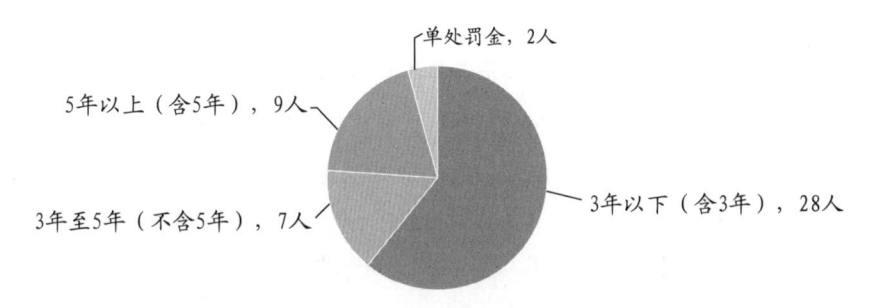

图 13-4　操纵证券市场刑事案件刑期适用分布

5. 从缓刑适用来看,在所有判处3年以下(含3年)的28人中,适用缓刑的15人,比例高达54%,缓刑适用率较高。缓刑适用案件占操纵证券市场刑事案件的比例分布,如图13-5所示。

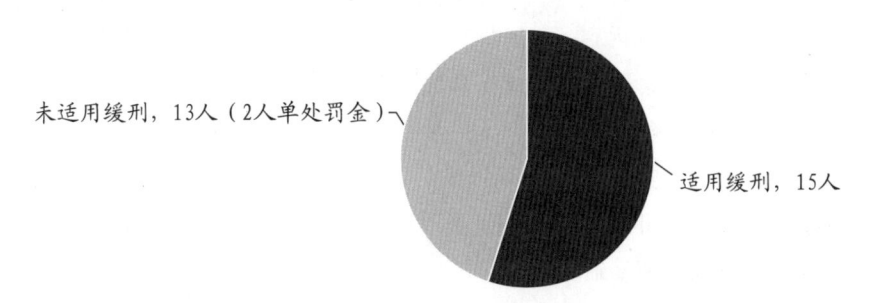

图 13-5　操纵证券市场刑事案件缓刑适用比例分布

6. 从罚金刑适用情况来看,本罪没有规定罚金的具体标准。经统计发现,判处罚金金额最高的达5亿元,最少的仅为5万元,另有2个案例判处了有期徒刑,但没有并处罚金。由于法律没有规定罚金刑的具体计算标准,法官自由裁量权较大,可以将其作为辩护律师为当事人积极争取的权益。

7. 关于自首的适用。经过对20个案件的研究发现,在已明确公开判决的14个文书中涉及自然人32人,其中适用自首情节的21人并予以从轻、减轻处罚,适用比例接近66%。(见图13-6)

未适用自首情节,11人
适用自首情节,21人

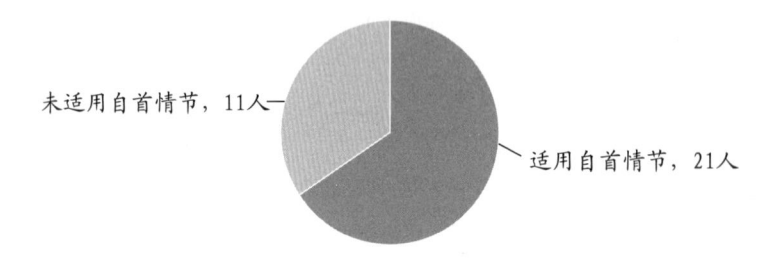

图13-6　操纵证券市场刑事案件自首适用数量分布

8. 从犯罪地位角度来看,本罪在司法适用上存在共同犯罪情况下区分主从犯案件较多,经统计,20个案例中涉及二人以上共同犯罪的案件有9件,均区分了主从犯,认定为从犯的15人,并对从犯作了从轻处理。认定为从犯的主要情况包括只出借账户、只负责联系配资等不参与实质操纵证券的行为。

■ 以案释义

根据现行《证券法》第55条的规定,我国行政法层面严禁的操纵证券市场行为主要有7大类和一个兜底类型,这7类即连续交易(优势交易)、对敲交易(串通买卖)、对倒交易(洗售)、虚假申报、信息诱导、"抢帽子"交易、跨市场操纵,其中后四类是现行《证券法》增加内容。我国《刑法》第182条规定的操纵证券市场罪行为类型有6大类和1个兜底条款,其中《证券法》规定的跨市场操纵,《刑法》中没有规定。对此,笔者认为跨市场操纵并不是一种单纯的操纵行为手段,其特殊性在于不同市场之间的跨度。实际上,跨市场操纵的手段行为仍然离不开《刑法》所列举的几大类型。因此,尽管目前尚未发现此类刑事案例,但对跨市场操纵的刑事打击仍然具有法律依据和法理基础。

● **交易型操纵与信息型操纵的认定区别**

操纵市场有两种基本手段:一是交易股票,二是利用信息。前者可以称为交易型操纵,后者称为信息型操纵。所谓交易型操纵,就是针对某只股票连续频繁地交易,使股票价格不断上升,从而造成该股票交易活跃,价格持续上涨的假象,以此引诱投资者买入,操纵者在价格高位出售股票从而牟取暴利。交易型操纵有实买实卖,也有虚买虚卖。实买实卖就是集中优势资金进行实打实的买卖,从而达到人为拉升股价或压低股价的目的,此种行为在刑法上被称为连续性交易,即单独或者合谋,集中资金优势、持股或者持仓优势或者利用信息优势联合或者连续买卖。所谓虚买虚卖,是指自买自卖或与他人串通相互买卖。在刑法上,自买自卖被称为对倒交易,即在自己实际控制的账户之间进行证券交易;与他人串通交易被称为对敲交易,即与他人串通,以事先约定的时间、价格和方式相互进行证券交易。

根据现行法律与司法解释的规定,认定交易型操纵行为构成本罪,关键在于交易量。根据2022年最高人民检察院、公安部《关于公安机关管辖的刑事案件立案追诉标准的规定(二)》第34条的规定,持有或者实际控制证券的流通股份数量达到该证券的实际流通股份总量10%以上的,连续10个交易日的累计成交量达到同期该证券总成交量20%以上的,构成本罪。对敲交易、对倒交易,连续10个交易日的累计成交量达到同期该证券总成交量20%以上的,构成本罪。尽管刑法规定,操纵证券市场,影响证券价格或交易量,情节严重的行为构成本罪,但是在入罪标准上,显然并没有关于影响价格的具体标准,而是通过判断交易量来认定。换句话说,这一规则意味着,在证券市场上,只要交易量达到一定程度,就必然会影响价格的变化。

以上海市第一中级人民法院(2022)沪01刑初13号刑事判决书为例,法院认定被告人李某某构成操纵证券市场罪的基本依据就是交易量。2019年9月18日至2020年11月27日连续289个交易日,李某某控制的证券账户组持有"大连A"证券的流通股份数量达到该股实际流通股份总量的10%以上,其中,连续10个交易日的累计成交量达同期该股总成交量的50%以上。2019年10月8日至2020年2月13日连续86个交易日,李某某控制的证券账户组持有"B轴承"证券的流通股份数量达到该股实际流通股总量的10%以上,其中,连续10个交易日的累计成交量达同期该股总成交量的20%以上。2020年9月30日至11月4日连续20个交易日,李某某控制的证券账户组内持有"C科技"证券的流通股份数量达到该股实际流通股总量的10%以上,其中,连续10个交易日的累计成交量达同期该股总成交量的20%以上。最终,李某某被判处有期徒刑6年,罚金1000万元。

信息型操纵是指行为人通过散布对股价有利的或不利的信息,来影响股价的行为。证券价格是证券市场根据各种信息所作出的对股票价值的反映。市场吸收利好或利空信息后,都会在证券价格上予以体现。因此,通过有目的性地散布信息,可以激发投资者对股票的关注和热情,诱使投资者买入或卖出股票,从而影响股价上涨或下跌。与交易型操纵的认定主要以成交量为标准不同,信息型操纵,在法定规则上主要以成交额为认定标准。根据2022年最高人民检察院、公安部《关于公安机关管辖的刑事案件立案追诉标准的规定(二)》第34条第1款第3、4、5、6项的规定,利用虚假或者不确定的重大信息,诱导投资者进行证券交易,行为人进行相关证券交易的成交额在1000万元以上的,构成本罪;对证券、证券发行人公开作出评价、预测或者投资建议,同时进行反向证券交易,证券交易成交额在1000万元以上的构成本罪;通过策划、实施资产收购或者重组、投资新业务、股权转让、上市公司收购等虚假重大事项,误导投资者作出投资决策,并进行相关交易或者谋取相关利益,证券交易成交额在1000万元以上的,构成本罪;通过控制发行人、上市公司信息的生成或者控制信息披露的内容、时点、节奏,误导投资者作出投资决策,并进行相关交易或者谋取相关利益,证券交易成交额在1000万元以上的构成本罪。显然,信息型操纵行为涉及的信息,不一定是虚假的或不确定的,即便是传播真实的信息,如果传播的动机和目的都是操纵证券市场,也同样应该禁止。美国《1934年证券交易法》第9条第1款第1、2项都是这样规定。

以上海市第一中级人民法院(2017)沪01刑初49号朱某明操纵一案为例,2013年2月1日至2014年8月26日,被告人朱某明担任××公司龙华西路营业部经纪人,并受邀担任《谈股论金》电视节目的嘉宾。其间,朱某明在其亲属"朱某""孙某""张某"名下的证券账户内,预先买入"利源精制""万马股份"等15只股票,并在随后播出的《谈股论金》电视节目中通过详细介绍股票标识性信息、展示K线图或明示股票名称、代码等方式,对其预先买入的前述15只股票进行公开评价、预测及推介,再于节目在上海电视台首播后1至2个交易日内抛售相关股票,人为地影响前述股票的交易量与交易价格,获取非法利益。经审计,朱某明买入前述股票交易金额共计2094.22万余元,卖出股票交易金额共计2169.7万余元,非法获利75.48万余元。法院认定构罪的主要依据就是成交金额,而不是成交量。最终,被告人被判处有期徒刑11个月,并处罚金人民币76万元。

在上海市高级人民法院(2019)沪刑终110号鲜某操纵案中,被告人鲜某通过控制上市公司信息的生成以及信息披露的内容,误导投资者作出投资决策,影响证券交易价格与交易量,并进行相关交易。2015年4月30日至5月11日,鲜某通过其控制的前述账户组,买入多伦公司股票共计2520万余股,买入金额2.86亿余元。法院最终以其成交额作为定罪量刑依据,认定其行为情节特别严重,综合考虑自首等情节,判处有期徒刑 3 年 4 个月,并处罚金人民币 1000 万元。

另外需要指出的是,无论是交易型操纵,还是信息型操纵,有一个共同的认定标准,即通过实施操纵证券的获利或者避免损失达到 100 万元以上的。

- 虚假申报型操纵行为的认定

虚假申报型操纵又称为"恍骗交易"。根据《证券法》第 55 条、《刑法》第 182 条第 1 款第 4 项的规定,是指不以成交为目的,频繁或者大量申报买入、卖出证券并撤销申报的行为。虚假型申报一般被用作庄家"托单"或"压单"的手段,频繁在买二、买三或者卖二、卖三档位挂单,当买一或卖一成交时,再迅速撤销买二、买三或卖二、卖三档位的申报。实践中,大量的"恍骗交易"是通过电脑程序进行的。

证券交易的价格随时变化,交易者在申报后,在达成交易之前,根据市场和价格的变化,可以随时调整交易策略,撤单后再重新报价,这是证券市场正当的交易规则所允许的。因此,无论是证券法还是刑法从未禁止或打击撤销申报的行为,而规制的是以影响证券交易价格或者其他投资者投资决定为目的的频繁申报或频繁撤销申报行为。因此,司法实践中的难点和争议焦点往往是如何区分正当的申报撤单交易与虚假申报撤单操纵行为。这就需要从主观与客观综合认定。

操纵证券市场犯罪是故意犯罪,但虚假申报型操纵与其他操纵行为类型又有一点不同,即虚假申报型操纵"不以成交为目的",这也是将其称为"虚假"申报的原因。司法判断主观心态又需要结合客观行为。因此,判断虚假申报型操纵需要综合考虑频繁申报和撤单、反向交易和交易习惯等因素。

首先,需要看行为人是否实施了大量买入或卖出的申报,形成价格变化的假象后又撤回申报。撤回申报的行为是认定其申报行为虚假性质的重要因素。根据 2022 年《关于公安机关管辖的刑事案件立案追诉标准的规定(二)》第 34 条的规定,不以成交为目的,频繁或大量申报买入、卖出证券并撤销申报,当日累计撤回申报量达到同期证券总申报量 50% 以上,且证券撤回申报额在 1000 万元以上的即达到入罪标准。需要特别注意的是,2019 年最高人民法院、最高人民检察院《关于办理操纵证券、期货市场刑事案件适用法律若干问题的解释》第 1 条第 5 项规定,不以成交为目的,频繁申报、撤单或大额申报、撤单,误导投资者作出投资决策,影响证券交易价格或交易量,并进行与申报相反的交易或者谋取相关利益的,是操纵行为。此后,2020 年《刑法修正案(十一)》第 13 条并没有规定"进行与申报相反的交易或者谋取利益的"这一构成要件。有观点认为,尽管该要件在《刑法修正案(十一)》中没有规定,但对于区分合法撤单和虚假申报具有重要作用,并将是否进行与申报相反的交易或谋取利益,作为认定"不以成交为目的"的重要根据。[1] 对此,笔者不予认同。虚假申报型操纵行为不需以反向交易或谋取利益为构成要件,只要频繁申报或大量申报再撤单达到了立案追诉标准规定的数量,就应该入罪,因为此时该虚假申报的行为已经对市场价格或交易量造成了影响,从而体现了本罪"操纵"的本质。相反,在进行了频繁或大量申报进而撤单已经造成市场价格或交易量假象的情况下,仅仅以没有反向交易或谋取利益,就得出上述行为是合法撤单的结论,显然不合常理。简言之,有反向交易或谋取利益的结果,自然可以更容易判断申报的虚假性,但不能说没有反向交易或谋取利益的结果,就说申报行为不是虚假的。

其次,以行为人的操纵行为与正常的交易逻辑是否相违背来判断违法性和主观心态。一般来说,交易行为如果具有成交意愿,其申报价格会尽量接近甚至优于实时最新成交价,或者根据自己的股票价格走势的判断,预设一个价格进行申报。但虚假型申报操纵行为人并非真实地希望自己的申报能够成交,同时为利用有限的资金实现最大的申报效果,需要及时将原委托申报及时撤回以释放资金。[2] 因此,这类交易者就会在拉升股价的同时给撤单留有余地,从而显示出撤单比例较高、成交比例较低;申报价格成交可能性偏低,而又没有过分偏离,能够被投资者所获知;在频繁撤单后反向交易等特征,这些现象都可以说明其本身没有成交意愿,而是为了营造假象,从而论证其主观的非法目的。

在上海市第一中级人民法院(2019)沪01刑初19号唐某博等人虚假申报型操纵案中,认定2012年5月7日至23日,被告人唐某博伙同唐某子、唐某琦等人,使用自己及控制的他人账户,买入或卖出"华资实业"股票,账面盈利人民币425万余元。其间,5月9日唐某子申报买入1666万股,撤回申报1474万股,撤回申报量占当日该种证券总申报量57.02%;5月10日唐某博伙同唐某子、唐某琦,申报买入7190万股,撤回申报5439万股,撤回申报量占当日该种证券总申报量55.62%;5月14日唐某博伙同唐某子、唐某琦,申报买入4705万股,撤回申报3970万股,撤回申报量占当日该种证券总申报量61.10%。

2012年4月24日至5月7日,被告人唐某博伙同唐某子、唐某琦采用上述手

---

[1] 参见上海市人民检察院编:《证券期货领域犯罪典型案例与司法观点》,中国检察出版社2022年版,第91页。
[2] 参见汤欣、高海涛:《证券市场操纵行为认定研究——行政处罚案例的视角》,载《当代法学》2016年第4期。

法,买入或卖出"京投银泰"股票,账面盈利 13,691,473 元。其间,5 月 3 日唐某博伙同唐某琦,申报买入 7765 万股,撤回申报 6153 万股,撤回申报量占当日该种证券总申报量 56.29%;5 月 4 日唐某博伙同唐某琦申报买入 9444 万股,撤回申报 6764 万股,撤回申报量占当日该种证券总申报量 52.47%。

2012 年 6 月 5 日至 2013 年 1 月 8 日,被告人唐某博伙同唐某琦采用上述手法,买入"银基发展"股票,获利 786 万元。其间,2012 年 8 月 24 日唐某博申报卖出 2978 万股,撤回申报 2978 万股,撤回申报量占当日该种证券总申报量 52.33%。

在案件审理过程中,辩护人针对操纵"银基发展"股票一节是否构成本罪提出异议,理由是唐某博于 2012 年 8 月 24 日虚假申报卖出"银基发展"股票过程中,并未进行与申报相反的交易,未从中获利。

最终法院认定操纵"银基发展"一节事实构成操纵证券市场罪。其主要理由是:(1)被告人唐某博控制账户组存在虚假申报交易"银基发展"股票行为。指控时间段内,唐某博控制账户组不以成交为目的,对"银基发展"股票频繁申报、撤单或者大额申报、撤单,且 2012 年 8 月 24 日当天,累计撤回申报卖出量达到同期该股票总申报卖出量 50% 以上,撤回申报金额在 1000 万元以上,误导投资者作出投资决策,影响该股票的交易价格与交易量。(2)指控时间段内,唐某博控制账户组进行了与虚假申报相反的交易等行为,操纵"银基发展"股票获利的意图明显,且获取了巨额利益。

- **"抢帽子"型操纵行为的认定**

对证券、证券发行人公开作出评价、预测或者投资建议,同时进行反向交易的行为被称为"抢帽子"操纵证券市场。"抢帽子"交易操纵也就是比较常见的利用"黑嘴"荐股交易操纵,其行为特征可以归结为:行为人事先交易—评价或荐股—影响市场—反向交易。对于"抢帽子"交易中所涉及的评价、预测或者投资建议,只要其能对市场其他投资者产生误导,无论是否有科学依据,都可以构成操纵市场。因此,"抢帽子"本质上是一种信息型操纵。同时,构成"抢帽子"操纵还需要具备两个条件:一是行为人在公开评价时没有披露其持股情况;二是相关评价信息发布以后,必须同时伴随反向交易或者谋取相关利益的行为。二者缺一不可。关于本行为的主体,2010 年《关于公安机关管辖的刑事案件立案追诉标准的规定(二)》以及 2018 年最高人民检察院第十批指导案例都指出本行为主体系特殊主体,即证券公司、证券咨询机构、专业中介机构及其工作人员。这类证券从业人员本属于禁止参与股票交易的人员,与其他投资者之间存在明显的利益冲突。因此,该类人员的

"抢帽子"行为被首先予以法律规制。随着实践的发展,对于财经媒体类主持人、嘉宾等媒体机构的从业人员,是否受"抢帽子"行为规制存在争议。事实上,随着近年来自媒体的兴盛发达,股市"黑嘴"已经远远超出证券从业人员的特殊主体范畴。基于此,2019 年最高人民法院、最高人民检察院《关于办理操纵证券、期货市场刑事案件适用法律若干问题的解释》、2020 年《刑法修正案十一》以及 2022 年《关于公安机关管辖的刑事案件立案追诉标准的规定(二)》都明确了本行为为一般主体。

在(2015)鄂武汉中刑初字第 00123 号案件中,2011 年 4 月,被告人刘某甲进入西藏同信证券有限责任公司投资咨询部担任投资顾问;2012 年 3 月,被告人陶某进入该公司任刘某甲的助理。2012 年 1 月起,西藏同信证券有限责任公司冠名湖北卫视《天生我财》系列财经节目,刘某甲担任每日 17 时播出的该节目板块的嘉宾分析师,对证券或者其发行人、上市公司公开作出评价、预测或者投资建议。陶某协助刘某甲制作 PPT 课件,内容为证券市场相关板块的走势图和相关个股的走势及数据。因该节目在全国财经类电视节目中有较高的行业地位和影响力,节目嘉宾对所推荐股票在荐股次日的交易价格和成交量有较明显影响。

2012 年 6 月 6 日至 8 月 10 日,陶某利用协助刘某甲制作 PPT 课件的便利条件,提前获悉刘某甲和另一节目嘉宾分析师于某在湖北卫视《天生我财》节目中将要推荐的股票信息后,亲自或者委托刘某乙按其指令进行股票操作,于节目播出当日下午收盘前全仓买进,待推荐的股票信息在湖北卫视《天生我财》电视节目播出后,伺机卖出股票获利。交易的股票有四川九州、澳柯玛、蓝科高新、天瑞仪器、康达新材、中山公用等。经统计,陶某利用朱某、陈某的证券账户交易股票共计 24 只,买入股票金额共计 28,420,251.74 元,卖出金额 29,453,545.04 元,非法获利 840,093 元,陶某个人实际获利 430,817 元。

2012 年 7 月 12 日至 8 月 10 日,刘某甲利用担任湖北卫视《天生我财》财经节目嘉宾分析师的优势条件,操作前女友龙某在招商证券有限公司深圳东门南路营业部开立的证券账户,提前买入其将在湖北卫视《天生我财》节目上推荐的股票 5 只,买入金额共计 1,607,398.2 元,在节目播出后卖出金额 1,692,031.2 元,账户上非法获利共计 73,042.68 元;买入于某在湖北卫视《天生我财》节目上推荐的股票 1 只,买入金额共计 360,428 元,卖出金额 365,350 元,账户上非法获利共计 2379.31 元。交易的股票有金利科技、玉龙股份、金路集团、乐山电力、北斗星通、新民科技。综上,刘某甲利用龙某的证券账户交易股票共计 6 只,买入股票金额共计 1,967,826.2 元,卖出金额 2,057,381.2 元,为龙某非法获利共计 75,422 元。

法院最终认定,被告人陶某、刘某甲身为证券公司从业人员,违反国家对证券交易的管理制度和有关从业禁止性的规定,在公开做出评价、预测或者投资建议前买入其将要推荐的股票,待电视节目播出后卖出牟取非法利益,情节严重,其行为均已构成操纵证券市场罪。判处被告人陶某拘役6个月,缓刑1年,并处罚金人民币15万元。判处刘某甲罚金人民币10万元。

在上海市第一中级人民法院(2017)沪01刑初49号案件中,被告人朱某明在担任××公司龙华西路营业部经纪人期间,先后多次在其受邀担任《谈股论金》电视节目嘉宾前,使用实际控制的"朱某""孙某""张某"等3个证券账户,预先买入"利源精制""万马股份"等15只股票,并于当日或次日在上述电视节目中通过详细介绍股票标识性信息、展示K线图或明示股票名称、代码等方式,对其预先买入的上述15只股票进行公开评价、预测或推介,再于节目在上海电视台首播后1至2个交易日内抛售相关股票,获取非法利益。经审计,朱某明买入股票交易金额共计人民币2094.22万余元,卖出股票交易金额共计2169.70万余元,非法获利75.48万余元。

法院最终认定,被告人朱某明身为证券公司工作人员,违反规定买卖或持有证券,并通过公开评价、预测或者投资建议,在相关证券交易中非法获利75万余元,情节严重,其行为已构成操纵证券市场罪,判处有期徒刑11个月,并处罚金人民币76万元。

在南京市中级人民法院(2017)苏01刑初31号案件中,被告人吴某昌在任江苏现代资产投资管理顾问有限公司证券投资部实际负责人期间,使用他人证券账户提前建仓,再利用公司名义在四川卫视《天天胜券》节目推荐相关股票,在股票价格上涨后抛售,获取非法利益。在2009年5月18日至6月20日,被告人吴某昌操控在华泰证券股份有限公司西安文化北路证券营业部等证券交易机构开设的17个股票账户,采取上述方式交易股票名称为"南方航空""杭州解百"等14只股票,累计买入10,269,061股,买入成交总额约人民币6398余万元,卖出10,269,061股,卖出约人民币6859余万元,非法获利约人民币460余万元归个人所有。

法院最终认定,被告人吴某昌作为证券投资咨询机构实际控制人,违背有关从业禁止的规定,买卖相关证券,通过对证券公开作出评价、预测或者投资建议,在相关证券的交易中谋取利益,情节严重,其行为已构成操纵证券市场罪,判处罚金人民币2760万元。

- 如何认定实际控制他人账户

在操纵市场案件中,行为人往往需要借用他人账户以掩人耳目,规避事后被追究。无论是在连续型交易中,还是在"黑哨"反向交易案件中,控制使用他人账户的情形经常出现。绝大多数操纵市场案件中,行为人往往会提出涉案的众多账户并非自己控制使用的辩护理由。司法实践中,认定账户控制关系,往往通过直接证据与间接证据相结合的形式综合认定,这与行政处罚中对控制他人账户的认定基本一致。综合考虑的因素包括下单的电脑 MAC 地址、网络 IP 地址与互联网访问轨迹的重合度与连贯性、资金来源以及证人证言等,以此来综合确定行为人与涉案账户的实际控制关系。[1]

在唐某博等三人操纵证券市场判决中,对于涉案的王某 2 账户究竟由谁控制,不同辩护人存在争议。法院认为,应认定系被告人唐某博而非唐某子实际控制"王某 3"证券账户。主要理由是:(1)唐某博、唐某子的供述相互印证,证明"王某 3"账户系唐某博控制使用,账户内资金归属于唐某博。(2)司法会计鉴定意见书及附件反映,"王某 3"证券账户的资金来源、去向为唐某博实际控制的其他账户。"王某 3"证券账户资金主要源于"张某 2"中国民生银行南京中央门支行账户,资金去向主要为"王某 4"中国民生银行南京中央门支行账户。而在案证据反映,"张某 2"证券账户及银行卡、"王某 4"证券账户及银行卡均系唐某博实际控制。(3)"王某 3"证券账户操作的 IP 地址与唐某博的出行记录相吻合。

在朱某明操纵证券市场案中,在案件审查起诉阶段,朱某明对指控其实际控制涉案账户的事实予以否认。检察机关通过退回补充侦查,收集了相关证据以证明朱某明系涉案账户的实际控制人:(1)账户登录、交易 IP 地址大量位于朱某明所在的办公地点,与朱某明出行等电脑数据轨迹一致。(2)涉案 3 个账户之间与朱某明个人账户资金往来频繁,初始资金有部分来自朱某明账户,转出资金中有部分转入朱某明账户后由其消费。

- **操纵市场违法所得的计算**

在操纵证券市场案件中,违法所得的计算问题历来是争议焦点。特别是在一些复杂案件中,操纵行为的起止期限、哪些股票与操纵行为有实质关联、行为人被抓获时还有涉案股票没有卖出等情况下,违法所得如何认定存有争议。有的司法判决对认定原理和依据作出了示范。

在上海市第一中级人民法院(2019)沪 01 刑初 19 号刑事判决中,法院认为对操纵证券市场违法所得数额的认定,应以与涉案股票操纵行为实质关联的股票建仓

---

[1] 参见本书上篇第三章。

时间以及出售时间等为范围来计算违法所得,而非仅认定实施操纵行为当日的违法所得。从本案来看,操纵证券市场违法所得数额以实际获利金额认定更为妥当,鉴于被告人实际获利金额略高于指控数额,法院从有利于被告人的角度没有再增加认定。

在上海市第一中级人民法院(2022)沪01刑初13号刑事判决中,行为人在被公安机关抓获时,其控制的账户组中的股票尚未全部出售,公安机关委托司法鉴定以抓获行为人的日期为截止日,计算出账户组内股票浮盈达到2.81亿元,但是司法机关认为本案操纵证券市场的违法所得不宜以浮盈金额2.81亿余元认定,以实际获利情况认定违法所得更为妥当。理由如下:其一,根据被告人李某某等被控制日等日期,审计认定李某某、邱某某等人操纵股票账面浮盈合计2.81亿余元。其二,审计截止日后,李某某实际控制的证券账户组内仍持有大量股票未能出仓,主要持仓股票"大连A"与"C科技"在审计截止日后连续数日跌停,持股股价大幅下跌。综上,李某某等人所持股票在审计日后总体出现大幅亏损。审计日后虽非操纵证券市场行为实行期间,但与操纵证券市场行为紧密相关,以实际获利情况认定其违法所得更为妥当。人民法院案例库收录了该判决,并在裁判要旨中进一步阐释了操纵证券市场罪违法所得的认定标准:(1)操纵行为获利的本质是通过扭曲市场价格机制获取利益。应当将证券交易价量受到操纵行为影响的期间,作为违法所得计算的时间依据。操纵行为的终点原则上是操纵影响消除日,在交易型操纵中,行为人被控制或账户被限制交易的,则应当以操纵行为终止日作为操纵行为的终点。(2)违法所得应当先确认操纵期间内的交易价差、余券价值等获利,而后从中剔除正常交易成本。受其他市场因素影响产生的获利原则上不予扣除,配资利息、账户租借费等违法成本并非正常交易行为产生的必要费用,亦不应扣除。(3)以违法所得数额作为操纵证券市场犯罪情节严重程度的判断标准,是为了对行为人科处与其罪责相适应的刑罚,故应以操纵期间的不法获利作为犯罪情节的认定依据;对行为人追缴违法所得,是为了不让违法者从犯罪行为中获得收益,故应按照亏损产生的具体原因进行区分认定;行为人自身原因导致股票未能及时抛售的,按照操纵期间的获利金额进行追缴;侦查行为等客观因素导致股票未能及时抛售的,按照实际获利金额进行追缴。

- **操纵新三板市场股票的刑法定性**

新三板市场作为我国多层次资本市场的重要组成部分,为创新型、成长型企业提供了融资和发展的平台。关于新三板市场操纵行为定性的法律适用问题曾有争议。毕竟,新三板与主板在市场基础与制度基础方面有差异性,在认定是否存在股票价量异常时能否直接套用对主板市场操纵行为的认定标准和处理方式,存在不同理解。

《证券法》第2条第1款规定,"在中华人民共和国境内,股票、公司债券、存托凭证和国务院依法认定的其他证券的发行和交易,适用本法",新三板挂牌公司的股票属于我国境内发行和交易的股票,其交易行为应当适用《证券法》。2013年国务院《关于全国中小企业股份转让系统有关问题的决定》明确规定,"证监会应当比照证券法关于市场主体法律责任的相关规定,严格执法,对虚假披露、内幕交易、操纵市场等违法违规行为采取监管措施,实施行政处罚"。同年的中国证监会《非上市公众公司监督管理办法》第七章法律责任部分规定了非上市公众公司信息披露违规违法、内幕交易等依照《证券法》进行处罚,但未对操纵市场行为进行规定。

目前,中国证监会按照《证券法》的规定对新三板市场的操纵行为进行定性、量刑,认定逻辑和处罚幅度与主板市场保持一致,其理由是《非上市公众公司监督管理办法》是中国证监会的部门规章,其位阶低于国务院的《关于全国中小企业股份转让系统有关问题的决定》,因此,在下位法未做具体规定的情况下,依据上位法适用《证券法》符合法理。[1]

刑事司法中,2019年最高人民法院、最高人民检察院《关于办理操纵证券、期货市场刑事案件适用法律若干问题的解释》第10条规定,"对于在全国中小企业股份转让系统中实施操纵证券市场行为,社会危害性大,严重破坏公平公正市场秩序的,比照本解释的规定执行";2022年《关于公安机关管辖的刑事案件立案追诉标准的规定(二)》第34条也规定,"对于在全国中小企业股份转让系统中实施操纵证券市场行为,社会危害性大,严重破坏公平公正市场秩序的,比照本条的规定执行"。由此,对于操纵新三板市场股价的行为,定性为操纵证券市场罪也就不存争议了。

2019年最高人民法院、最高人民检察院《关于办理操纵证券、期货市场刑事案件适用法律若干问题的解释》出台前,操纵新三板市场往往被定性为非法经营罪。例如,上海市静安区人民法院于2017年判处的被告人洪某某等人非法经营案。各被告人先是从相关企业原始股东处受让股票,然后采用微信等通信工具搭识投资者,向其推荐、分析新三板股票、夸大宣传并预测新三板股票具有转A股可能性,建议买入,进而以互报成交确认的交易方式高价转让新三板股票。法院最终以非法

---

[1] 相关观点参见中国证券监督管理委员会编:《证券期货行政处罚案例解析》(第1辑),法律出版社2017年版,第164页。

经营罪定罪。[1]

宜春市中级人民法院(2020)赣09刑初31号刑事判决案件系全国对操纵新三板证券市场的被告人以操纵证券市场罪追究刑事责任的第一案。该案中,被告人周某堃为操纵新三板股票市场谋取非法利益,伙同其他7名被告人,利用其实际控制的4个证券账户,采取约定交易操纵、洗售操纵、蛊惑交易操纵的方式,操纵"湖南竹材"等多只新三板股票交易价格和交易量,运用营销"话术"或许诺返佣方式寻找合作代理商承销股票,以此获取差价利益。经核算,周某堃等人从中非法获利1.41亿余元,其中周某堃向各代理商返款1.29亿余元。宜春市中级人民法院认为,各被告人采取与他人串通,以事先约定的时间、价格和方式相互进行证券交易,或者在自己实际控制的账户之间进行证券交易,以及利用虚假或不确定的重大信息,诱导投资者作出投资决策,影响证券交易价格或者证券交易量等手段,在新三板中实施操纵证券市场行为,严重破坏公平公正的市场秩序,情节特别严重,均构成操纵证券市场罪,对被告人以犯操纵证券市场罪分别判处有期徒刑7年至有期徒刑1年、缓刑1年,并处罚金100万元至5万元不等的刑罚。

- **伪"市值管理"型操纵证券市场犯罪的认定**

市值管理是指上市公司基于公司市值信号,综合运用多种合规的价值经营方法和手段,以达到公司价值创造最大化、价值实现最优化的战略管理行为。其中价值创造是市值管理的基础,价值经营是市值管理的关键,价值实现是市值管理的目的。[2] 2014年国务院《关于进一步促进资本市场健康发展的若干意见》中正式肯定了市值管理的地位,明确指出发展多层次资本股票市场,提高上市公司质量,应当鼓励上市公司建立市值管理制度。2024年11月6日,中国证监会公布了《上市公司监管指引第10号——市值管理》,要求上市公司以提高上市公司质量为基础,提升经营效率和盈利能力,并结合实际情况依法合规运用并购重组、股权激励、员工持股计划、现金分红、投资者关系管理、信息披露、股份回购等方式,推动上市公司投资价值提升。该指引明确了上市公司董事会、董事和高级管理人员、控股股东等相关方的责任,并对主要指数成份股公司披露市值管理制度、长期破净公司披露估值提升计划等作出专门要求。同时,该指引明确禁止上市公司以市值管理为名实施违法违规行为。提出市值管理的本意在于完善上市公司经营模式、提高上市

---

[1] 参见上海市人民检察院编:《证券期货领域犯罪典型案例与司法观点》,中国检察出版社2022年版,第181-185页。
[2] 参见刘国芳、王华:《2009中国上市公司市值管理新特点》,载《经济》2009年第9期。

公司股东回报意识,通过市值管理提高上市公司对自身价值的实现与创造,增强资本市场资源配置功能。但是,实践中却出现了打着市值管理的幌子,从事市场欺诈、损害投资者利益的行为,其中以上市公司大股东与操盘方内外勾结,手法隐秘地操纵证券市场最为典型。然而,从操纵证券市场的行为类型看,"伪市值管理"型并不是一种特别的行为类型,只是其打着"市值管理"的幌子操纵股价,具体的操纵行为仍然摆脱不了连续交易、对敲交易、对倒交易、虚假申报、信息诱导等手法。

在上海市第一中级人民法院(2017)沪01刑初86号案件中,2014年5月,因江苏宏达新材股份有限公司(以下简称宏达新材)收购北京A有限公司(以下简称A公司)资金紧张,经被告人窦某文介绍,被告人宏达新材法定代表人朱某洪与被告人上海永某投资公司总经理杨某东结识并达成"市值管理协议",合谋拉抬宏达新材股票价格后高位减持获利分成,且杨某东承诺将获利的10%分给窦某文。

自2014年5月29日起,被告人朱某洪分3次通过大宗交易将共计4788万股宏达新材股票减持至被告人杨某东控制的户名为"石某""张某2"等9个证券账户,并将股票减持款的30%作为保证金转至上海永某投资公司账户,宏达新材陆续发布投资利好公告信息并泄露给杨某东。杨某东则利用获悉宏达新材收购进程、重组规划、发展战略等信息的优势,在二级市场上以连续买卖、自买自卖等方式拉抬宏达新材股票价格。至同年12月10日,宏达新材股票累计成交量10.6亿余股,平均单日成交量涨幅62.73%。高于同期中小板指11.53%,扣除大宗交易杨某东控制的49个账户的交易量占该股市场交易总量的平均比例为19%;同期该股股价由人民币5.15元上涨至8.93元,涨幅73.40%,高于同期中小板指50.40%。同期杨某东控制的49个账户交易宏达新材股票浮盈111,609,018.07元(未扣除相关税费)。宏达新材股票于同月11日因重大资产重组停牌,2015年9月1日复牌。3名被告人均因股价下跌未实际获利。2014年8月、9月,朱某洪为使杨某东获得更多持股优势等将A公司流动资金不足、净利润可能达不到已公告的业绩信息泄露给上海金某合伙企业执行事务代表被告人李某雷,并建议李某雷将上海金某合伙企业持有的宏达新材股票卖出减持至杨某东实际控制的证券账户以避损。同年9月23日,李某雷根据朱某洪安排,将上海金某合伙企业持有600万股宏达新材股票通过大宗交易减持给杨某东,累计交易金额4800余万元。宏达新材于同年11月17日公告了A公司流动资金不足、下调预期投资利润的信息,并于次日停牌。同月20日复牌当日股价高于减持价格,上海金某合伙企业实际亏损12,042,790.00元。

本案中,上市公司实际控制人与外部人员合谋进行"市值管理"拉抬股价,其手段就是以控制发行人、上市公司信息的生成或者控制信息披露的内容、时点、节奏,并配合二级市场买卖,共同拉抬股价,属于利用信息优势操纵证券市场的行为,法院最终判定朱某某等人 3 年到 1 年 6 个月不等的有期徒刑。

与此案类似的还有上海市第一中级人民法院判决的黄某某等 5 人操纵市场案。[1] 该案中,上市公司广东 B 股份有限公司(以下简称 B 公司)实际控制人何某某、麦某某为出售所持有的全部 B 公司股权,同被告人黄某某、文某某商定,由黄某某、文某某以及蒋某某以不低于人民币 38 亿元的总价分步溢价收购,并配合黄某某、文某某控制 B 公司发布"定向增发""高转送"等利好公告以拉升股价;同时,黄某某、文某某基于上述信息优势,通过本人或其控制的他人账户,在二级市场连续买卖 B 公司股票。黄某某、文某某、蒋某某分别获利 14.9 亿元、15.5 亿元、20.6 亿元,何某某、麦某某等人以协议转让方式高位套现 38.64 亿元,何某某、麦某某分别获利 1.85 亿元。法院最终认定黄某某等 5 人构成操纵证券市场,分别判处 8 年至 2 年不等的有期徒刑。

在上海市第一中级人民法院判处的王某等 3 人操纵市场案中,[2] 某上市公司大股东王某因公司非公开发行(定增)募集资金项目中,与资金认购方签订了差额补足协议,约定定增锁定期到期后如果股价下跌至定增发行价以下则由王某个人出资补足损失。定增项目发行后,该公司股票持续下跌,王某为逃避损失,指使公司董事会秘书被告人盛某找到操盘方陈某达成所谓"市值管理协议",由王某、盛某控制披露上市公司的利好消息,由陈某利用王某提供的 3.6 亿元保证金进行配资后,在二级市场配合交易上市公司股票,共同抬升股价,目标股价不低于 51 元/股。2017 年 6 月至 2018 年 3 月,王某、盛某通过发布上市公司"拟对外投资""限制性股权激励计划""重大收购"等多个虚假或不确定及其他利好消息,陈某按照信息披露的时点,使用配资资金和实际控制的 279 个证券账户大量买卖该股票,诱导或误导投资者作出投资决定,影响证券交集价格及交易量,使股价偏离同期指数,涉案账户组非法获利 1.99 亿元。法院最终认定,本案中所谓的市值管理实为利用虚假或不确定的重大信息,控制上市公司信息的生成或控制信息披露的内容、时点、节奏,影响证券交易价格和交易量的操纵行为。上市公司内外双方达成利用自身信息优

---

[1] 参见上海市人民检察院编:《证券期货领域犯罪典型案例与司法观点》,中国检察出版社 2022 年版,第 109-114 页。

[2] 参见上海市人民检察院编:《证券期货领域犯罪典型案例与司法观点》,中国检察出版社 2022 年版,第 95-101 页。

势或资金优势影响证券市场价格或交易量的合谋后,根据分工互相配合,不仅使上市公司股价达到预先设定的目标价位,而且陈某从涉案账户组交易中获利,双方构成共同犯罪。王某、盛某、陈某分别被判处 5 年 6 个月至 4 年不等的有期徒刑。

随着证券资本市场的发展,操纵行为类型多样,呈现越来越复杂的行为特征,但万变不离其宗,其行为类型都逃不开《证券法》《刑法》规定的多种类型,只不过主观动机可能不同。以"市值管理"为名的内外勾结式操纵是频发的形式。上市公司、实际控制人为股份质押融资、增发或减持股份等目的,与券商、大宗交易商或私募机构合谋,一方面由外部人员利用资金优势、持仓优势通过连续交易等方式在二级市场抬升股价;另一方面由上市公司在实际控制人等内部高级管理人员的运作下,为上市公司美化包装如虚增业绩,或者注入当前市场热点题材和新概念,人为制造利好信息,并根据需要择机控制信息披露的节奏,内外配合,达到操纵股价的目的。

■ **规则解读**

《刑法》第一百八十二条 【操纵证券、期货市场罪】

有下列情形之一,操纵证券、期货市场,影响证券、期货交易价格或者证券、期货交易量,情节严重的,处五年以下有期徒刑或者拘役,并处或者单处罚金;情节特别严重的,处五年以上十年以下有期徒刑,并处罚金:

(一)单独或者合谋,集中资金优势、持股或者持仓优势或者利用信息优势联合或者连续买卖的;

(二)与他人串通,以事先约定的时间、价格和方式相互进行证券、期货交易的;

(三)在自己实际控制的帐户之间进行证券交易,或者以自己为交易对象,自买自卖期货合约的;

(四)不以成交为目的,频繁或者大量申报买入、卖出证券、期货合约并撤销申报的;

(五)利用虚假或者不确定的重大信息,诱导投资者进行证券、期货交易的;

(六)对证券、证券发行人、期货交易标的公开作出评价、预测或者投资建议,同时进行反向证券交易或者相关期货交易的;

(七)以其他方法操纵证券、期货市场的。

单位犯前款罪的,对单位判处罚金,并对其直接负责的主管人员和其他直接责任人员,依照前款的规定处罚。

解读：《刑法》第182条规定的操纵证券市场罪行为类型有6大类和1个兜底条款，前6大类分别是连续交易（优势交易）、对敲交易（串通买卖）、对倒交易（洗售）、虚假申报、信息诱导、"抢帽子"交易。本罪的主观要件必须是故意，客观方面必须对证券交易价格或者交易量产生了实质性影响。至于行为人是否获利，并不是本罪构成要件，事实上，实践中大量案件存在进行市场操纵行为后亏损的结果，并不妨碍追究其刑事责任。但是，认定本罪，除了需要证明行为人实施了操纵行为，还需要证明市场交易价格或者交易量的变化与该操纵行为之间存在因果关系。这一点在客观认定犯罪交易价格或交易量上会起到作用，对争取从轻或减轻的处理有积极效果。

对于本罪的情节，存在"情节严重""情节特别严重"两个档次。根据2019年最高人民法院、最高人民检察院《关于办理操纵证券、期货市场刑事案件适用法律若干问题的解释》以及2022年《关于公安机关管辖的刑事案件立案追诉标准的规定（二）》第34条规定，总结如表13－1所示。

表13－1　操纵证券市场罪不同类型立案追诉标准

操纵行为类型	情节严重	情节特别严重	特别规定
连续交易	1. 持有或者实际控制证券的流通股份数量达到该证券的实际流通股份总量在10%以上，连续10个交易日的累计成交量达到同期该证券总成交量在20%以上的； 2. 违法所得数额在100万元以上的	1. 持有或者实际控制证券的流通股份数量达到该证券的实际流通股份总量在10%以上，连续10个交易日的累计成交量达到同期该证券总成交量在50%以上的； 2. 违法所得数额在1000万元以上的	违法所得数额在50万元以上，有下列情形，为"情节严重"；违法所得数额在500万元以上，有下列情形为"情节特别严重"： 1. 发行人、上市公司及其董事、监事、高级管理人员、控股股东或者实际控制人实施操纵证券、期货市场行为的； 2. 收购人、重大资产重组的交易对方及其董事、监事、高级管理人员、控股股东或者实际控制人实施操纵证券、期货市场行为的；
对倒交易、对敲交易	1. 连续10个交易日累计成交量达到同期该证券总成交量在20%以上的； 2. 违法所得数额在100万元以上的	1. 连续10个交易日累计成交量达到同期该证券总成交量在50%以上的； 2. 违法所得数额在1000万元以上的	

续表

操纵行为类型	情节严重	情节特别严重	特别规定
虚假申报	1.当日累计撤回申报量达到同期该证券、期货合约总申报量在50%以上，且证券撤回申报额在1000万元以上的； 2.违法所得数额在100万元以上的	违法所得数额在1000万元以上的	3.行为人明知操纵证券、期货市场行为被有关部门调查，仍继续实施的； 4.因操纵证券、期货市场行为受过刑事追究的； 5.2年内因操纵证券、期货市场行为受过行政处罚的； 6.在市场出现重大异常波动等特定时段操纵证券、期货市场的； 7.造成恶劣社会影响或者其他严重后果的
信息诱导、"抢帽子"交易	1.证券交易成交额在1000万元以上的； 2.违法所得数额在100万元以上的	1.证券交易成交额在5000万元以上的； 2.违法所得数额在1000万元以上的	